Einführung in die Volkswirtschaftslehre

Wissenschafts- und ordnungstheoretische Grundlagen

von

Univ. Prof. Dr. rer. pol. Gerhard Kolb

2., erweiterte Auflage

Oldenbourg Verlag München

Bibliografische Information der Deutschen Nationalbibliothek

Die Deutsche Nationalbibliothek verzeichnet diese Publikation in der Deutschen
Nationalbibliografie; detaillierte bibliografische Daten sind im Internet über
http://dnb.d-nb.de abrufbar.

© 2012 Oldenbourg Wissenschaftsverlag GmbH
Rosenheimer Straße 145, D-81671 München
Telefon: (089) 45051-0
www.oldenbourg-verlag.de

Lektorat: Thomas Ammon
Herstellung: Constanze Müller
Titelbild: thinkstockphotos.de
Einbandgestaltung: hauser lacour
Gesamtherstellung: Grafik & Druck GmbH, München

Dieses Papier ist alterungsbeständig nach DIN/ISO 9706.

ISBN   978-3-486-71316-9
eISBN 978-3-486-71505-7

Widmung

Dem Andenken

meiner 2009 verstorbenen Ehefrau Gisela Kolb

und meiner akademischen Lehrer an der Universität Erlangen, **Professor Dr. Georg Weippert** und **Professor Dr. Gustav Clausing**, die es sowohl vom Didaktischen als auch vom Inhaltlichen her verstanden (auch vor dem Hintergrund lehrgeschichtlicher Orientierung), Interesse für Volkswirtschaftslehre zu wecken und dauerhaft wachzuhalten.

Vorwort zur zweiten Auflage

Die unter dem Titel „Grundlagen der Volkswirtschaftslehre" im Verlag Vahlen erschienene Erstauflage dieses Buches hat sowohl bei Fachkollegen als auch in Rezensionen in der Presse ein ausnahmslos positives Echo gefunden. So urteilte z.B. Professor Artur Woll in der 13. Auflage seiner Allgemeinen Volkswirtschaftslehre: „Als Erstlektüre sehr zu empfehlen, didaktisch hervorragend." (2000, S. 39).

Verschiedentlich wurde angemerkt, bei einer Neuauflage sollte zur Verdeutlichung der behandelten Thematik der jetzt gewählte Titel verwendet werden.

In einer Rezension in der Zeitschrift „Niedersächsische Wirtschaft" (Heft 3, März 1994) hieß es auf S. 67: „Viele Lehrbücher werden nur kapitelweise gelesen. Das vorliegende Buch sollte aber von der ersten bis zur letzten Seite gelesen werden." „Eine Übersetzung ins Ukrainische und Russische wäre ein Segen!", schrieb der Rezensent der „Osteuropa-Wirtschaft" (Heft 2, Juni 1993, S. 189 f.).

Bestärkt durch den allgemeinen Zuspruch wurde darauf verzichtet, Änderungen am Gesamtkonzept des Buches vorzunehmen, hinzugefügt wurde jedoch die fachkritische Abhandlung „Modern Economics is sick, Diagnose: Geschichtsblindheit." Selbstverständlich wurde der gesamte Text überarbeitet und – wo nötig – aktualisiert.

Hildesheim, im November 2011   *Gerhard Kolb*

Vorwort zur ersten Auflage

Die „Grundlagen der Volkswirtschaftslehre" wenden sich gleichermaßen an Studierende der Universitäten und der Fachhochschulen, sowohl an Anfänger wie an Fortgeschrittene, an Studenten des Hauptfachs und des Nebenfachs. Dies mag zunächst als eine zu globale Empfehlung erscheinen; Tatsache ist jedoch, dass Fragen der Wirtschaftsordnung zum unverzichtbaren Rahmenwerk jeder volkswirtschaftlichen Reflexion gehören und dass eine wissenschaftstheoretische Orientierung über Gegenstand und Methoden einer Disziplin nicht unwesentlich zum Verständnis derselben beitragen. Damit ist eigentlich auch schon gesagt, dass mit den wissenschaftstheoretischen Grundlagen der Volkswirtschaftslehre keinesfalls der Anspruch verbunden wird, das Spektrum der fachbezogenen Wissenschaftslehre voll abzudecken; dies wäre in der Tat für den Anfänger wenig hilfreich und selbst für Studierende im höheren Semester nicht unbedingt studienrelevant. Was den ordnungstheoretischen Teil angeht, bewegt sich die Darstellung bewußt nicht streng im Zuschnitt dieses Terminus. Es war das Anliegen des Verfassers, die durch Funktionen und Formelemente der Wirtschaftsordnung geprägte „Ökonomorphologie" nicht in zu engen Abgrenzungen zu präsentieren, sondern sie zugleich als eine Einführung in die Volkswirtschaftslehre zu verstehen.

An dieser Stelle sei noch auf ein paar Besonderheiten des Buches hingewiesen:

Vor dem Hintergrund des seit einigen Jahren neuerwachten Interesses an der Geschichte der ökonomischen Ideen wurden an mehreren Stellen auf die jeweilige Thematik ausgerichtete Einblendungen aus der volkswirtschaftlichen Theoriengeschichte aufgenommen. Diese Vorgehensweise hat sich auch in Lehrveranstaltungen als sehr motivationsfördernd erwiesen. Dennoch erschien es uns wichtig, die dogmenhistorischen Bezüge – zum Zwecke der leichteren Orientierung – durch Kleindruck vom Hauptkonzept abzuheben.

Ein weiteres Spezifikum betrifft – gerade weil wir großen Wert auf eine praxisorientierte Darstellung legen – eine auch terminologisch nachvollziehbare Unterscheidung von Modell und Wirklichkeit. So sprechen wir von einer „Zentralplanwirtschaft" oder von „zentraler Planwirtschaft" immer dann, wenn auf die Wirklichkeit dieser Wirtschaftsordnung abgehoben werden soll und wollen den Terminus „Zentralverwaltungswirtschaft" im Sinne der idealtypisch orientierten Betrachtungsweise *Euckens* dem Modell vorbehalten. Leider ist zur Unterscheidung von Modell und Realität der marktwirtschaftlichen Ordnung der Modellbegriff „Verkehrswirtschaft" ziemlich ungeeignet, weil er sich nicht durchgesetzt hat; wir hoffen jedoch, dass die jeweils gegebenen Hinweise genügen, um Verwechslungen zu vermeiden.

Großer Wert wurde schließlich darauf gelegt, einzelne Inhalte mit Hilfe von Graphiken bzw. Übersichten zu verdeutlichen. Inwieweit dies gelungen ist, mag der Leser entscheiden. Für Anregungen und Verbesserungsvorschläge ist der Verfasser immer dankbar.

Hildesheim, im Mai 1991   *Gerhard Kolb*

Inhaltsverzeichnis

Erster Teil

Wissenschaftstheoretische Grundlagen der Volkswirtschaftslehre

Vorbemerkung: Wissenschaftstheoretische Orientierung wozu?

„Stop talking and get on with the job" ist eine in der Volkswirtschaftslehre gern zitierte Ermahnung des englischen Wachstumstheoretikers *Roy F. Harrod* (1938, S. 385), wenn die Ergiebigkeit der in unserer Disziplin gelegentlich ausufernden Methodenstreitigkeiten in Frage gestellt werden soll. Andererseits gehört aber eine wissenschaftstheoretische Orientierung notwendigerweise zu den Grundlagen der Volkswirtschaftslehre: Geht es doch etwa bei der Begründung und Bewertung von Methoden auch um die zentrale Frage, was denn überhaupt als Fortschritt der wirtschaftswissenschaftlichen Erkenntnisarbeit anzusehen ist. Mehr noch: Wenn die Untersuchung wissenschaftstheoretischer Probleme in unserem Fach oftmals vernachlässigt oder gar abgelehnt wird, so kann dieses Vorurteil „auf die Dauer gesehen die wissenschaftliche Entwicklung in der Forschung wie der Lehre hemmen, da sie zu einer künstlichen Isolierung des Gegenstandsbereiches mit einem Autonomieanspruch für bestimmte Denkweisen führt, die zudem eine Verständigungsmöglichkeit über interdisziplinäre Ansätze ausschließt" *(Jochimsen/Knobel* 1971, S. 12).

Nun beschränken sich wissenschaftstheoretische Reflexionen natürlich keineswegs auf die als „Technologie des Erkenntnisfortschritts" *(Albert)* verstandene Methodologie, sosehr letztere zweifellos im Mittelpunkt des Interesses der Einzelwissenschaften steht. Allemal spielen auch Fragen der Gegenstandstheorie, der Erkenntnistheorie, der formalen Logik usw. eine nicht unwichtige Rolle. Dennoch drängt uns hier kein Mitteilungsbedürfnis über alle zur Wissenschaftslehre gehörenden Teiltheorien. Mit den wissenschaftstheoretischen Grundlagen unserer Disziplin soll also nicht der Anspruch verbunden sein, eine Einführung in alle für die Volkswirtschaftslehre relevanten Teilbereiche der Wissenschaftstheorie zu geben. Vielmehr wird mit der Darlegung einiger wissenschaftstheoretischer Aspekte, insbesondere den Gegenstand und die Methoden der Volkswirtschaftslehre betreffend, das Ziel verfolgt, die Studierenden über die bloß passive Rezeption hinauszuführen zur Anbahnung einer aktiven Auseinandersetzung mit den wirtschaftswissenschaftlichen Lehrinhalten.

Schließlich, und damit wieder komprimiert auf das für die Fachwissenschaft im Zentrum stehende methodologische Anliegen: Der einzelne Wissenschaftler „hat nicht die Wahl, entweder als … Methodologe zu arbeiten oder dies nicht zu tun: er wird nolens volens Methodologie-Entscheidungen treffen und gegebenenfalls methodologicien malgré lui sein. Wenn er sich mit einer hausgemachten Methodologie begnügt, dann wird er in dieser Hinsicht nicht die bestmögliche Ressource gewählt haben." *(Radnitzky* 1989, S. 465)

1 Gegenstand und wissenschaftlicher Standort der Volkswirtschaftslehre

1.1 Was ist Wissenschaft? Was ist Wirtschaftswissenschaft?

1.1.1 Kennzeichen und Varianten des Wissenschaftsbegriffs

Sowohl für **„Wissenschaft"** als auch für das in diesem Ausdruck enthaltene Wort „Wissen" gibt es eine Vielzahl von zugeordneten Bedeutungen. Trotzdem besteht weitgehend Konsens darüber, dass dieses Wissen enger gefaßt werden muss als jenes Lebensorientierungswissen, welches zur Bewältigung alltäglicher Lebenssituationen unverzichtbar erscheint. Bereits seit der vorsokratischen, der ersten Phase der griechischen Philosophie, die durch den Übergang vom Mythos zum Logos gekennzeichnet ist, wird dieser engere Begriff von Wissen *sophia* oder *philosophia* genannt, und zwar zur Abgrenzung von der als *doxa* bezeichneten Vermutung bzw. Meinung (*Rombach* 1974, S. 7 f.). Schließlich hebt dieses „philosophische" Wissen weniger auf Einzelheiten, sondern mehr auf Zusammenhänge ab, welche zugleich im Rahmen einer systematischen Ordnung gesehen werden.

Systematisch geordnetes Wissen über einen bestimmten thematischen Bereich ist denn auch das charakteristische Merkmal von Wissenschaft. Dass dabei **Erkenntnis** erstrebt und nicht etwa der Befriedigung von Gemütsbedürfnissen oder Ähnlichem (vgl. *Wohlgenannt* 1969, S. 28) gedient werden soll, dürfte aufgrund obiger Grenzmarkierungen einsichtig sein. Weitgehend akzeptiert ist auch die Forderung, man müsse in der Wissenschaft ausschließlich **in methodischer Weise** zur Gewinnung von Aussagen gelangen. Als Ergänzung dazu kann man Wissenschaft als **Vermittlung** von Erkenntnis **durch die Sprache** auffassen. Somit ergibt sich als mehrheitlich akzeptierte Definition: *Wissenschaft ist in methodischer Weise gewonnene, systematisch geordnete und durch die Sprache vermittelte Erkenntnis über einen bestimmten thematischen Bereich.*

Abb. 1: Varianten des Wissenschaftsbegriffs

Wir haben hier in erster Linie auf das **Ergebnis** der Erkenntnisbemühungen abgestellt, auf das bereits systematisch geordnete Gefüge von Aussagen (*propositionaler Wissenschaftsbegriff,* von franz./engl, proposition = Satz, Lehre, Aussageinhalt). Davon zu unterscheiden ist die **Tätigkeit**, die Operation, der Prozess zur Erkenntnisgewinnung, die Forschungsaktivität *(operationaler Wissenschaftsbegriff)*. Schließlich finden wir Wissenschaft im umfassendsten Sinn als **Einrichtung**, als Institution, in der Erkenntnisgewinnung betrieben wird, letztendlich als Kulturbereich *(institutionaler Wissenschaftsbegriff)* (vgl. *Diemer* 1974 b, S. 129 f.).

1.1.2   Erfahrungs- und Erkenntnisobjekt der Wirtschaftswissenschaft

Der in der obigen Definition genannte thematische Bereich wird, wenn es sich – wie bei der Wirtschaftswissenschaft – um eine Realwissenschaft handelt, durch einen bestimmten *Bereich der Wirklichkeit* markiert. Notwendig ist also die Bestimmung des jeweiligen Objektbereichs. Dabei stößt man zunächst auf das sogenannte **Erfahrungsobjekt** einer Wissenschaft, es geht also um ein zu benennendes Objekt als Ausschnitt aus der realen Erfahrungswelt. Als Erfahrungsobjekt der Wirtschaftswissenschaft gilt die soziale Wirklichkeit, in der gewirtschaftet wird. *Kosiol:* „Das Erfahrungsobjekt der Wirtschaftswissenschaft ist ... die gesamte *Kulturwelt* des Menschen, in die das besondere ökonomische Geschehen eingebettet ist." (1961, S. 130)

Nun wird allerdings sehr schnell deutlich, dass sich mit diesem Erfahrungsobjekt auch andere Wissenschaften – zumindest in Teilbereichen – beschäftigen, z. B. die Soziologie, die Psychologie, die Politologie, die Rechtswissenschaft usw., deshalb wird das durch fließende Grenzen gekennzeichnete Erfahrungsobjekt im allgemeinen nicht als ausreichend angesehen, eine Wissenschaft hinreichend zu charakterisieren. Darum wird für die einzelne Wissenschaft noch ein *Auswahlkriterium* festgelegt, ein sogenanntes *Identitätsmerkmal* (auch Identitätsprinzip genannt), mit dessen Hilfe aus dem Erfahrungsobjekt das jeweilige **Erkenntnisobjekt** abgegrenzt werden kann. Das Erkenntnisobjekt wird somit nach besonderen Auswahlgesichtspunkten, nach besonderen Aspekten, nach spezifischen Fragestellungen aus dem Erfahrungsobjekt ausgegliedert; oder anders ausgedrückt: mit dem Identitätsprinzip werden die Auswahlkriterien bestimmt, die an den jeweiligen Erfahrungsgegenstand angelegt werden.

1.1.2.1   „Knappheit der Mittel" als Identitätskriterium

Es gehört zu den Grundtatbeständen jeder Wirtschaftswirklichkeit – also unabhängig von Zeit und Raum und ebenso unabhängig vom jeweils realisierten Wirtschaftssystem –, dass die Bedürfnisse des Menschen prinzipiell unbegrenzt sind. Wir verstehen unter einem **Bedürfnis** das Gefühl eines Mangels, verbunden mit dem Bestreben, diesen Mangel zu beseitigen. Dabei ist es das Kennzeichen solcher Mangelempfindungen, dass mit ihrer Befriedigung in der Regel immer wieder neue Wünsche entstehen. (Die an sich vorwirtschaftliche, nämlich psychische Kategorie Bedürfnis „verdichtet" sich zur wirtschaftlichen Kategorie **Bedarf**, wenn es „1. überhaupt möglich ist, die Befriedigung des betreffenden Bedürfnisses mit Mitteln vorzunehmen, die von der Wirtschaft entweder schon bereitet werden oder doch bereitet werden könnten, und 2. die Kaufkraft des Nominaleinkommens zur Erwerbung dieses oder dieser Mittel hinreicht" *[Vershofen* 1940, S.67]. M.a. W.: Bedarf ist, was technisch machbar ist und was finanziert werden kann.)

Den unbegrenzten Bedürfnissen stehen die zu ihrer Deckung nicht ausreichenden und deshalb **knappen** Güter gegenüber. (Unter *knappen oder wirtschaftlichen Gütern* [einschließlich Dienstleistungen] verstehen wir solche, die nur durch Gegenleistungen beschafft werden können. Von *freien Gütern* sprechen wir, wenn sie – wie z. B. das Sonnenlicht – ohne Gegenleistungen immer wieder zur Verfügung stehen. Man beachte auch den Unterschied zwischen

Knappheit und Seltenheit!) Aus diesem Spannungsverhältnis ergibt sich die Notwendigkeit zum Wirtschaften, also von Entscheidungen darüber, welche Bedürfnisse und in welchem Ausmaß diese mit den vorhandenen Mitteln gedeckt werden sollen. Zwar kann die Knappheit der Güter niemals ganz beseitigt werden; Ziel des Wirtschaftens ist es jedoch, die Güterversorgung zu verbessern, also den Grad der Knappheit zu mindern. Dieser Grundtatbestand **Knappheit der Mittel** ist es denn auch, der in der Wirtschaftswissenschaft als **Identitätskriterium** (Identitätsprinzip) dient.

Wirtschaft erscheint somit – um mit *Weddigen* zu sprechen –

> „als das auf Mittelbeschaffung gerichtete menschliche Handeln", das „dabei den außerwirtschaftlichen Bereichen des menschlichen Handelns gegenüber(tritt)" (1948, S. 9).

Bei *Röpke* heißt es:

> „Wirtschaften ist nichts anderes als die fortgesetzte Wahl zwischen verschiedenen Möglichkeiten und die Nationalökonomie im Grunde nichts anderes als die Lehre von den Alternativen." (1965, S. 32; im Original hervorgehoben.)

Samuelson stellt fest:

> „Die Wirtschaftswissenschaft beschäftigt sich mit den Entscheidungen, die die Mitglieder einer Gesellschaft hinsichtlich der Verwendung knapper Ressourcen mit alternativer Verwendbarkeit treffen, wie sie diese zum Zwecke der Produktion verschiedener Güter einsetzen und sie für den gegenwärtigen oder zukünftigen Konsum unter die einzelnen Wirtschaftssubjekte oder Gesellschaftsgruppen verteilen." (1987, S. 29)

All diese Formulierungen sind letztlich Varianten der bereits 1932 von *Robbins* vorgelegten und mittlerweile zur Tradition gewordenen Definition für Wirtschaftswissenschaft:

> „Economics is the science which studies human behaviour as a relationship between ends and scarce means which have alternative uses" (S. 15).

1.1.2.2 Zum Verhältnis von Wirtschaftswissenschaft und Wirtschaftswirklichkeit

Es bedarf sicher keiner weiteren Erläuterung, dass durch das Identitätskriterium „Knappheit der Mittel" die Wirtschaftswissenschaft zwar auf ihren ökonomischen Kern reduziert, zugleich jedoch auch von den außerökonomischen, aber ökonomisch relevanten Bezügen abgeschnitten wurde. Demgegenüber betonen Wissenschaftler, die sich zum Zwecke der Erfassung des realen Wirtschaftslebens nicht auf das rein Ökonomische, nicht auf das Sachgebiet Wirtschaft beschränken wollen, die Notwendigkeit der Berücksichtigung anthropologischer, soziologischer, psychologischer, technologischer Aspekte usw. für die Theoriebildung. Dabei kommen die Verfechter dieser Richtung aus durchaus unterschiedlichen wissenschaftstheoretischen Lagern:

So fordern die Vertreter der verstehenden Methode (s. hermeneutische Position, S. 25 f.) eine ganzheitliche Erfassung der Wirtschaft als Sozialgebilde und machen auf die mögliche Diskrepanz zwischen den Modellaussagen der „reinen" Theorie und der Wirtschaftswirklichkeit aufmerksam. Entsprechend der Auffassung einer Einheit von Wirtschaft und Gesellschaft kommt Kritik zugleich aus dem (neo)marxistischen Lager (s. dialektische Position, S. 27 f.). Aber auch *Albert,* als einer der Hauptvertreter des Kritischen Rationalismus (s. analytische Position, S. 24 ff.) in Konfrontation zu den ebengenannten Methodenansätzen stehend, bemängelt den „Modell-Platonismus" der reinen Ökonomie, d. h. die gegen ein Scheitern an den Erfahrungstatsachen zur Anwendung gelangenden Immunisierungsstrategien mit Hilfe von ceteris-paribus-Klauseln (unter sonst gleichen Bedingungen); er macht dafür die Isolierung der Wirtschaftstheorie gegen soziologische und sozialpsychologische Erkenntnisse verantwortlich (1967, S. 338).

Die Notwendigkeit, in der Wirtschaftstheorie mit **Modellen** zu arbeiten, wird dabei keineswegs bestritten. Modelle sind Instrumente der Forschung zum Zwecke der für die Theoriebildung unverzichtbaren Reduktion der in der Wirklichkeit existierenden Komplexität. „Der Modellkonstrukteur will am Modell, im ,Gedankenexperiment' erforschen, was er in der ökonomischen Wirklichkeit nicht beobachten kann. Indem er geeignete Prämissen wählt, kann er im Modell alle diejenigen ökonomischen und außerökonomischen Einflüsse auf die ihn interessierenden Zusammenhänge ausschalten, die er unberücksichtigt lassen will." *(Neuhauser* 1967, S. 113) Aus diesem Grund muss man sich aber in Bezug auf den Erklärungswert eines Modells darüber im Klaren sein, dass es sich um ein System von Sätzen handelt, welchem im Hinblick auf eine ganz bestimmte Fragestellung lediglich ein konstruiertes Bild der Wirklichkeit, ein „Bedingungszusammenhang" zugrunde liegt und deshalb nur von einer eingeschränkten, einer konditionalen Aussagekraft ausgegangen werden darf (vgl. im Einzelnen im 4. Kapitel, S. 105 f.).

Nicht notwendigerweise in allen Punkten identisch, aber doch mit der Auffassung verwandt, der wissenschaftliche Charakter der Erkenntnisbemühungen hänge von der Anwendung eines eng definierten Identitätsprinzips ab, ergibt sich die allerdings nach wie vor unterschiedlich beantwortete Frage, ob die Aufgabe der. Wissenschaft lediglich in der **Erkenntnisgewinnung** zu sehen ist oder ob zugleich **Problemlösungshilfen** für die Praxis erwartet werden dürfen. Tatsächlich geht es der Wissenschaft häufig nur um „Erkenntnis an sich", um l'art pour l'art. Allein auf Wahrheitssuche ausgerichtet, fragt sie kaum nach der Verwendbarkeit und nach den Folgen ihrer Ergebnisse. Im Unterschied zu einer solchen reinen Wissenschaft ist *angewandte* Wissenschaft immer an praktischen Aufgaben orientiert.

1.1.3   Von der antiken Ökonomik zur modernen Wirtschaftswissenschaft

Rudimentäre Spuren der Unterscheidung von reiner und angewandter Wissenschaft lassen sich bereits in den Anfängen des (freilich vorwissenschaftlichen) ökonomischen Denkens ausmachen. Zwei Wurzeln sind es nämlich, aus denen später die Wirtschaftswissenschaft hervorgegangen ist: Die eine Wurzel kam „aus der Arbeitsstube der Philosophen im weitesten Sinn ..., der Denker, denen das soziale Leben und Treiben als solches von vornherein als Problem und als Element eines Weltbilds erschien", die andere war das Interesse an praktischen Zeitfragen (*Schumpeter* 1924, S. 21). Um jedoch mögliche Missverständnisse auszuschließen: Keine der beiden Wurzeln beinhaltete ökonomische Bemühungen im heutigen wissenschaftlichen Sinn, tendenziell stand die philosophische Linie diesem Anliegen allerdings näher. So zeigt sich bei *Aristoteles* (384–322) erstmals „eine Art von wirtschaftstheoretischem Denken" (*Salin* 1967, S. 8), freilich nicht im Sinne einer autonomen Theorie. Zum anderen waren beide Richtungen an der Praxis orientiert, eine ausschließlich praktische Ausrichtung trifft aber eben nur für die zweite, die nichtphilosophische Wurzel zu.

Die heute synonym für Wirtschaft bzw. wirtschaftlich stehenden Termini „Ökonomie" und „ökonomisch" leiten sich aus dem griechischen Oikonomia ab. Oikonomia bezog sich auf das Führen eines Oikos (= Haus, Haushalt). Die **Ökonomik im älteren Sinn** „behandelt als Lehre vom Haus alle Tätigkeiten und zwischenmenschlichen Beziehungen in diesem, das Verhältnis von Mann und Frau, Eltern und Kindern, Herrn und Gesinde und die im Hause und in der als Teil des Hauses gedachten Landwirtschaft nötigen Verrichtungen" *{Brunner* 1965, S. 92 f.); etwas vereinfacht ausgedrückt, lässt sich ihr Gegenstand am ehesten als eine auf Bedarfsdeckung ausgerichtete Haushalts-, Familien- oder Gutswirtschaft kennzeichnen. Der Gehalt dieser Ökonomik an wirtschaftstheoretischen Erkenntnissen ist verhältnismäßig gering, „denn die Marktbeziehungen werden nur in ihrer Funktion als Ergänzung des im Hause Fehlenden gesehen und Handel um des Gelderwerbs willen wird verworfen. Dieser gehört nicht zur Ökonomik, sondern zur Chrematistik, von der keine Theorie entworfen, sondern nur das Maß ihrer Erlaubtheit im Rahmen von Ethik und Politik erörtert wurde" (ebd., S. 93). Wirtschaftlich bedeutete in dieser („Meta"-)ökonomik in erster Linie natürlich, zweckmäßig, eben haushälterisch, keinesfalls aber rentabel bzw. gewinnbringend. Tatsächlich blieb diese meta-ökonomische Konzeption in ihren Grundzügen bis ins 17. Jahrhundert für das europäische Denken gültig. Mit *Salin* kann man in diesem Zusammenhang die **antike politisch/philosophische Wirtschaftslehre** und die **religiös/ethische Wirtschaftslehre des Mittelalters** (Scholastik; im Mittelpunkt aller ökonomischen Überlegungen stand die Frage des gerechten Preises) von der **autonomen Wirtschaftslehre der Moderne** unterscheiden (1967, S. 3 ff.).

Es dürfte damit deutlich geworden sein, dass die für die Entstehung der Wirtschaftswissenschaft maßgebliche Wurzel nur bedingt von der Ökonomik (im älteren Sinn), weit mehr aber von den der **Chrematistik** (= Bereicherungskunst, Gelderwerbslehre) zuzurechnenden Gedankengängen genährt wurde. Doch erst im **Merkantilismus**, in jener vom Absolutismus geprägten Epoche also, in der der Handel, und zwar insbesondere der Außenhandel, im Mittelpunkt des ökonomischen Interesses stand, kann von Anfängen volkswirtschaftlichen Denkens gesprochen werden, jedoch fehlt noch eine klare Systematik. Diese findet sich dann – nach dem Sieg naturrechtlicher und individualistischer Vorstellungen – in den **liberalökonomischen Lehren** von *Richard Cantilion* (1680–1734), *François Quesnay* (1694–1774) und *Adam Smith* (1723–1790). Die häufig gestellten, aber ebenso unergiebigen dogmengeschichtlichen Fragen, inwieweit schon vorher in den theoretischen Anschauungen eines *Emst Ludwig Carl* (1682–1743) oder anderer eine ausreichend geschlossene Systematik der Nationalökonomie vorliege und wer letztlich als Begründer der Volkswirtschaftslehre (und damit der Wirtschaftswissenschaft schlechthin) zu gelten habe, sollen hier nicht weiterverfolgt werden.

Zum Problem der Zielsetzung von reiner und angewandter Wissenschaft zeigt die Theoriegeschichte einen geradezu periodischen Pendelschlag: Während im Merkantilismus die praktischen Empfehlungen dominieren (mit dem Ziel der wirtschaftlichen Entwicklung der absolutistischen Staaten), neigt die Klassische Schule der Nationalökonomie, insbesondere mit *David Ricardo* (1772–1823), zu einer vorwiegend rein-theoretischen Ausrichtung; in ähnlicher Weise unterscheiden sich die Historische Schule (soziale Frage: „Kathedersozialismus") sowie der Sozialismus („Widerspruch von Kapital und Arbeit") von den Erkenntnisinteressen der Grenznutzenschule (subjektivistische Wert- und Preistheorie).

1.2 Die Volkswirtschaftslehre im System der Wissenschaften

1.2.1 Volkswirtschaftslehre im Kontext von Geistes-, Natur-, Sozial- und Kulturwissenschaften

1.2.1.1 Ambivalente Stellung zwischen den Geistes- und den Naturwissenschaften

Von Anfang an nahm die Nationalökonomie eine ambivalente Stellung zwischen den Geistes- und den Naturwissenschaften ein. Dies hängt 1. mit der unterschiedlichen beruflichen Herkunft der Vorläufer und Begründer der Volkswirtschaftslehre, 2. – damit in Verbindung stehend – mit der Ableitung aus bestimmten wissenschaftlichen Disziplinen (u. a. [Moral-]

Philosophie, Rechts- und Staatswissenschaften) sowie der Übernahme gewisser aus der Physik oder der Medizin bekannten Vorstellungen (Gleichgewicht, Kreislauf) und schließlich 3. mit den zeitgeschichtlichen Epochen des Merkantilismus und der Physiokratie (= Herrschaft der Natur) zusammen.

Dabei wird die Zugehörigkeit zu den **Geisteswissenschaften** sowohl vom Erkenntnisobjekt (Mensch-Sache-Beziehung) als auch von den Methoden her zu begründen versucht. Besondere Bedeutung erlangte die von *Dilthey* herausgestellte verstehende Methode (s. hermeneutische Position, S. 25 f.), die das geschichtliche Denken in der Volkswirtschaftslehre – insbesondere im Rahmen der Ende der 20er Jahre entstandenen sog. „anschaulichen" Theorie der historisch-soziologischen Schule – entscheidend geprägt hat. Ein im Vergleich zu den Naturwissenschaften wesentlicher Vorteil wird bei der verstehenden Methode darin gesehen, dass wir „häufig selbst ein Teil des Studienobjekts (sind) oder … ihm zumindest sehr nahe (stehen), da es um Entscheidungen von Menschen geht, in deren Lage wir uns hineindenken können. Aus ihren Äußerungen erfahren wir etwas über die entscheidenden Umstände und Anlässe. Das heißt: wir verfügen über die Brücke des ‚Verstehens". *(Giersch* 1961, S. 32)

Die Nähe zu den **Naturwissenschaften** wird dagegen deutlich, sobald das Erklären von Kausalzusammenhängen (nach dem Schema „Wenn …, dann …", wenn A, dann B), d.h. der Wirkungszusammenhang innerhalb bestimmter Daten, in den Mittelpunkt der Betrachtung rückt. Hier geht es dann – um einen Terminus von *Windelband* aufzugreifen – um eine nomothetische, d.h. gesetzeaufstellende Methode, es geht um Konditionalaussagen, um Wenndann-Hypothesen, mit dem Ziel universeller Geltung (allgemeingültige Gesetze), und zwar im Gegensatz zur idiographischen Vorgehensweise, deren Ziel zumindest vordergründig die Beschreibung einzelner Sachverhalte ist. Theorie selbst wird interpretiert als System von zusammenhängenden (wahrheitsfähigen) Hypothesen bzw. von miteinander verbundenen Gesetzen.

1.2.1.2   Sozialwissenschaft mit Affinitäten zu den Kulturwissenschaften; eine Realwissenschaft

Es war der englische Philosoph und Nationalökonom *John Stuart Mill* (1806–1873), der – basierend auf *Comte* – die auf alte ontologische Denkformen zurückgehende Entgegensetzung von Natur und Geist durch eine methodologisch begründete relative Eigenständigkeit des Sozialen modifizierte, wobei er den Versuch unternahm, die **Sozialwissenschaft** mit Hilfe einer Methodenkombination zu konstituieren. Auch was die Politische Ökonomie angeht (so der insbesondere in der Klassischen Schule gängige Terminus für Nationalökonomie), ist *Mill* der Auffassung, dass hier das Kausalgesetz gelte, doch weist er auf die Schwierigkeit hin, exakte Gesetze abzuleiten, weil die sozialen Erscheinungen komplizierte Zusammenhänge darstellten und es nicht immer möglich sei, alle Ursachen zu überblicken sowie den Grad ihrer Mitwirkung zu bestimmen (1863, S. 516). Deshalb könne man keinen Lehrsatz aufstellen, der „die Wirkung einer Ursache in einer universalen Weise behauptet"; dagegen empfehle sich die Bildung von hypothetischen Sätzen: „Sie sind auf irgend eine angenommene Reihe von Umständen gegründet und behaupten, wie eine gegebene Ursache unter diesen Umständen wirken würde, vorausgesetzt, es seien keine anderen Umstände mit denselben verbunden." (ebd., S. 518) Tatsächlich hat *Mill* mit dieser von hypothetischen Sätzen ausgehenden Verfahrensweise und der ceteris-paribus-Annahme („unter sonst gleichbleibenden Umständen") die volkswirtschaftliche Theorienbildung – fortwährend bis zur Gegenwart – maßgeblich beeinflusst.

Im Anschluss an *Rickert,* der zu Beginn unseres Jahrhunderts den nicht unumstrittenen Geistbegnff zu dem der Kultur erweiterte („alle solche Realitäten, die wegen ihrer Wertbezogenheit einen für uns verständlichen Sinn besitzen" [1913, S. 518]), setzte sich im System der Wissenschaften immer mehr der Terminus **Kulturwissenschaften** durch. Diesem begegnet man vor allem dort, wo den Sozialwissenschaften zwischen den Natur- und den Kulturwissenschaften ein eigener Standort zugesprochen wird. Die Sozialwissenschaften handeln dann vom Menschen als solchem, während sich die Kulturwissenschaften mit den Werken des Menschen befassen (vgl. *Diemer* 1974 a, S. 125 f.).

Auch wenn die Wirtschaftswissenschaft zusammen mit der Soziologie, der Psychologie, der Politologie, der Jurisprudenz usw. zu den Sozialwissenschaften zu rechnen ist, sind die Affinitäten zu den Kulturwissenschaften unverkennbar. Dagegen vertreten wir mit *Wöhe* die Ansicht, dass „die Objekte der Naturwissenschaften auch ohne Zutun der Menschen vorhanden sind, die Wirtschaft aber ohne planvolles Tätigwerden der Menschen nicht entstehen kann" (1978, S. 18). Insofern ist die oben herausgestellte Nähe zu den Naturwissenschaften weniger im Forschungsgegenstand als vielmehr in der Verwendung naturwissenschaftlicher Forschungsmethoden begründet.

Solche Zuordnungsprobleme lassen sich umgehen, wenn man sich – wie in letzter Zeit immer häufiger zu beobachten – mit der Einteilung in Real- und Formalwissenschaften begnügt. Während den **Formalwissenschaften** (Logik, Mathematik) keine real existierenden Objekte zugeordnet sind und folglich formalwissenschaftliche Erkenntnisse auf die logische Konsistenz von Aussagensystemen beschränkt bleiben, haben die **Realwissenschaften** (auch Erfahrungs- oder empirische Wissenschaften genannt) immer einen Bezug zur Wirklichkeit, zu konkreten Gegenständen oder Sachverhalten. Es versteht sich eigentlich von selbst, dass die formalwissenschaftlichen Verfahrensregeln, insbesondere ihre Ausrichtung auf das Konsistenzpostulat, als instrumentale Hilfen auch bei der Erkenntnisgewinnung in den Realwissenschaften eine Rolle spielen. Nach dem bisher Gesagten erscheint es fast überflüssig festzustellen, dass es sich bei der mit der wirtschaftlichen Wirklichkeit befassten Wirtschaftswissenschaft selbstverständlich um eine Realwissenschaft handelt.

1.2.2 Entwicklung der Fachbezeichnung

Wenn wir von den vorwissenschaftlichen Überlegungen einer „Haushaltungskunst" und einer „Chrematistik" einmal absehen, erscheint als eine frühe Denomination unserer Disziplin die der **Politischen Ökonomie**. Nach heutiger Kenntnis taucht dieser Terminus erstmals in dem 1615 erschienenen Werk „Traité de l'économie politique" des französischen Merkantilisten *Antoine de Montchrétien* auf. In jener Zeit begann die tradierte Vorstellung von der Haushaltsführung durch den Hausherrn oder den „Hausvater" auf den Landesfürsten, auf den absolutistischen Staat überzugehen; zugleich trat die Frage nach den Möglichkeiten der Entwicklung der wirtschaftlichen Kräfte einer Territorial- oder Volkswirtschaft in den Mittelpunkt des Interesses. Dabei leitet sich das Attribut „politisch" von dem altfranzösischen „police" = Staatsverwaltung (und ursprünglich aus der griechischen Polis = Stadtstaat) ab; so meint auch der bei deutschen Merkantilisten verwendete Begriff Polizeywissenschaft die Polizey im Sinne der ordnenden Staatsverwaltung, nicht jedoch in der Bedeutung von öffentlicher Sicherheit und Ordnung. Tatsächlich ist aus der merkantilistischen Polizeywissenschaft in der ersten Hälfte des 19. Jahrhunderts in Deutschland die Volkswirtschaftspolitik (*Rau* sprach 1826 von Grundsätzen der Volkswirtschaftspflege) hervorgegangen. – Hatte also Politische Ökonomie zunächst mit Handlungsorientierung, mit der **Gestaltung der öffentlichen, insbesondere der staatlichen Angelegenheiten** zu tun, so kam es mit dem Erscheinen des *Smith'schen* Hauptwerks „An Inquiry into the Nature und Causes of the Wealth of Nations" im Jahr 1776 zu einem Bedeutungswandel der Fachbezeichnung: Politische Ökonomie wurde oftmals als Identifikation mit der liberalökonomischen Lehre verstanden; die Politik selbst, also das staatliche Macht- und Gestaltungsmoment, blieb – abgeschoben in den Datenkranz der Ökonomie – weitgehend außerhalb des Interessenbereichs der wirtschaftswissenschaftlichen Theorie und sollte ja auch zur Zeit des Klassischen Liberalismus nur eine untergeordnete Rolle im Wirtschaftsleben spielen. Dieses Merkmal der Politischen Ökonomie als im Großen und Ganzen **„unpolitische" Ökonomie** war in der Tat – von Nuancen abgesehen – das Kennzeichen der Klassischen Schule der Nationalökonomie, insbesondere verbunden mit den Auffassungen von *Jean Baptiste Say, Thomas Robert Malthus* und *David Ricardo.* Erst mit den antiklassischen Wirtschaftslehren, und zwar einmal im Zuge der im Vorfeld des historischen Denkens angesiedelten ökonomischen Konzeption einer nationalen Bindung von *Friedrich List* (Das nationale System der politischen Oekonomie, 1841) und zum anderen mit der sozialistischen Kritik (z. B. *J. C. L. Simonde de Sismondi:N*ouveaux principes d'économie politique, 1819; *Karl Marx:* Kritik der Politischen Ökonomie, 1859), kehrte der Anspruch des politischen Attributs zurück. Während jedoch die *List*schen Theorien – wie überhaupt die dem Historismus zuzurechnenden volkswirtschaftlichen Beiträge — **als Gestaltungslehren der Wirtschaft** auftreten, handelt es sich bei den unter dem Zeichen des Sozialismus angetretenen Darstellungen in erster Linie um **Umgestaltungslehren der (bürgerlichen) Gesellschaft**. Erst im Laufe des zweiten Viertels des 20. Jahrhunderts begannen sozialistische Autoren die Politische Ökonomie (Politökonomie) als **„Wissenschaft sozialistischer Produktionsverhältnisse"** für sich zu reklamieren.

Mit *Schumpeter* wollen wir auf eine deutsche Besonderheit der Fachentwicklung hinweisen:

> „Für kein Volk konnten der Staat und seine Organe so sehr Gegenstand unerschöpflichen Interesses werden wie für das deutsche ... Der Deutsche dachte nicht nur viel mehr an den Staat als jeder andre, sondern er dachte auch beim Wort ‚Staat' an etwas ganz andres – nämlich an den deutschen Landesfürsten und seine Beamten – und daran wiederum von einem ganz andern Gesichtspunkt als der Engländer oder Franzose. Der entstehende Beamtenstaat erschien ihm nicht nur als sein wertvollster nationaler Besitz, sondern schlechthin als der wesentliche Faktor der Kulturentwicklung und als Selbstzweck. Wie es die Verhältnisse mit sich brachten, daß in der Praxis so gut wie nichts ohne den Beamtenstaat geschehen konnte, so konnte man schließlich auch in der Wissenschaft keinen Gedankengang durchführen, ohne dabei in erster Linie den Staat im Auge zu haben. Was für England die Oekonomie, das wurde für Deutschland in gewissem Sinn die Verwaltungslehre. Trieb man in England Oekonomie, so war das Volkwirtschaftslehre, trieb man in Deutschland Oekonomie, so war das – es ist höchst bezeichnend, daß das für lange der Name unsrer Disziplin wurde – Staatswirtschaftslehre. Wenn in England ... der Kaufmann für den Kaufmann schrieb, so schrieb in Deutschland der Beamte für den Beamten." (1924, S. 33 f.)

Auf diese Weise entstand die deutsche **Kameralwissenschaft** (von camera = fürstliche Schatzkammer; Ziel der merkantilistischen Bestrebungen war die Steigerung der Machtposition des absolutistischen Fürsten, und zwar u. a. durch die Schaffung einer finanziellen Basis zum Zwecke der Entfaltung der wirtschaftlichen Kräfte in den noch lange Zeit unter den Folgen des 30jährigen Krieges leidenden deutschen Territorialstaaten). Im engeren Sinn wird diese Kameralistik als Verwaltungslehre des absolutistischen Territoriums interpretiert, wobei finanzwirtschaftliche Überlegungen im Mittelpunkt des Interesses standen. Insofern kann in dieser vorwiegend fiskalischen Orientierung der Vorläufer der späteren Finanzwissenschaft erblickt werden. Darüber hinaus wurde aber der Kameralwissenschaft (im weiteren Sinn) ein ziemlich komplexes Fächerspektrum zugerechnet, so finden sich – neben dem „staatswirtschaftlichen" Zweig, dem auch die obenerwähnte Polizeywissenschaft zuzuordnen wäre – sozusagen als Ausläufer der alten „oeconomia" auch Betrachtungen zur Landwirtschaft, zur Technologie usw. Als Reminiszenz an die sich im Laufe der Zeit (nach Ausgliederung der zuletzt genannten Anhängsel) herausgebildete **Staatswirtschaftslehre** gibt es an einigen deutschen Universitäten im Bereich der Volkswirtschaftslehre bis zur Gegenwart Staatswirtschaftliche bzw. Staatswissenschaftliche Institute/Seminare und Professuren für das Lehrgebiet „Wirtschaftliche Staatswissenschaften".

Mit dem durch die liberalen Gedankengänge ausgelösten Paradigmenwechsel kam es in Deutschland zwar nicht zu einer allgemein akzeptierten Änderung der Fachbezeichnung (nur beispielhaft sei daran erinnert, dass der der deutschen Klassik zugerechnete *v. Hermann* seinem 1832 veröffentlichten Hauptwerk den Titel „Staatswirtschaftliche Untersuchungen" gab, und noch 1843 erschien *Roschers* „Grundriß zu Vorlesungen über die Staatswirtschaft nach geschichtlicher Methode"), jedoch fand der Terminus **Politische Ökonomie** eine durchaus nennenswerte Verbreitung, wenngleich damit weniger als in anderen Ländern eine Identifizierung mit der liberalökonomischen Lehre verbunden war. Tatsächlich setzte das Bekenntnis zur klassischen Lehre in Deutschland nur sehr zögerlich ein und verebbte unter dem Einfluß der aufkommenden Romantik und der Historischen Schule auch schnell wieder. Bereits zu Beginn des 19. Jahrhunderts findet statt dessen die Fachbezeichnung **Nationalökonomie** zunehmend Akzeptanz (beginnend 1805 u.a. mit Band 1 von *v. Sodens* „Die National-Oekonomie", in dem ethische Vorbehalte gegen das Laissez-faire-Prinzip formuliert werden). Freilich sollte mit dieser Kennzeichnung ebensowenig wie mit dem kurz danach aufkommenden Terminus **Volkswirtschaftslehre** eine Ausgrenzung der Untersuchung von außenwirtschaftlichen Beziehungen angedeutet werden, vielmehr ging es ursprünglich (!) – aus den politischen/ökonomischen/technologischen Gegebenheiten in der ersten Hälfte des 19. Jahrhunderts in Deutschland erklärbar – darum (so insbesondere das Anliegen *Friedrich Lists*), einer universalistisch und weitgehend apolitisch auftretenden Weltökonomie eine relativistische und zugleich das politische Gestaltungsmoment betonende Nationalökonomie entgegenzustellen. – Bleibt der Vollständigkeit halber noch zu erwähnen, dass bereits ab der zweiten Hälfte des 19. Jahrhunderts – je weniger der Nations- oder Volksbezug als ausreichend erachtet wurde, die Reichweite unserer Wissenschaft zu markieren (geht es doch um die Wirtschaft innerhalb von sozialen Gebilden schlechthin) – gelegentlich von **Sozialökonomik** bzw. **Sozialökonomie** gesprochen wurde, wobei das Suffix *-ik* die Theorie im Gegensatz zur Praxis hervorheben soll; eine philologische Unterscheidung, die in der Wissenschaftsterminologie allerdings nicht konsistent durchgehalten werden kann.

Wir wollen – und darüber besteht in unserer Disziplin weitgehend Konsens – die Termini Nationalökonomie und Volkswirtschaftslehre synonym verwenden, und zwar ohne perspektivische Eingrenzung nach unten (zu den Betrieben und Haushalten) oder oben (zur Weltwirtschaft).

1.3 Gliederung und Aufgaben der Volkswirtschaftslehre

1.3.1 Zur Aufspaltung der Wirtschaftswissenschaft: betriebswirtschaftliche und volkswirtschaftliche Betrachtungsweise

Dies vorweg: **Die Aufspaltung der Wirtschaftswissenschaft In eine Volks- und eine Betriebswirtschaftslehre** ist relativ jungen Datums und letztlich eine Folge der Vernachlässigung der betrieblichen Perspektive durch die Nationalökonomie im 19.Jahrhundert. Hinzu kam, dass der unter dem Eindruck des Bedarfs an qualifizierten Kaufleuten 1897 vom Deutschen Verband für das kaufmännische Unterrichtswesen vorgelegte Plan zur künftigen Gestaltung des kaufmännischen Bildungswesens mit den drei Sparten einer Fortbildungsschule, einer mittleren und höheren Handelsschule sowie einer Handelshochschule rasch Früchte trug: Gründung von Handelshochschulen 1898 in Leipzig und Aachen, 1901 in Köln und Frankfurt a. M., 1906 in Berlin, 1907 in Mannheim, 1910 in München, 1915 in Königsberg und 1919 in Nürnberg; all diese Neugründungen wurden später entweder zu eigenen Universitäten ausgebaut oder mit bereits bestehenden wissenschaftlichen Hochschulen verschmolzen. Damit konnte sich – als eine deutsche Besonderheit – zu Beginn des 20. Jahrhunderts neben der Volkswirtschaftslehre eine damals meist **Privatwirtschaftslehre**, gelegentlich auch **Handelsbetriebslehre** benannte Betriebswirtschaftslehre etablieren.

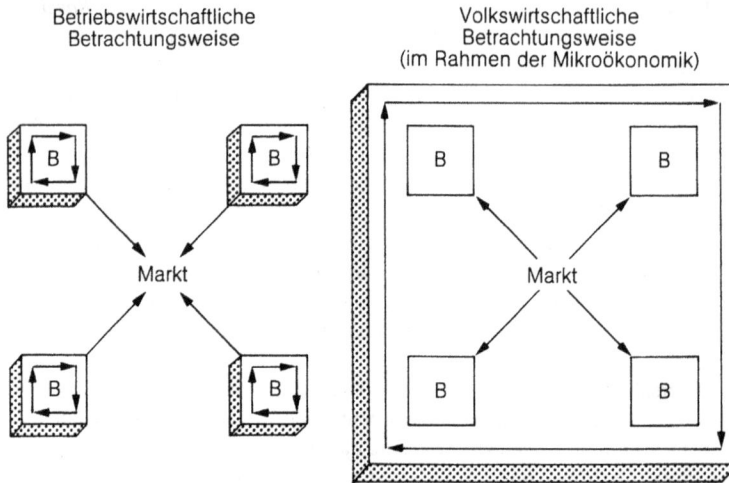

Abb. 2:   Aufspaltung der Wirtschaftswissenschaft

Nun wird der eigene Rang der Betriebswirtschaftslehre häufig deshalb in Frage gestellt, weil – so die Argumentation – im Betrieb bzw. in der Unternehmung kein Erfahrungsobjekt vorliege, welches nicht auch schon von der Volkwirtschaftslehre ausgeleuchtet werde. An dieser Auffassung ist richtig, dass der Erkenntnishorizont der Volkswirtschaftslehre weder durch weltwirtschaftliche noch durch einzelwirtschaftliche Orientierungen eingegrenzt wird. So stehen bei den mikroökonomischen Theorien des Haushalts und der Unternehmung ebendiese Wirtschaftssubjekte im Blickfeld. Während aber die Aufgabe der Betriebswirtschaftslehre darin besteht

a) das innerbetriebliche Handeln (Beschaffung, Produktion, Absatz, Finanzierung …) und

b) das sich im Markt niederschlagende zwischenbetriebliche (bzw. interwirtschaftssubjektive: Haushalt – Betrieb – Staat) Geschehen

aus der Perspektive des einzelnen Betriebes (vom Betrieb zum Markt) zu untersuchen, – ist die **volkswirtschaftliche Betrachtungsweise im Rahmen der Mikroökonomik**

a) durch eine letztlich *vom Markt ausgehende,* auf die einzelnen Haushalte und Betriebe zielende *Analyse* des ökonomischen Verhaltens gekennzeichnet, mit deren Hilfe nämlich

b) die Koordination der einzelwirtschaftlichen Entscheidungen auf den Märkten dargestellt werden soll.

1.3.2   Volkswirtschaftliche Disziplinen

Seitdem *Karl Heinrich Rau* (1792–1870) in seinem ab 1826 erschienenen „Lehrbuch der politischen Ökonomie" eine Dreiteilung der Nationalökonomie in **Wirtschaftstheorie** („Grundsätze der Volkswirtschaftslehre"), **Wirtschaftspolitik** („Grundsätze der Volkswirtschaftspflege") und **Finanzwissenschaft** („Grundsätze der Finanzwissenschaft") vorgenommen hat, existiert – als weitere im deutschsprachigen Raum besonders ausgeprägte und aus der Entstehung im Kameralismus erklärbare Erscheinung – die bis in die Gegenwart reichende relative Eigenständigkeit der Finanzwissenschaft innerhalb der Volkswirtschaftslehre.

1.3.2.1 Propädeutische Funktion der Wirtschaftskunde

Wenn nun Wirtschaftstheorie und Wirtschaftspolitik als die beiden Kerndisziplinen der Volkswirtschaftslehre zu gelten haben, so muss doch zunächst auf die propädeutische Funktion der **Wirtschaftskunde** hingewiesen werden: Wirtschaftskunde hat die Aufgabe der **Beschreibung** wirtschaftlich relevanter Tatbestände. Das Ergebnis solcher empirischer Untersuchungen (z. B. Strukturanalysen) sind immer deskriptive Aussagen, meist unter Verwendung von Verhältniszahlen, Indexzahlen, Zeitreihen usw. Häufig stützen sich diese Arbeiten auf die Erhebung, Sammlung und Ordnung statistischen Materials, aber auch ein Ausgreifen auf juristische und wirtschaftsgeographische Merkmale gehört zum Kennzeichen der Wirtschaftskunde. Die Fragestellung lautet: **„Was ist?"** oder **„Was war?"** Reichen die Untersuchungszeiträume weiter zurück, dann ergeben sich Verbindungen zur Wirtschaftsgeschichte. Typisch für die wirtschaftskundliche Deskription ist normalerweise die Raum-/ Zeitgebundenheit ihrer Aussagen. Eine Vernachlässigung der Wirtschaftskunde als Eingangsstufe der Wirtschaftstheorie würde für letztere die Gefahr einer „unkundigen" Reflexion zur Folge haben.

1.3.2.2 Wirtschaftstheorie

Der **(Volks-)Wirtschaftstheorie** (auch **Theoretische Volkswirtschaftslehre** oder – so der wohl verbreitetste Terminus – **Allgemeine Volkswirtschaftslehre** genannt) geht es hauptsächlich um die **Erklärung** wirtschaftlicher Zusammenhänge. Sie fragt nach dem **„Warum"** ökonomischer Phänomene und rückt meist Wirkungszusammenhänge in den Mittelpunkt der Betrachtung. Im Gegensatz zu den idiographischen, raum-/zeitgebundenen Aussagen der Deskription zielt die nomothetische Explikation auf eine Allgemeingültigkeit ihrer Ergebnisse. Auf der Grundlage derartiger Ursache-Wirkungs-Bezüge versucht die Wiirtschaftstheorie zugleich der Aufgabe der **Vorhersage** zu entsprechen **(„Was wird sein?")**, allerdings kommen bei der Prognose durchaus auch raum-/zeitgebundene Aussagen ins Visier.

Als Gliederung innerhalb der Wirtschaftstheorie hat sich – ausgehend von angelsächsischen Gepflogenheiten – in letzter Zeit auch bei uns die Unterscheidung von *Mikro- und Makroökonomik* durchgesetzt. Während im Mittelpunkt der mikroökonomischen Theorie das Problem der Allokation steht, d. h. der Verteilung knapper Ressourcen auf alternative Verwendungszwecke, befasst sich die auf aggregierte Größen (Gesamtgrößen) ausgerichtete Makroökonomik vorrangig mit Fragen der Beschäftigung, der Konjunktur, des Wachstums sowie des Geldes.

(Sowohl innerhalb der Mikro- als auch der Makrotheorie kann in Bezug auf die analytische Betrachtungsweise u. a. unterschieden werden zwischen *Statik und Dynamik* sowie zwischen *Partial- und Totalanalyse*. Kennzeichen des statischen Verfahrens ist, dass die Zeit unberücksichtigt bleibt, d. h., dass sich die als veränderlich gedachten Größen auf denselben Zeitpunkt oder denselben Zeitraum beziehen; umgekehrt müssen in der dynamischen Theorie alle Variablen mit einem Zeitindex versehen werden. Schließlich wird im Gegensatz zur Total- oder Globalanalyse bei der Partialanalyse entweder nur ein Ausschnitt aus der Gesamtheit untersucht, z. B. der Markt für ein einzelnes Gut, oder man geht von der Annahme aus, dass – entsprechend der ceteris- paribus-Bedingung – alle von der Analyse ausgeschlossenen Variablen unverändert bleiben, z. B., wenn in der mikroökonomischen Theorie des Haushalts die nachgefragte Menge eines Gutes allein vom Preis dieses Gutes abhängig erscheint.)

1.3.2.3   Wirtschaftspolitik

Die **Wirtschaftspolitik** (eigentlich **Theorie der Wirtschaftspolitik**) analysiert auf der Grundlage der von der Wirtschaftstheorie erarbeiteten Zusammenhänge die durch Ziele und Mittel gekennzeichneten staatlichen Gestaltungsmöglichkeiten der Wirtschaft. Mit der Aufgabe der **Beratung in Bezug auf Gestaltung** ist das Merkmal der Handlungsorientierung verbunden („angewandte Wirtschaftstheorie"). Dieses ist der **positiven**, d. h. der auf Wertfreiheit bedachten Ökonomik zuzurechnen, wenn z. B. im Hinblick auf vorgegebene Ziele „prospektiv" nach möglichen Mitteln ihrer Verwirklichung gefragt wird (**„Was kann getan werden?"**); es würde sich dagegen um ein Merkmal der **normativen** Ökonomik handeln, wenn „präskriptiv" Zielempfehlungen erfolgten (**„Was soll sein?"**). Allerdings sind die Übergänge von positiver zu normativer Ökonomik durchaus fließend (zur Werturteilsproblematik vgl. S. 19 ff.).

Disziplin	Aufgaben	Fragestellungen
Wirtschaftstheorie Eingangsstufe: Wirtschaftskunde Wirtschaftstheorie i. e. S.	Beschreibung (Deskription) Erklärung (Explikation)* Vorhersage (Prognose)	Was ist? (Was war?) Warum ist? (Warum war?) Was wird sein?
Wirtschaftspolitik	Auf der Grundlage von Beschreibung, Erklärung und Prognose: Beratung in bezug auf Gestaltung • positiv (Prospektion; herkömmlicherweise Deskription genannt) • normativ (Präskription)	Was kann getan werden? (Ziel-Mittel-Beziehungen) Was soll sein?

* Anstelle von Erklärung wird von seiten der hermeneutischen Position die Aufgabe des Verstehens reklamiert (vgl. S. 24 f.).

Abb. 3: Aufgaben und Fragestellungen von Wirtschaftstheorie und Wirtschaftspolitik

1.3.2.4   Sonderstellung der Finanzwissenschaft

Die **Finanzwissenschaft** beschäftigt sich mit der öffentlichen Finanzwirtschaft, also mit den ökonomischen Aktivitäten der Gebietskörperschaften (in der Bundesrepublik Deutschland sind dies Bund, Länder, Gemeinden und Gemeindeverbände) sowie der sonstigen juristischen Personen des öffentlichen Rechts, der sogenannten „parafisci" (dazu gehören z.B. die Träger der Sozialversicherung). Aber im Gegensatz etwa zur englischen Finanzwissenschaft, bei der – insbesondere auf *Ricardo* fußend – von Anfang an über den Einfluss der staatlichen Finanzgebarung auf die Einkommensverteilung bzw. die Entscheidungen der privaten Wirtschaftssubjekte reflektiert wurde und deshalb, mikroökonomisch orientiert, stets eine enge Verzahnung von Wirtschaftstheorie bzw. -politik und Finanzwissenschaft gegeben war, hatte sich die deutsche Finanzwissenschaft lange Zeit beinahe ausschließlich mit der Systematisierung von Staatseinnahmen und Staatsausgaben sowie mit in der Hauptsache verwaltungswirtschaftlichen Problemen der Haushaltsführung von Gebietskörperschaften befasst. Erst aufgrund der während der Weltwirtschaftskrise gemachten Erfahrungen und der aus der Leh-re von *John Maynard Keynes* (1883–1946) resultierenden fiskalpolitischen Erkenntnisse kam es auch bei uns zu einer „Ökonomisierung" der Finanzwissenschaft dergestalt, dass nunmehr die *Finanztheorie* vorzugsweise die gesamtwirtschaftlichen, aber auch die einzelwirtschaftli-chen Wirkungen öffentlicher Einnahmen und Ausgaben analysiert und die *Finanzpolitik* auf die mögliche Gestaltung dieser Instrumente zum Zwecke der Erreichung wirtschaftspoliti-scher Ziele abhebt. Insofern kann die Finanztheorie durchaus als Teil der Wirtschaftstheorie und die Finanzpolitik als Teil der Wirtschaftspolitik angesehen werden. Dennoch: Auch wenn die Finanzwissenschaft durch das wirkungsanalytische Interesse „volkswirtschaftlicher" geworden ist, ein gewisser Sonderstatus innerhalb der Volkswirtschaftslehre bleibt – etwa auch als selbständiges Prüfungsfach in der volkswirtschaftlichen Diplomprüfung – nach wie vor unverkennbar.

2 Methoden der Volkswirtschaftslehre

2.1 Die großen Kontroversen: der ältere und der jüngere Methodenstreit

Kontroversen gehören seit jeher zum Kennzeichen unserer Wissenschaft. Der Versuch, auch nur die wichtigsten hier zu nennen, bliebe mit Sicherheit unvollständig und würde eher verwirrend wirken. Wir beschränken uns stattdessen auf die Vorstellung der beiden großen Kontroversen, die unter der Bezeichnung **älterer und jüngerer Methodenstreit** in die Geschichte der volkswirtschaftlichen Lehrmeinungen eingegangen sind, wobei es bei ersterem hauptsächlich um die Auseinandersetzung über **induktive oder deduktive Forschungsverfahren** in der Volkswirtschaftslehre, bei letzterem um die **Werturteilsproblematik** ging.

2.1.1 Zum Stellenwert von Induktion und Deduktion

Der **ältere Methodenstreit** entzündete sich gegen Ende des 19. Jahrhunderts zwischen Vertretern der Grenznutzenschule und der (jüngeren) Historischen Schule an der Frage nach der der Volkswirtschaftslehre adäquaten Forschungsmethode. Weil auch das grundsätzliche Problem des Wirklichkeitsbezugs in der Nationalökonomie zur Diskussion stand, wird der Inhalt des Methodenstreits mit dem formalen Gegensatz von induktivem und deduktivem Verfahren nur verkürzt wiedergegeben.

Bei der **Deduktion** geht es darum, aus dem Allgemeinen (dem Gesetzmäßigen) das jeweils Besondere (den Einzelfall) zu extrahieren. Dabei versucht das ihrem Wesen nach analytische Verfahren, aus einem oder mehreren allgemeinen Obersätzen (Axiomen) mittels logischer Ableitung Aussagen zu gewinnen, die letztlich im Obersatz oder in den Obersätzen – „obschon verworren gedacht" *(Kant)* – bereits enthalten sind. Ein solches Axiom stellt in der Wirtschaftswissenschaft die Annahme eines homo oeconomicus dar, eines immer nach dem Rationalprinzip handelnden Wirtschaftssubjekts.

Umgekehrt wird bei der **Induktion** vom Einzelfall auf das Allgemeine, das Gesetzmäßige geschlossen. Ihrem Wesen nach synthetisch, ist die Induktion also ein Schlussverfahren vom Bekannten auf das Unbekannte, somit eine Verallgemeinerung aufgrund der Beobachtung gleichartiger Verläufe.

Nachdem der österreichische Grenznutzentheoretiker *Carl Menger* (1840–1921) in seinem 1871 erschienenen Hauptwerk „Grundsätze der Volkswirtschaftslehre" der vom Historismus geprägten Lehre „Theoriefeindlichkeit" vorwarf und sich zur Begründung der Gesetzmäßigkeit volkswirtschaftlicher Erscheinungen – unter Hintanstellung der Willensfreiheit des Menschen – zu der Aussage verstieg:

> „Ob und unter welchen Bedingungen ein Ding mir *nützlich,* ob und unter welchen Bedingungen es ein *Gut,* ob und unter welchen Bedingungen es ein *wirthschaftliches Gut* ist, ob und unter welchen Bedingungen dasselbe *Werth* für mich hat, und wie gross das *Mass* dieses Werthes für mich ist, ob und unter welchen Bedingungen ein *ökonomischer Austausch* von Gütern zwischen zwei wirtschaftlichen Subjecten statthaben, und die Grenzen, innerhalb welcher die *Preisbil-*

dung hiebei erfolgen kann u. s. f., all dies ist von meinem Willen ebenso unabhängig, wie ein
Gesetz der Chemie von dem Willen des practischen Chemikers" (S. IX),

fanden auch die in diesem Buch enthaltenen theoretischen Fundierungen einer subjektiven Wertlehre
im deutschen Sprachraum nicht die verdiente Beachtung. Wohl aus Verbitterung darüber polemisierte
er 1883 in seinen „Untersuchungen über die Methode der Socialwissenschaften, und der Politischen
Oekonomie insbesondere" mit einer wenig sympathischen Überheblichkeit gegen die von *Gustav von
Schmoller* (1838–1917) geführte jüngere Historische Schule, die er für eine angebliche „Verirrung der
Gelehrtenwelt eines Volkes" (ebd., S. XXI) glaubte verantwortlich machen zu müssen.

Von der Sache her wurde der Methodenstreit durch die vorrangige Zuordnung der Volkswirtschaftslehre zu der von *Menger* so genannten „exakten Richtung" innerhalb der theoretischen Wissenschaften
ausgelöst. Diese Richtung verfolgt die Herausarbeitung von strengen Gesetzen der Erscheinungen, die
„sich uns nicht nur als ausnahmslos darstellen, sondern mit Rücksicht auf die Erkenntniswege, auf
welchen wir zu denselben gelangen, geradezu die Bürgschaft der Ausnahmslosigkeit in sich tragen"
(1883, S. 38); dabei würden sich die exakten Gesetze auf dem Gebiet der „Menschheitserscheinungen"
von denen der „Naturerscheinungen" nicht unterscheiden (vgl. ebd., S. 259 ff.). Zugleich erklärte *Menger,* dass – im Gegensatz zur exakten Richtung – „die realistische Richtung der theoretischen Forschung … die Möglichkeit, zu strengen (exacten) theoretischen Erkenntnissen zu gelangen, auf allen
Gebieten der Erscheinungswelt in principieller Weise aus(schließt)" (ebd., S. 37; im Original hervorgehoben).

Gegenüber diesem apriorisch-deduktiven Theorieverständnis betonte *Schmoller* die Notwendigkeit,
mittels Beobachtung und Beschreibung von ökonomischen, insbesondere auch von wirtschaftshistorischen Einzeltatbeständen und unter Verzicht auf vorschnelle Verallgemeinerungen „Bausteine" für eine
nationalökonomische Theorie bereitzustellen. Angesagt war also zunächst eine monographische Detailforschung zur Erhellung der geschichtlichen Wirklichkeit im Wirtschaftsleben. Freilich war es zumindest nicht die Absicht *Schmollers,* das induktive Verfahren hiermit enden zu lassen; so nannte er als
Hauptaufgaben unserer Wissenschaft: „1. richtig beobachten, 2, gut definieren und klassifizieren, 3.
typische Formen finden und kausal erklären" (1900, S. 100). *Schumpeter* charakterisiert und würdigt
die Vorgehensweise *Schmollers* wie folgt:

> „Mit einer Minimalbelastung an Apriori an das Material herantreten, damit Zusammenhänge zu
> erfassen suchen, dabei das Apriori für die Zukunft vermehren und neue Auffassungsweisen er-
> arbeiten, die weiterem Material gegenüber als (provisorisch) vorhandenes Rüstzeug dienen und
> so weiter in steter Wechselwirkung zwischen Material und gedanklicher Verarbeitung. Daß
> dieses Programm einmal als Spezifikum einer besonderen Schule betrachtet werden konnte,
> kennzeichnet die Aufgabe, die er vorfand, daß es das heute nicht mehr ist, seinen Erfolg."
> ([1926], 1971, S. 128)

Der Vollständigkeit halber sei angemerkt, dass *Schmoller auf* die in den *Mengerschen* „Untersuchungen" enthaltenen Angriffe noch im gleichen Jahr (1883) mit einer Verteidigung der geschichtlichen
Denkweise in dem Beitrag „Zur Methodologie der Staats- und Sozial-Wissenschaften" antwortete; mit
der weniger durch sachliche Argumente als weithin durch persönliche Auslassungen gekennzeichneten
Mengerschen Replik „Die Irrthümer des Historismus in der deutschen Nationalökonomie" (erschienen
1884) hat sich *Schmoller* nicht mehr öffentlich auseinandergesetzt.

In Anlehnung an *v. Beckerath* kann darauf hingewiesen werden, dass es sich bei der Streitfrage Deduktion versus Induktion um ein Problem handelte, „das die Geister nicht so sehr in Wallung gebracht
hätte, wenn es dabei nicht auch um die im Hintergrund erkennbaren philosophischen Deutungen des
Faches gegangen wäre" (1961, Sp. 1148). Wir dürfen ergänzen, dass zumindest der spätere *Schmoller*
die Berechtigung des deduktiven Verfahrens in der Volkswirtschaftslehre zugab, umgekehrt war ja
auch von *Menger* die Aufgabe der Erkenntnis der „concreten Phänomene in ihrer Stellung in Raum und
Zeit" (1883, S. 3) nicht in Abrede gestellt worden, wenngleich - ohne das historische Element in der
„theoretischen" Forschung völlig zu ignorieren – weithin eingeschränkt auf die von ihm so genannten

historischen Wissenschaften. Insofern ist ab der Jahrhundertwende (mit dem Erscheinen von *Schmollers* „Grundriß der Allgemeinen Volkswirtschaftslehre") eine gewisse Annäherung der Standpunkte erkennbar.

In der modernen Wirtschaftswissenschaft darf der Gegensatz von Induktion und Deduktion als endgültig überwunden angesehen werden. Das zeitweise zugespitzte „Entweder – Oder" ist einem „Sowohl – Als auch" gewichen. Die Forschungsanliegen der Volkswirtschaftslehre sind tatsächlich zu vielgestaltig, als dass sie auf nur eine einzige Methode verwiesen werden könnten.

2.1.2   Zur Werturteilsfrage: Sein oder Sollen?

Im Gegensatz zum älteren Methodenstreit ist die Werturteilskontroverse, d.h. die dem **jüngeren Methodenstreit** zugrundeliegende Frage, inwieweit **normative Aussagen** in den Sozialwissenschaften und damit in der Volkswirtschaftslehre zulässig sind, nach wie vor aktuell.

2.1.2.1   Der Streit über die Objektivität sozialwissenschaftlicher Erkenntnis

Obwohl das Methodenprinzip der Wertfreiheit schon einmal während der ersten Hälfte des 19. Jahrhunderts in der englisch-französischen Klassik zu Diskussionen Anlass gab, versteht man unter dem **Werturteilsstreit** die zu Beginn des 20. Jahrhunderts in Gang gekommene Debatte über die Objektivität sozialwissenschaftlicher Erkenntnis. „Die Objektivität sozialwissenschaftlicher und sozialpolitischer Erkenntnis" ist denn auch der Titel des 1904 von *Max Weber* vorgelegten Aufsatzes, in dem er die These aufstellte, „daß es niemals Aufgabe einer Erfahrungswissenschaft sein kann, bindende Normen und Ideale zu ermitteln, um daraus für die Praxis Rezepte ableiten zu können" (1973, S. 149). Zum eigentlichen Eklat kam es dann 1909 auf der Wiener Tagung des Vereins für Socialpolitik, in deren Verlauf sich *Max Weber* und *Werner Sombart* mit scharfen Worten **gegen eine Vermengung von Sein und Sollen,** von Erfahrungswissen und Werturteil wandten und damit insbesondere gegen die Auffassung der sogenannten Kathedersozialisten innerhalb der Historischen Schule (u. a. *Schmoller, Wagner, Knapp),* die sich – als wertende Nationalökonomen – **mit ethisch begründeten sozialpolitischen Empfehlungen** der Sozialen Frage annahmen, Front machten. *Sombart:*

> „Jedes Werturteil ist letzten Endes in der persönlichen Weltanschauung des Menschen verankert. Die persönliche Weltanschauung ist immer auf metaphysischer Basis ruhend, sie geht in Sphären hinein, die außerhalb der empirischen Welt liegen und in diese Tiefen der Weltanschauung reicht kein Senkblei der wissenschaftlichen Erkenntnis." (Verhandlungen des Vereins für Socialpolitik, 1910, S. 569).

Freilich sollte das nicht heißen, dass Werturteile der wissenschaftlichen Diskussion gänzlich entzogen seien. Dazu *Weber:*

> „Der wissenschaftlichen Betrachtung zugänglich ist ... die Frage der Geeignetheit der Mittel bei gegebenem Zwecke."

> „Wir können weiter ... die *Folgen* feststellen, welche die Anwendung der erforderlichen Mittel *neben* der eventuellen Erreichung des beabsichtigten Zweckes ... haben würde". Schließlich geht es um die *„Kenntnis der Bedeutung* des Gewollten selbst". Allerdings ist hier nur eine formal-logische Beurteilung im Sinne einer Prüfung der „inneren *Widerspruchslosigkeit des Gewollten"* möglich. „Sie kann ... dem Wollenden verhelfen zur Selbstbesinnung auf diejenigen letzten Axiome, welche dem Inhalt seines Wollens zugrunde liegen, auf die letzten Wertmaßstäbe, von denen er unbewußt ausgeht oder – um konsequent zu sein – ausgehen müßte. Diese letzten Maßstäbe, welche sich in dem konkreten Werturteil manifestieren, zum *Bewußtsein* zu bringen, ist nun allerdings das letzte, was sie (die wissenschaftliche Behandlung der

Werturteile, *G. K.),* ohne den Boden der Spekulation zu betreten, leisten kann." ([1904] 1973, S. 149ff.; im gleichen Sinn äußert sich *Weber* 1909, vgl.Verhandlungen ..., S.582f.)

Bereits auf der Wiener Tagung wurde die mit der **Zweck-Mittel-Relation,** den **Nebenwirkungen** und der **logischen Zergliederung politischer Zielsetzungen** gezogene Grenze der Objektivität der Erkenntnis von wertenden Nationalökonomen *(v. Philippovich, Spann)* in Frage gestellt, allerdings nicht gerade mit überzeugenden Argumenten. 1939 stellte *Weippert* in einer detaillierten und zugleich vertiefenden Dokumentation des Werturteilsstreits und seiner Weiterentwicklung die These auf, die Vertreibung der Werturteile aus dem wissenschaftlichen Bereich sei auf eine **Verengung des Wissenschaftsbegriffs auf die äußere Erfahrung** zurückzuführen: „Nicht die ‚Objektivität der Erkenntnis' zwingt uns ..., auf Aussagen über das Seinsollende zu verzichten, es ist ein *vorgefaßter* Wissenschaftsbegriff, der uns daran hindern will." (1966 a, S. 89) Vielmehr stehe uns im Gegensatz zu der allein auf Wahrnehmung angewiesenen naturwissenschaftlichen Erkenntnis „in den Wissenschaften von Sein und Welt des Menschen ... der unerschöpfliche Schatz der inneren Erfahrung zur Verfügung" (ebd., S. 90). Inneres Erfahren bedeutet, nach einer Interpretation von *Pütz, „sich besinnen,* sich auf sich selbst, das heißt, auf sein *Mensch-sein überhaupt* besinnen. Sich darauf besinnen, was ich *als Mensch,* und das heißt als gemeinschaftsverbundene Persönlichkeit für Aufgaben (Sollen) habe. ‚Werde, der du bist.' " (1948, S. 43) Mit Bezugnahme auf die Ontologie (= Wissenschaft vom Sein) hebt *Weippert* – der Wissenschaftshaltung *v. Gottl-Ottlilienfelds* verbunden – auf ein überzeitliches, ein unwandelbares Wesen der Wirtschaft ab:

> „Der Seinscharakter eines verstehbaren Objektes ist nicht ohne ein ihm immanentes, ihm wesensmäßig zugehöriges Sollen denkbar. Ja jedem Sein dieser Art ist nur ein ganz bestimmtes Sollen adäquat. Und so wir also, vom Seinscharakter ausgehend, Urteile fällen, besagen sie jeweils, in welcher Weise die empirische Wirklichkeit, die wir gerade vor uns haben, diesem Sollen entspricht. Nur sofern diese Wirklichkeit dem seinsmäßig gegebenen Sollen voll nachkommt, erfüllt sie ihr Wesen, kann sie Anspruch auf ‚Seinsrichtigkeit' erheben." (1966 a, S. 98).

Unter Hinweis auf die Immanenzsituation des Erkennenden (s. hermeneutische Position, S. 25 f.) heißt es erläuternd:

> „Wir können eben, dank unserem Drinnenstecken, nicht nur ausgeformten, verwirklichten; empirisch gegebenen Sinn ergründen, wir können uns auch an das mit den Existenznotwendigkeiten gegebene Seinsollen heranfragen. Auch zum Verständnis des Sollens geht der Weg über die Erfahrung. Freilich ist es eine Erfahrung eigener Art: die Erfahrung vermöge des Darinnensteckens. Diese Erfahrung ‚von innen' erschließt uns nicht nur einen Zugang zu dem, *was irgendwo war oder ist,* sie verschafft uns auch einen Zugang zu den *Seinsnotwendigkeiten des Zusammenlebens."* (ebd., S. 107)

2.1.2.2   Arten von Werturteilen und ihre Akzeptanz in der Wissenschaft

Tatsächlich resultiert der Werturteilsdissens hauptsächlich aus der unterschiedlichen Haltung zum ontologischen und teilweise auch zum ethischen Werturteil. Folgen wir nämlich einer 1931 von *v. Gottl-Ottlilienfeld* vorgenommenen Unterscheidung von Werturteilsarten (S. 837 ff.), dann lassen sich bezüglich ihrer wissenschaftlichen Akzeptanz die in Abb. 4 wiedergegebenen Aussagen treffen.

Demnach besteht Einigkeit darüber, dass **ideologische Werturteile** als *bloße Meinungen* nur einer subjektiven Gesinnung gerecht werden.

Was die **ethischen Werturteile** angeht, nehmen die wertenden Nationalökonomen insofern eine ambivalente Haltung ein, als sie die Volkswirtschaftslehre zwar nicht als eine Wissenschaft vom sittlichen Verhalten ansehen, andererseits aber darauf hinweisen, dass sich „die Inbeziehungsetzung der Ethik mit den Erfordernissen des Zusammenlebens" als „Zwang der sozialen Vernunft" ergebe, womit eine nur subjektive Ethik beiseite gerückt, also „dem Sollen ... der Freibrief auf Willkür und Beliebigkeit entzogen" sei *(Weippert 1966 a, S. 130 f.; ähnlich v. Gottl-Ottlilienfeld 1931, S. 844, Pütz 1948, S. 38).*

Arten von Werturteilen	Urteile über	Akzeptanz in der Nationalökonomie	
		wertfreie Position	wertende Position
ideologische	Gesinnungsrichtigkeit	nein	nein
ethische	Lebensrichtigkeit	nein	„jein"
teleologische	Sachrichtigkeit	ja	ja
ontologische	Seinsrichtigkeit	nein	ja

Abb. 4: Werturteilsarten und ihre wissenschaftliche Akzeptanz

Ohne hier auf Differenzierungen bezüglich **teleologischer Werturteile** (von grch. telos = Ziel, Zweck) einzugehen, kann Konsens darüber festgestellt werden, dass *Aussagen über die Geeignetheit bestimmter Mittel zur Realisierung eines vorgegebenen Zieles* (Zweck-Mittel-Aussagen) als wissenschaftsadäquat anzusehen sind.

Beim **ontologischen Werturteil** geht es um *Aussagen zu den Zielen selbst, insbesondere auch zum sogenannten Endzweck der Wirtschaft.* Ausgangspunkt ist die bereits oben angedeutete Überlegung, dass sich – angewiesen auf die äußere Erfahrung – die Frage nach dem Sinn zwar in den Naturwissenschaften verbietet, dagegen könne in Bezug auf die vom Menschen geschaffene Wirtschaft – mit Hilfe einer letztlich für alle Menschen gleichen inneren Erfahrung – auf einen *allgemeinverbindlichen Sinn der Wirtschaft* geschlossen werden. „Gibt es einen allgemeinverbindlichen Sinn und Zweck von Wirtschaft, so läßt sich daraus auch auf eine *sinnvolle* Gestaltung der Wirtschaft schließen. Mit der Erkenntnis des Sinns der Wirtschaft eröffnet sich auch die Möglichkeit; die realen sozioökonomischen Verhältnisse mit dem gedanklichen Bild einer sinnvoll gestalteten Wirtschaft zu vergleichen. Wirtschaftspolitik ist dann Umgestaltung einer sinnwidrigen Realität zu einer sinnvollen." *(Zinn 1974, S. 35)* Im Anschluss an *Gottl* wird der Sinn aller Wirtschaft in der „Gestaltung menschlichen Zusammenlebens im Geiste dauernden Einklangs von Bedarf und Deckung" gesehen; moderner ausgedrückt, lautet das ontologische Werturteil der Ökonomie: *soziale Integration im Zuge der Bedarfsdeckung.* Tatsächlich hat sich ja die Volkswirtschaftslehre von Anfang an mit Fragen der Vermehrung des Wohlstands bzw. des Reichtums befasst, freilich wurde dabei häufig die individuelle Lebensbewältigung (Egoismusprinzip) in den Mittelpunkt gerückt. Es gehört zu den Kennzeichen der Wesensnationalökonomie, ontologische Vorstellungen über Daseinsgemäßheit und Lebensförderlichkeit weniger am guten Leben des Einzelnen als vielmehr am Wohlstand der Allgemeinheit, am Volkswohlstand, festzumachen.

Wenn wir hier die Ausdifferenzierung der Werturteilsfrage aus der Sicht der wertenden Nationalökonomen beleuchtet haben, so geschah dies aus der Blickrichtung der dem Lager der verstehenden Methode angehörigen „hermeneutischen Verteidigungsbastion" *(Aldrup);* da ja auch *Max Weber* und *Werner Sombart* Vertreter einer verstehenden Soziologie bzw. Nationalökonomie waren, handelte es sich beim Werturteilsstreit ursprünglich primär um einen Dissens innerhalb der **hermeneutischen Richtung.**

Kaum Probleme mit der wissenschaftlichen Akzeptanz von Werturteilen haben dagegen die der **dialektischen Position** zuzurechnenden Vertreter der in manchen Gedankengängen dem Neomarxismus nahestehenden Kritischen Gesellschaftstheorie (Frankfurter Schule), handelt es sich bei ihnen doch um „Wertiker par excellence". Auch sie bezweifeln, „daß die Wissenschaft in Ansehung der von Menschen hervorgebrachten Welt ebenso indifferent verfahren darf, wie es in den exakten Naturwissenschaften mit Erfolg geschieht" (*Habermas* 1969, S. 157), darüber hinaus sehen sie im Zuge des von ihnen reklamierten emanzipatorischen Erkenntnisinteresses „in den kritisch orientierten Wissenschaften mit ihrer engen Anlehnung an die Philosophie die höchste methodische Gewährsinstanz dafür, daß äußere *und* innere Erfahrung des erkennenden Subjekts über die Selbstreflexion sich ,theoretisch gewiß' in Richtung auf die Emanzipation des Menschen entwickeln. Die dialektische Überwindung *jeglichen* methodischen Zweifels scheint perfekt" (*Aldrup* 1980, S. 661).

Schließlich werden auch in der konstruktiv[istisch]en.Wissenschaftstheorie (Erlanger Schule) Werturteile ausdrücklich akzeptiert; noch deutlicher: der **Konstruktivismus** lehnt – als Konsequenz auf den dort verwendeten Begründungsbegriff (Verständigung über die Anfangssätze einer Wissenschaft) – die Forderung nach Wertfreiheit der Wissenschaften ab: „Dafür, ob ein Satz im unvoreingenommenen Diskurs als wahr akzeptiert wird oder nicht, spielt es im Prinzip keine Rolle, ob dieser Satz eine Aussage über die Wirklichkeit oder ein Werturteil beinhaltet. Die Verfahren zur Begründung theoretischer und zur Rechtfertigung praktischer Sätze fallen zusammen. Damit ist die prinzipielle Dualität zwischen Tatsachenaussagen und Wertbehauptungen aufgehoben." (*Kirchgässner* 1989, S. 166)

Nun wurde den Verfechtern des Wertfreiheitspostulats, insbesondere den die **analytische Position** repräsentierenden Kritischen Rationalisten, zu Recht entgegengehalten, dass ja bereits ihr Plädoyer für das Prinzip der Wertfreiheit eine normative Aussage, ein Werturteil, beinhalte und deshalb ein Selbstwiderspruch vorliege. Nicht zuletzt wegen dieses Einwandes hob *Albert* auf eine Aufspaltung der Wertproblematik in die folgenden drei Fragenkomplexe ab; in

„1. das Problem der *Wertbasis* der Sozialwissenschaften: die Frage, inwieweit sozialwissenschaftlichen Aussagen Wertungen irgendwelcher Art zugrundeliegen müssen;

2. das Problem der *Wertungen im Objektbereich der* Sozialwissenschaften: die Frage, inwieweit diese Wissenschaften Wertungen irgendwelcher Art zum Gegenstand ihrer Aussagen machen müssen; und

3. das eigentliche *Werturteilsproblem:* die Frage, inwieweit sozialwissenschaftliche Aussagen selbst den Charakter von Werturteilen haben müssen." (1967, S. 151)

Bei den letztlich unverzichtbaren **Wertungen im Basisbereich** (1.) spielen sowohl heuristische als auch methodologische Momente eine Rolle. Es geht dabei vornehmlich um Entscheidungen über die Auswahl der Gegenstände, denen sich das Interesse des einzelnen Wissenschaftlers bzw. die jeweilige Wissenschaft zuwendet, um Festlegungen bezüglich der anzuwendenden Forschungsmethoden sowie – damit im Zusammenhang stehend – um „Entscheidungen über die Spielregeln, nach denen das ,Wissenschaftsspiel stattfinden soll" (*Raffée* 1974, S.46); zu letzteren gehört etwa das Pro oder Contra im Hinblick auf das Werturteil. Bezogen auf die Volkswirtschaftslehre, geht es z. B. um die oben erörterte Frage nach der Abgrenzung des Erkenntnisobjektes: Welcher Stellenwert kommt den außerökonomischen, aber ökonomisch relevanten Aspekten zu? Wie steht es etwa um die Berücksichtigung ökologischer, technologischer, evtl. auch ethischer Sachverhalte? Welcher Rang wird dem interdisziplinären Anliegen einer sozialökonomischen Verhaltensforschung (Konsumverhalten, Sparverhalten usw.) eingeräumt? – Das Problem des Wissenschaftsprogramms einer Disziplin erschöpft sich freilich nicht in den dem *Entdeckungszusammenhang* wissenschaftlicher Erkenntnisse zuzuordnenden Fragestellungen. Zumindest ist die Grenze zum *Verwendungszusammenhang* fließend, wenn eine Entscheidung über reine (l'art pour l'art) oder angewandte (l'art pour l'homme) Wirtschaftswissenschaft ansteht.

Im Gegensatz zu den Wertungen im Basisbereich geht es bei den **Wertungen im Objektbereich** (2.) nicht um ein Fällen von Werturteilen, sondern um die Analyse von Werten bzw. Zielen. Tatsächlich kommt der Lehre von den wirtschaftspolitischen Zielen (Stichworte: Ziel-Mittel-Beziehungen/Verhältnis von Vor- und Nachzielen, Zielsystem/Zielhierarchie, Zielbeziehungen) als Tatsachenaussage in der Theorie der Wirtschaftspolitik eine außerordentlich wichtige Rolle zu.

Damit reduziert sich nach *Albert* das „eigentliche Werturteilsproblem" auf die **Wertungen im Aussagenbereich** (3.), also innerhalb sozialwissenschaftlicher Aussagenzusammenhänge. Es geht um das Problem der Begründung wissenschaftlicher Aussagen, d. h. um die Frage, welche Aussagen als objektive wissenschaftliche Erkenntnis gelten können *(Begründungszusammenhang).* Bezogen auf unsere Disziplin: Wieweit sollen und können in der Volkswirtschaftslehre über die Erkenntnisgewinnung hinaus Problemlösungshilfen oder Handlungsanweisungen vermittelt werden? Findet die Theorie der Wirtschaftspolitik ihren Endpunkt in der Analyse von Ziel-Mittel-Beziehungen (Prospektion bzw. Deskription der Mittel im Hinblick auf die von der praktischen Wirtschaftspolitik vorgegebenen Ziele), oder sind normative Aussagen in Bezug auf Zwecke und Ziele (Präskription) erlaubt und evtl. auch wünschenswert? – Im Wissenschaftsverständnis der wertfreien Position, heute zuvörderst vertreten durch den Kritischen Rationalismus, sind Wertungen im Aussagenbereich nicht wahrheitsfähig; das heißt aber dann auch, dass den normativen Aussagen eines Fachwissenschaftlers kein größeres Gewicht zukommt als den Werturteilen jedes beliebigen Laien.

Mit *Raffée* sei darauf hingewiesen, dass es nicht unbedenklich ist, die im Basisbereich auftretenden Wertungsprobleme von denen im Aussagenbereich – bei partiell gleicher Problemstruktur – völlig zu isolieren (1974, S. 59 f.). So werden nur allzu häufig die Werturteile im Basisbereich als rein subjektive Angelegenheit des einzelnen Wissenschaftlers abgetan. Dem ist entgegenzuhalten, dass intrapersonale Entscheidungen dringend einer Ergänzung durch eine interpersonale Diskussion bedürfen, um allgemeine Orientierungspunkte und letztlich eine Legitimation für die Ausgestaltung und Finanzierung von Wissenschaftsprogrammen zu gewinnen: „Eine unzureichende Diskussion von Wissenschaftsprogrammen und ein lediglich intrapersonal gesteuertes Laisser-Faire des einzelnen Wissenschaftlers läuft Gefahr, daß methodische Fehlentwicklungen auftreten und/oder wichtige Lehr- und Forschungsgebiete einer Disziplin vernachlässigt werden." (ebd., S. 49) *Raffée* hält es aber für wenig konsequent, einen derartigen good-reasons-approach auf die Wertungen im Basisbereich zu beschränken. Statt dessen plädiert er für „rational begründete offene Wertungen im Aussagenbereich", welche das „Resultat eines umfassenden Kommunikationsprozesses unter allen Betroffenen sein sollten". Mit solch offenen Empfehlungen im Aussagenzusammenhang verbindet er zugleich die Chance, „dem Politiker effiziente Informationen zu liefern und damit politischen Entscheidungen ein höheres Maß an Rationalität zu verleihen" (ebd., S. 77). Man mag in dem good-reasons-approach eine mögliche pragmatische Lösung sehen, allerdings lässt sich dieses Vorgehen leichter konzipieren als realisieren, denn eine Kommunikation unter *allen* Betroffenen dürfte wohl von vornherein Utopie bleiben.

Demgegenüber schlug *Giersch* als eine Art kleine Lösung eine bedingte Suspendierung des Wertfreiheitspostulats vor. Danach sollten auch Aussagen mit normativem Charakter „wissenschaftlich zulässig sein, sofern eine Spielregel beachtet wird, die aus einem Bekenntnis zum Prinzip der Klarheit folgt: ein Wissenschaftler sollte das *normative Element* in seinen wertenden Aussagen so *deutlich explizieren,* dass beim Adressaten nicht der Eindruck entstehen kann, es handle sich um objektiv gültige Thesen" (1961, S. 47). Es ist kaum nötig hinzuzufügen, dass auch diese Vorgehensweise wegen der Gefahr einer dennoch nicht auszuschließenden „Kathedersuggestion" *(Weber)* ebenfalls umstritten ist.

2.2   Methodologische Positionen

Bei den methodologischen Positionen (auch wissenschaftstheoretische oder erkenntnistheoretische Ansätze genannt) geht es um die unterschiedlichen Wege, zu wissenschaftlichen Erkenntnissen zu gelangen. Mit der **analytischen** (in der Spielart des Kritischen Rationalismus), der **hermeneutischen**, der **dialektischen** und der seit Ende der 60er Jahre zunehmende Resonanz gewinnenden **systemtheoretischen** Position werden die für die Volkswirtschaftslehre wichtigsten Vorgehensweisen skizziert. Damit ist auch schon gesagt, dass kein Anspruch auf Vollständigkeit erhoben wird. So fehlen z. B. Erörterungen des hauptsächlich auf Sprachanalyse abhebenden **Konstruktivismus** („konstruktive", d. h. schrittweise sowie axioms-, regress- und zirkelfreie Begründung von wissenschaftlichen Aussagen auf der Grundlage von im unvoreingenommenen Diskurs gewonnenen ersten Sätzen, lediglich unter Einbeziehung vorwissenschaftlichen Umgangs); tatsächlich ist die Bedeutung dieses wissenschaftstheoretischen Ansatzes für die Volkswirtschaftslehre derzeit noch schwer abzuschätzen. Außerdem müssen wir uns mit einer auf das Elementare beschränkten Einführung begnügen.

2.2.1   Analytische Position des Kritischen Rationalismus

Das Charakteristikum der **analytischen Position** – also des der synthetischen Methode entgegengesetzten Verfahrens – ist die gedankliche Auflösung, die Zergliederung des zu untersuchenden Gegenstandes in einzelne Teile. Dies zeigt sich in der Wirtschaftswissenschaft 1. in der strikten Abgrenzung des durch das Identitätsprinzip von Nachbardisziplinen abgeschotteten Erkenntnisobjekts und 2. in der Ausgrenzung all jener Tatbestände, welche nicht der intersubjektiven Überprüfbarkeit zugänglich sind.

Der Ursprung der auch empirisch-analytisch genannten Wissenschaftstheorie liegt im Neopositivismus. Im Gegensatz zum Positivismus, der nur die aus der sinnlichen Wahrnehmung resultierende Erfahrung (des positiv Vorhandenen) als Quelle der Erkenntnis gelten lässt, wird im Neopositivismus die Empirie (Empirismus) mit der Ratio (Rationalismus) dergestalt verbunden, dass zugleich die Gesetze der Logik zum Tragen kommen, wobei der Sprache eine wesentliche Rolle bei der Erkenntnisgewinnung eingeräumt wird. Als eine darauf basierende Weiterentwicklung hat der mit dem Namen *Karl R. Popper* verbundene **Kritische Rationalismus** große Bedeutung für die volkswirtschaftliche Forschung erlangt: „Die Tätigkeit des wissenschaftlichen Forschers besteht darin, Sätze oder Systeme von Sätzen aufzustellen und systematisch zu überprüfen; in den empirischen Wissenschaften sind es insbesondere Hypothesen, Theoriensysteme, die aufgestellt und an der Erfahrung durch Beobachtung und Experiment überprüft werden."(1969, S. 3) Dabei müssen die Hypothesen so gewählt werden, dass sie an der Erfahrung, an der Wirklichkeit scheitern können; ihre Falsifizierbarkeit bildet das Abgrenzungskriterium für wissenschaftliche Sätze (*Popper*-Kriterium). Unter Kritik versteht der Kritische Rationalismus also nicht eine Infragestellung gesellschaftlicher Tatbestände (wie dies bei der dialektischen Position der Fall ist), sondern die permanenten Falsifizierungsversuche an den mittels logischer Ableitung (Deduktion) aus einem nomologischen Aussagensystem (Theorie) gewonnenen Hypothesen. Ausgeschlossen wird die Möglichkeit der Verifikation, der Bestätigung von Hypothesen und damit von Theorien; sie gelten immer nur als vorerst nicht widerlegt.

Die (kausal)analytische Methode des Kritischen Rationalismus hat in der Volkswirtschaftslehre seit den 50er Jahren breite Zustimmung gefunden. Zweifel ergeben sich jedoch, ob in der Wissenschaft tatsächlich das Bemühen vorherrscht, Theorien durch kontinuierliche Falsifikationsversuche zu widerlegen. So haben auch, die wissenschaftsgeschichtlichen Untersuchungen von *Thomas S. Kuhn* für die „normale Wissenschaft" ein in einem „Paradigma" verfestigtes Ensemble von als selbstverständlich erachteten Theorien ausgemacht, welches zunächst einmal „ausgefüllt" wird, ehe es über die „traditionszerstörende" Entdeckung von Anomalien bzw. Neubewertung bereits früher bekannter Fakten zur „revolutionären" Bildung eines neuen Paradigmas kommt (1973, passim). Für diese.Feststellung liefert gerade die volkswirtschaftliche Dogmengeschichte mit ihren „Schulen" bzw. Lehrrichtungen (Merkantilismus, Physiokratismus, Klassische, Schule, Sozialismus, Historische Schule, Grenznutzenschule usw.) ein überzeugendes Beispiel. Außerdem muss mit Hinweis auf die obengenannten Abgrenzungen und Ausgrenzungen (noch dazu in Verbindung mit den über ceteris-paribus-Klauseln abgesicherten modelltheoretischen Analysen) darauf aufmerksam gemacht werden, dass durch dieses Vorgehen notwendigerweise von vielen Aspekten der Realität abstrahiert wird. Anders ausgedrückt: Die Position des Kritischen Rationalismus hat zur Folge, dass sich die Wirtschaftswissenschaft für eine Reihe von Fragen, die sich in der Wirtschaftswirklichkeit stellen, gar nicht zuständig erklärt. Insofern ist man gelegentlich an den – dem Neopositivismus zuzurechnenden – Philosophen *Wittgenstein* erinnert, der meinte: „Wir fühlen, daß selbst, wenn alle *möglichen* wissenschaftlichen Fragen beantwortet sind, unsere Lebensprobleme noch gar nicht berührt sind." (1922, 6.52)

2.2.2   Synthetische/ganzheitliche Positionen

2.2.2.1   Hermeneutische Position

Kennzeichnend für die folgenden wissenschaftstheoretischen Ansätze, so auch für die **hermeneutische Position** mit ihrer Erkenntnisweise des Verstehens, ist das Kriterium der Ganzheit, das Bemühen um „Gesamterkenntnis". Damit ist die Absicht markiert, die Theorie nicht auf das rein Ökonomische einzuengen, sondern auch außerökonomische, aber ökonomisch relevante Aspekte (z. B. anthropologischer, psychologischer, soziologischer, politologischer, technologischer Art) zu berücksichtigen.

Hermeneutik meint hier weniger die philologische Interpretation von Texten, sondern zielt auf die Auslegung und Sinndeutung der Lebenswirklichkeit, der Wirtschaftswirklichkeit. Ausgehend vom vorwissenschaftlichen, vom alltäglichen, vom „elementaren" Verstehen („Einer muß wissen, was der andere will"), erklärte *Dilthey* – entsprechend seiner These von der prinzipiellen Verstehbarkeit menschlicher Handlungen und Leistungen – das Verstehen zur Methode der Geisteswissenschaften schlechthin. „„Verstehen' im Sinne einer Methode bezieht sich auf Vorgänge, bei denen eine enge Verbundenheit zwischen Subjekt und Objekt des Erkennens vorliegt; in ihrer höchsten Form gilt das vom Handeln des Menschen selber und von seinen sich in Geschichte und Kultur entfaltenden und ausprägenden Objektivationen, welche dem Forscher einen doppelten Zugang gewähren: der Beobachtung ‚von außen' ... und des ‚inneren' Verständnisses." *(v. Beckerath* 1965, S. 300) In gleicher Weise betont *Sombart,* der sich um die Herausarbeitung einer verstehenden Nationalökonomie besonders bemüht hat, die weitgehende Identität von Erkenntnissubjekt und Erkenntnisobjekt: „Indem der Erkennende also gleichsam in seinem Gegenstände darin steckt, erkennt er ‚von innen', wir stehen ‚gleichsam hinter den Kulissen' " (1930, S. 197). Damit wird auf den Unterschied zwischen „Naturerkennen" und „Kulturerkennen" abgehoben, wobei nur bei letzterem ein als „Sinnerfassen" interpretiertes Verstehen möglich ist. „Wir machen uns eine Erscheinung dadurch verständlich, daß wir ihren ‚Sinn' zu ergründen suchen, das aber bedeutet ...: *daß wir sie in einen uns bekannten Zusammenhang einbeziehen.*" (ebd., S. 195) Sinn erschließt sich demnach als Zusammenhang in einem „geistigen Ganzen". *Ast*: „Alles Verstehen gründet in der inneren Beziehung, in der Verwandtschaft, in der alles Geistige gründet, und nur, was aus dem Geiste ist, verstehen wir" (zitiert nach *Sombart* 1930, S. 200). Anders ausgedrückt: Man kann nur Gleiches mit Gleichem in Beziehung setzen und verstehen. Wesentlich für die Methode des Verstehens ist immer ein entsprechendes Vorverständnis, eine Antizipation von „Sinn" *(Gadamer).* Darüber hinaus kommt dem Kriterium der **Geschichtlichkeit** eine maßgebliche Rolle zu.

Als Arten des Verstehens unterscheidet *Sombart* ein Sinnverstehen, ein Sachverstehen und – über die Zweckmäßigkeit dieses Terminus mag man sich streiten – ein Seelverstehen. Wenig zweckmäßig ist es sicher auch, ein Sinnverstehen von den anderen Verstehensarten abzugrenzen, wo doch „Sinnerfassen" als Kennzeichen des Verstehens schlechthin gilt. Nach einer Interpretation von *Weippert* ergeben sich durch die genannte Abstufung des verstehenden Erfassens – im Zuge einer abnehmenden Abstraktion – folgende Wissenschaftsziele im Bereich der Ökonomie:

„(1) Erarbeitung des *zeitlosen Wesens der Wirtschaft* durch das **‚Sinnverstehen'** mittels der Kategorialanalyse; noch in den Umkreis des Sinnverstehens fallend: aufbauend auf die ‚analytische' Erfassung der überzeitlichen Kategorien der Wirtschaft die ‚systematische' Herausarbeitung ideell möglicher Wirtschaftssysteme.

(2) Verständnis der *geschichtlich konkreten, überindividuellen, epochalen Sinneinheiten,* zumal in der Form der ‚Stileinheiten', durch das **‚Sachverstehen'**. ‚Muster' einer solchen eng am geschichtlichen Stoff orientierten, Epochen erfassenden Arbeit ist *Sombarts* Begriff des ‚Wirtschaftssystems'.

(3) Analyse der Funktionen der Personen.in diesen Ganzheiten spezifischer Bedeutung: kapitalistischer Unternehmer, Börsenmakler, Lohnarbeiter usw.' als der *individuellen Verhaltensweisen* innerhalb der ‚Stile' durch das **‚Seelverstehen'**." (1966 b, S. 214; Hervorhebungen durch *G. K.)*

Möglicherweise wäre es dem Anliegen der hermeneutischen Position förderlicher, die Wissenschaftsziele mit Blick auf das eigentlich Gewollte als **Idealverstehen** oder **Ideenverstehen** (ideelles Verstehen), als **Realverstehen** oder **Realitätsverstehen** (historisches Verstehen) und als **Motivationsverstehen** (psychologisches Verstehen) zu kennzeichnen.

In diesem Zusammenhang sei ausdrücklich auf das Bemühen der verstehenden Nationalöko-nomie *(Sombart, Spiethoff, Weippert* u. a.) hingewiesen, „allgemein-ökonomische Katego-rien" (z. B. Bedarf, Gut, Produktion, Produktionsfaktoren, Ertrag), welche das Zeitlose, das Unwandelbare, das Überhistorische der Wirtschaft hervorheben sollen, von den „historisch-ökonomischen Kategorien" (z.B. Markt, Geld, Börse, Rentabilität, Konjunktur), welche als raum-zeitliche Besonderheiten hinzukommen können, zu unterscheiden.

Trotz der Orientierung an maßgebenden Strömungen der Gegenwartsphilosophie – neben der Ontologie sind auch phänomenologische. Einflüsse erkennbar – ist die Methode des Verste-hens, im Schatten des Kritischen Rationalismus stehend, in den letzten Jahrzehnten in der Nationalökonomie nicht mehr so recht vorangekommen; zudem blieb ein Teil der hermeneu-tischen Forschung im Begrifflichen stecken. Allerdings scheint sich in jüngster Zeit (auch im Zusammenhang mit ökologischen Herausforderungen) eine Renaissance des ganzheitlichen Denkens in der Wirtschaftslehre abzuzeichnen.

2.2.2.2   Dialektische Position

Der **dialektischen Position** kommt in der abendländischen Geistesgeschichte eine traditio-nelle Rolle zu. Die partiell bis auf die Sophisten zurückgehende „dialektike techne" (= durch den Dialog von Rede und Gegenrede gekennzeichnete Disputierkunst), von *Sokrates* und *Platon* zur philosophischen Methode mit dem Ziel der Aufdeckung von Wahrheit erhoben und zu den sieben, einen „freien" Bürger des Mittelalters auszeichnenden Künsten (septem artes liberales) gehörig, erfuhr u. a. durch *Kant, Fichte, Schleiermacher, Hegel, Marx* und *Engels* eine vielgestaltige Interpretation. Insbesondere die Triade von Thesis, Antithesis und Synthesis wurde für *Hegel* (1770–1831) zur „absoluten Methode des Erkennens", zum Ge-setz des Geistes, wonach jede Idee eine Gegenidee erzeugt, und beide auf einer dritten Stufe aufgehoben, überwunden, zum Ausgleich gebracht werden; auf diesem höheren Niveau aber wird die Synthesis wiederum zur Thesis, die erneut eine Antithesis hervorruft, so dass – dem Dreischritt entsprechend – eine neue Synthesis folgt usw. Dialektik ist demnach das **Denken in Widersprüchen**, welches aber die immer wieder mögliche Auflösbarkeit der Gegensätze zur Voraussetzung hat; insofern kommt dem dialektischen Verfahren eine hohe heuristische Bedeutung zu (die Gefahr einer schablonenhaften Anwendung des Dreischritts soll freilich nicht verschwiegen werden).

Marx (1818–1883) übernahm von *Hegel* sowohl die dialektische Methode als auch die Vor-stellung, dass alle Erscheinungen der Welt zusammenhängen und daher eine Sinndeutung erlauben. Im Gegensatz zur *Hegel*schen Annahme der Selbstentfaltung des Geistes (Idealis-mus) gründet die *Marx*sche Entwicklungsphilosophie auf der Selbstentfaltung wirtschaftli-cher Kräfte (Historischer Materialismus; Aufwärtsentwicklung durch den Widerspruch zwi-schen den Produktionsverhältnissen und den Produktivkräften); das *Hegel*sche System müsse „vom Kopf auf die Füße" gestellt werden: „Es ist nicht das Bewußtsein der Menschen, das ihr Sein, sondern umgekehrt ihr gesellschaftliches Sein, das ihr Bewußtsein bestimmt." ([1859], 1974, S. 9) Bezog *Marx* die dialektischen Entwicklungsgesetze auf den Bereich des Sozialen, so versuchte sein Mitstreiter *Engels* entsprechende Bewegungsgesetze auch im Bereich der Natur nachzuweisen (Dialektischer Materialismus). Danach wird marxistische Dialektik allgemein als Wissenschaft von den Bewegungsgesetzen der Natur, der Gesell-schaft und des Denkens definiert. Zu den Schlüsselbegriffen dialektischer Theorien gehören ferner das Konstrukt der Totalität sowie das Postulat der **Einheit von Theorie und Praxis**.

Auch in der in Teilen (neo)marxistisch beeinflussten **Kritischen Theorie** der Frankfurter
Schule *(Adorno, Horkheimer, Habermas)* wird die Prämisse der Ganzheit – ähnlich wie von
Seiten der hermeneutischen Position (übrigens auch was die Immanenzsituation des Forschers betrifft) – betont. Das Postulat der Einheit von Theorie und Praxis, von Denken und
Handeln, hat über die **Emanzipation** des Menschen die Veränderung der gesellschaftlichen
Verhältnisse im Blickfeld. Der Dialektik als Methode geht es also nicht nur um die Aufdeckung von Gegensätzen in den Phänomenen bzw. um das Erklären von in der Gesellschaft
vorhandenen Widersprüchen, sondern auch um Veränderung *(Marx:* „Die Philosophen haben
die Welt nur verschieden interpretiert; es kommt darauf an, sie zu verändern.") Beachtung
verdient in diesem Zusammenhang die von *Habermas* bezüglich der methodologischen Positionen unterschiedenen erkenntnisleitenden Interessen: In den Ansatz der empirisch-
analytischen Wissenschaften gehe ein *technisches,* in den Ansatz der historisch-
hermeneutischen Wissenschaften ein *praktisches* und in den Ansatz kritisch orientierter Wissenschaften ein *emanzipatorisches* Erkenntnisinteresse ein (1968, S. 155).

2.2.2.3   Systemtheoretische Position

Obwohl die **systemtheoretische Position** (System von grch. systema = das Zusammenge-
setzte, Zusammengestellte, Zusammengeordnete) zu den jüngeren methodologischen Ansätzen zählt, finden sich frühe Spuren des „systematischen", des ganzheitlichen, des holisti-
schen Prinzips – in neuzeitlicher Fassung: „Das Ganze ist mehr als die Summe seiner Teile"
– bereits bei *Aristoteles.* Bis in die Antike zurück reicht auch – wenigstens der Intention nach
– die Unterscheidung von gegenständlichen und gedanklichen Systemen, wobei mit ersteren
eine Zusammenordnung von in der Wirklichkeit existierenden und „symbiotisch" aufeinander bezogenen „Gegenständen" (z. B. das Zusammenleben in einem Ökosystem) gemeint ist,
mit gedanklichen Systemen dagegen die Klassifizierung von wissenschaftlichen Aussagen
über Gegenstände nach dem Merkmal partieller Identitäten (z. B. das *Linnesche* System des
Pflanzenreiches). Innerhalb der gegenständlichen Systeme ist es darüber hinaus üblich, zwischen natürlichen und vom Menschen geschaffenen Systemen (dazu zählt z.B. das Wirtschaftssystem) zu unterscheiden *(Seiffert* 1985, S. 95 ff.).

Worin besteht nun das „Mehr", welches das Ganze über „die Summe seiner Teile" hinaus-
hebt? Es wird gesehen in den **Beziehungen zwischen den Teilen**. Dies ist der Kerninhalt der
„Allgemeinen Systemtheorie", welche im Zuge der Renaissance des „gegenständlichen"
Systembegriffs ab 1949 von dem Biologen *Ludwig von Bertalanffy* (neu)begründet wurde:
„Ein System ist eine Menge (im mathematischen Sinn) von Elementen, zwischen denen
Wechselbeziehungen bestehen." (1972, S. 18) Maßgeblichen Einfluss auf das moderne Sys-
temdenken erlangte auch die um die gleiche Zeit (1948) von *Norbert Wiener* vorgestellte und
als Steuerungs-, Regelungs- (Prinzip der Rückkopplung!) und Nachrichtentheorie verstandene Kybernetik.

Mit der obigen Definition von System wird nun allerdings nur der **strukturale** Aspekt abge-
deckt, wobei es eben um die Beziehungen, die Relationen, die Interdependenzen der einzelnen Elemente im Rahmen eines Gesamtzusammenhangs geht, welcher somit eine ganz bestimmte Ordnung, einen inneren Aufbau, eine *Struktur* aufweist.

Ropohl stellt neben das strukturale Systemkonzept ein hierarchisches und ein funktionales
und meint, die Systemtheorie leide „bis heute darunter, dass drei unterschiedliche System-
konzepte vertreten werden, die jeweils einen Systemaspekt in den Vordergrund stellen oder

gar verabsolutieren, während doch der Systembegriff in Wirklichkeit alle drei Aspekte umfaßt" (1978, S. 14).

Das **hierarchische** Konzept, dem gerade bei der Analyse des Wirtschaftssystems eine bedeutende Rolle zukommt, beruht auf der Feststellung, dass die ein System kennzeichnenden Beziehungen der Elemente einen unterschiedlichen Intensitätsgrad aufweisen. Daraus lassen sich Stufen oder Ebenen von jeweils beziehungsintensiveren Teilgesamtheiten ableiten. „Das, was ... gerade als Ganzheit interessiert, wird jeweils als System bezeichnet ... Gruppieren sich die Elemente innerhalb des Systems zu voneinander unterscheidbaren Komponenten, so können wir von *Sub-Systemen* sprechen. Umgekehrt sind Systeme stets in eine Umwelt eingegliedert, die selbst wiederum Systemcharakter hat; diese Umwelt können wir als *Super-System* bezeichnen." *(Ulrich* 1979, S. 140)

Im **funktionalen** Konzept „sieht (man) ausdrücklich von der materiellen Konkretisierung und vom inneren Aufbau eines Systems ab und beschränkt sich auf das Verhalten einer Ganzheit in ihrer Umgebung" *(Ropohl* 1978, S. 16). Um Verhaltensweisen geht es letztlich auch bei der bereits ab den 30er Jahren von *Talcott Parsons* initiierten funktionalen Betrachtungsweise sozialer Systeme. Diesem gesamtgesellschaftlichen **Funktionalismus** liegt die Auffassung zugrunde, „daß die Gesellschaft auf gemeinsamen Zielen beruht (community of ends), daß sie eine Ansammlung von Menschen mit gemeinsamen letzten Werten ist, die nicht zufällig besteht, sondern ein harmonisches, die Handlungen der Mitglieder beherrschendes System bildet" *(Carlsson* 1972, S. 239); dementsprechend wird die Funktion der sozialen Prozesse mit Blickrichtung auf bestimmte Systemziele (Befriedigung „funktionaler Bedürfnisse") gesehen, wobei im Mittelpunkt der Fortbestand bzw. das Überleben der Gesellschaft steht. Für *Niklas Luhmann,* der an der Weiterentwicklung des Funktionalismus zu einer sozialwissenschaftlichen Systemtheorie arbeitet, bestehen soziale Systeme aus Handlungen, die dem Sinn nach zusammenhängen; er spricht von *„sinnhaft* identifizierte(n) System(en) (1971, S. 11). Sinn wird gesehen als „eine bestimmte Strategie des selektiven Verhaltens unter der Bedingung hoher Komplexität. Durch sinnhafte Identifikation ist es möglich, eine im einzelnen unübersehbare Fülle von Verweisungen auf andere Erlebnismöglichkeiten zusammenzufassen und zusammenzuhalten, Einheit in der Fülle des Möglichen zu schaffen und sich von da aus dann selektiv an einzelnen Aspekten des Verweisungszusammenhanges zu orientieren." (ebd., S. 12) *Luhmanns* zentrale These behauptet, dass Systeme der Reduktion von Komplexität dienen: „*Alles,* was über Systeme ausgesagt wird – Differenzierung in Teile, Hierarchiebildung, Grenzerhaltung, Differenzierung von Struktur und Prozeß, selektive Umweltentwürfe usw. –, läßt sich ... funktional analysieren als Reduktion von Komplexität." (ebd., S. 11)

Im Bereich der Wirtschaftswissenschaft war es zunächst der amerikanische Nationalökonom *Kenneth Boulding,* der ab 1956, später zusammen mit *Lawrence Senesh, Alfred Kuhn* und anderen (mit Zentrum an den Universitäten von Colorado und Cincinnati), Pionierarbeit bei der Entwicklung der Systemanalyse leistete. Vor dem Hintergrund der Beobachtung, dass das in den Einzelwissenschaften aufgrund des eng definierten Identitätskriteriums vorherrschend atomistische bzw. „zerfällende" Denken nur selten für die Lösung praktischer Probleme ausreicht, weil die Aufgaben der Praxis meist komplexer Natur sind, als Ganzheiten auftreten und deshalb über die Fachgrenzen hinausweisen, wurde auch in der Betriebswirtschaftslehre gegen die „eindimensionale Aspektlehre" und zugunsten eines interdisziplinären Systemansatzes Stellung bezogen. So konstatiert der an der Hochschule St. Gallen tätige Betriebswirt *Hans Ulrich*: „Für den praktisch handelnden Menschen ist es letzten Endes gleichgültig, ob die von ihm verwendeten Erkenntnisse aus Soziologie, Psychologie, Nationalökonomie oder aus der ‚eigentlichen' Betriebswirtschaftslehre stammen; es ist ein Postulat der Ausbildungsökonomie, ihm alle zur Lösung seines Problems benötigten Erkenntnisse in zusammenhängend verarbeiteter, eben ‚problemorientierter' Form zu vermitteln." (1970, S. 19)

Zweiter Teil

Ordnungstheoretische Grundlagen der Volkswirtschaftslehre

Lehrgeschichtliche Einführung: Denken in Ordnungen versus Denken in Entwicklungen

Das **Denken in Ordnungen** *(Eucken)* hat in der Volkswirtschaftslehre durchaus Tradition. Ohne hier auf die bereits in den antiken Staats- und den mittelalterlichen Gesellschaftslehren zumindest ansatzweise enthaltene Ordnungsaufgabe des ökonomischen Lebensbereiches einzugehen, kann die im **Merkantilismus** durch eine Suprematie des Staates über die Wirtschaft charakterisierte Ordnung als „eine spezifische *Form der Zentralverwaltungswirtschaft*", nämlich mit dem Akzent auf der ökonomischen Entwicklungspolitik *(Schachtschabel* 1971a, S. 21), bezeichnet werden. Merkantilistische Autoren betonten denn auch immer wieder die Notwendigkeit einer vom Staat gesetzten „positiven Ordnung" der Wirtschaft, um ein Gleichgewicht (frühe Idee des Gleichgewichts in der Volkswirtschaftslehre!) zwischen den einzelnen Wirtschaftszweigen („Berufsständen") herzustellen. Im Gegensatz dazu erhoben die **Physiokraten** die „natürliche Ordnung", die von Gott für das Glück der Menschen gewollte Ordnung der Vorsehung, zum Mittelpunkt ihrer Lehre; ja *Dupont de Nemours* definierte die Physiokratie sogar als die Wissenschaft von der natürlichen Ordnung. Der Staat solle sich jedes Eingriffes mittels eines ordre positif in den ordre naturel enthalten (laissez faire, laissez passer, le monde va de lui-même); geschaffen war damit das Axiom der prästabilierten Harmonie in einer liberalen Wirtschaftsordnung. Zwar wird dieses Axiom in der auf die physiokratische Lehre folgenden **Klassischen Schule der Nationalökonomie** nicht mehr uneingeschränkt anerkannt, so stehen dem Optimismus eines *Adam Smith* und anderer die eher pessimistischen Auffassungen von *Thomas Robert Malthus, David Ricardo* und *John Stuart Mill* gegenüber, jedoch wurde im Liberalismus die natürliche Ordnung als so selbstverständlich angesehen, dass das Problem der Wirtschaftsordnung – inzwischen freilich von den Frühsozialisten aufgegriffen – von einem Teil der Vertreter der liberalen Wirtschaftslehre, insbesondere französischer Provenienz, gar nicht mehr weiter thematisiert wurde (vgl. *Ritschl* 1965, S. 190).

In dieses mehr oder weniger bestehende Vakuum drang im 19. Jahrhundert mit den **Wirtschaftsstufentheorien** das **Denken in Entwicklungen** ein. Zwar finden sich Ansätze von Stufenvorstellungen bereits in der antiken Geschichtsphilosophie, auch *Quesnay* und *Smith* waren Stufenfolgen, welche das Typische einer historischen Epoche markieren sollten, nicht fremd, jedoch gehören die Wirtschaftsstufentheorien zuallererst zum Anliegen der **Historischen Schule der Nationalökonomie**. Getragen war dieses Bemühen von der das 19. Jahrhundert prägenden **Evolutionsidee**, der Gewissheit des Fortschritts im Sinne einer ständigen Höherentwicklung, welche hier auf die Entwicklungsstadien der Volkswirtschaft bezogen wurde.

Zu den bekanntesten, dem Historismus in der Volkswirtschaftslehre zuzurechnenden evolutorischen Stufentheorien gehören die von *Friedrich List, Bruno Hildebrand* und *Karl Bücher:*

List unterschied 1841 nach dem **Stand der Entfaltung der produktiven Kräfte bei der Gütererzeugung**

- Zustand der ursprünglichen Wildheit (wilder Zustand: Jäger und Sammler)
- Hirtenstand
- Agrikulturstand
- Agrikultur-Manufakturstand
- Agrikultur-Manufaktur-Handelsstand.

Dabei ging es *List* vornehmlich um die wirtschaftspolitische Intention der Entwicklung Deutschlands zur höchsten Stufe. Im Vergleich zu der mit der Stufe des Agrikultur-Manufaktur-Handelsstandes begründeten wirtschaftlichen Vormachtstellung Englands, hatten die deutschen Länder um 1840 allenfalls die vierte Stufe erreicht. Um die Weiterentwicklung zum höchsten Stand zu ermöglichen, trat *List* – neben Empfehlungen zur Förderung der Infrastruktur (Eisenbahnen) – für sogenannte Erziehungszölle ein, welche die in ihren Anfängen befindliche deutsche Industrie vor der billigeren Einfuhr von englischen Erzeugnissen bis zum Zeitpunkt der Zielerreichung schützen sollten. Mit diesen Gedankengängen hob *List* zugleich die Bedeutung relativistisch-theoretischer Aussagen hervor.

Nach der **Art der Tauschmittel** glaubte *Hildebrand* 1864 die Stufenfolge

- Naturalwirtschaft
- Geldwirtschaft
- Kreditwirtschaft

zu erkennen. Auch sozialpolitische Beweggründe spielten bei dieser Unterscheidung eine Rolle. So meinte *Hildebrand*, eine mit der Geldwirtschaft verbundene „selbstsüchtige Interessenökonomie" würde auf der Stufe der Kreditwirtschaft zum sozialen Ausgleich gebracht werden.

Das Einteilungskriterium der 1893 von *Bücher* vorgelegten Wirtschaftsstufentheorie war die **Länge des Weges, die die Güter zwischen Produzenten und Konsumenten zurücklegen,** d. h. **die Länge der Absatzwege,** die im Lauf der Zeit immer weiter zugenommen hat. Die sich daraus ergebende Gliederung in

- Geschlossene Hauswirtschaft (tauschlose Wirtschaft)
- Stadtwirtschaft (direkter Austausch)
- Volkswirtschaft (Güterumlauf)

wurde von *Bücher* als methodisches Hilfsmittel begriffen, um über die Aufdeckung der Gesetze der Entwicklung jeweils eine ökonomische Theorie zu initiieren. Tatsächlich war diese Wirtschaftsstufentheorie zu Ende des 19. Jahrhunderts „schlechthin ein Ereignis für die deutsche Volkswirtschaftslehre. Eine ganze Zeitlang stand sie im Mittelpunkt in- und ausländischer Auseinandersetzungen." *(Schachtschabel* 1971 b, S. 6) Als Ergänzung zur *Bücher*schen Trias wurde gelegentlich vorgeschlagen, eine Stufe der individuellen Nahrungssuche voranzustellen und mit der der Weltwirtschaft abzuschließen.

(Es soll nicht unerwähnt bleiben, dass auch *Marx* an mehreren Stellen (z.B. [1859] MEW 13, S. 9 und [1867] MEW 23, passim) – allerdings auf dem Wege des dialektischen Prozesses – mit der Aufeinanderfolge von „Gesellschaftsformationen", gekennzeichnet durch klassenloses Gemeineigentum, asiatische Produktionsweise [Gegensatz Freier – Sklave], antike Produktionsweise [Gegensatz Patrizier – Plebejer], feudale Produktionsweise [Gegensatz Baron – Leibeigener sowie Zunftbürger – Gesell], bürgerliche/kapitalistische Produktionsweise [Gegensatz Bourgeois – Proletarier] und schließlich klassenlose sozialistische/kommunistische Produktionsweise, dem Entwicklungsgedanken nachging.)

Wenn wir die Bedeutung der Wirtschaftsstufentheorien kritisch würdigen wollen, so muss zunächst eingeräumt werden, dass die Defizite von den Autoren teilweise selbst gesehen wurden. So bezog z. B. *Bücher* seine Dreistufentheorie ausdrücklich auf den europäischen Kulturraum, zugleich war er sich darüber im Klaren, dass in der Epoche der Volkswirtschaft noch Elemente der Stadtwirtschaft und der Geschlossenen Hauswirtschaft erkennbar sind, dass also bei Vorherrschen *einer Art* des Wirtschaftens durchaus Überschneidungen auftreten. Vor dem Hintergrund der wirtschaftshistorischen Forschungsergebnisse ist jedoch vor allem der Evolutionsgedanke im Sinne eines organischen Werdens nicht haltbar, denn tatsächlich hat es im wirtschaftlichen Wandel vielfach auch zyklische Bewegungen mit entsprechenden Rückbildungen gegeben, ganz abgesehen vom gelegentlichen Überspringen einer Stufe.

Es ist sicher nicht uninteressant, dass auch im 20. Jahrhundert, und zwar bis in die jüngere Vergangenheit hinein, volkswirtschaftliche Theorien entstanden, mit welchen versucht wird, den mannigfachen Wandel der Wirtschaft in einen sinnvollen Zusammenhang zu bringen. Im Unterschied zu den früheren Wirtschaftsstufentheorien beschränken sich diese neueren **„Stadienlehren"** auf wesentlich kürzere Zeiträume, nämlich hauptsächlich auf Wandlungen der Wirtschaftsstruktur innerhalb der industriellen und serviellen Gesellschaft, außerdem ist man um pluralistische Begründungen bemüht. Als Beispiele seien genannt:

- Die **Stadien der Industrialisierung** (von *Walther G. Hoffmann*, 1931, erweitert 1969: zunehmender Stellenwert der Kapitalgüterindustrien im Vergleich zu den Konsumgüterindustrien),
- die **Phasen des sektoralen Strukturwandels** (von *Jean Fourastié*, 1949: zuerst Zurückdrängung des primären Sektors zugunsten des sekundären und – abgeschwächt – des tertiären Sektors, dann des primären und sekundären Sektors zugunsten des tertiären Sektors) und
- die **Stadien des wirtschaftlichen Wachstums** (von *Walt W. Rostow*, 1960: kumulative Wachstumsprozesse bei zunehmenden Wahlmöglichkeiten in Richtung Massenkonsum. „Es ist möglich, die wirtschaftliche Lage jeder Gesellschaft mit einem der fünf Wachstumsstadien zu charakterisieren: der traditionellen Gesellschaft, der Anlaufperiode, in der die Voraussetzungen für den Beginn des Wachstums gelegt werden, der Periode des wirtschaftlichen Aufstiegs, der Entwicklung zum Reifestadium, dem Zeitalter des Massenkonsums." [S. 18])

Hingewiesen sei noch auf die in jüngster Zeit von *Bruno Fritsch* konzipierten vier **Entwicklungsstufen des Systems „Mensch–Umwelt",** welchen durchaus umweltökonomische Relevanz zukommt:

„1. Unter Bedingungen geringer Bevölkerungsdichte konnte der Mensch die Umwelt sozusagen ‚gebrauchen'. Ein erhöhter Energiedurchsatz war weder möglich noch erforderlich, denn die natürlichen Lebensgrundlagen sind – von nichtanthropogenen Katastrophen abgesehen – in der Regel erhalten geblieben.

2. Bei höheren Bevölkerungsdichten und höherem Energie- und Materialdurchsatz geht der Gebrauch in einen Verbrauch der Umwelt über. Eine natürliche Regeneration des Ökosystems (Atmosphäre, Hydrosphäre, Biosphäre) findet in dem Sinne nicht mehr statt, als vorherige Gleichgewichtszustände in andere übergehen. Die ursprüngliche Umwelt wird zu einem ‚knappen Gut', die Umweltproblematik spitzt sich zu. Diese (zweite) Entwicklungsstufe existiert heute noch in zahlreichen Entwicklungsländern sowie in praktisch allen sozialistischen Staaten.

3. Die dritte Evolutionsstufe ist durch einen Übergang zu Gesellschafts- und Wirtschaftsformen charakterisiert, die eine ‚Partnerschaft' mit der Umwelt anstreben. Gestörte Rückkoppelungen werden teilweise wiederhergestellt, Massenströme teilweise geschlossen, nichtdissipierende Senken (Entsorgung) eingerichtet. In dieser dritten Entwicklungsstufe befinden sich heute die meisten fortgeschrittenen Industriestaaten.

4. Immer deutlicher zeichnet sich jedoch eine Entwicklung ab, die historisch ihre Vorläufer hat: Es ist die bewußte Schaffung, Gestaltung von Umweltsystemen, die auf eine ganz bestimmte Population zugeschnitten sind. In dieser sich anbahnenden Phase schafft sich der Mensch seine eigenen Sekundärsysteme. Sie werden in Zukunft sowohl auf dem Planet Erde als auch im exterrestrischen – vorerst erdnahen – Raum positioniert sein." (1989, S. 1 f.; im Original teilweise hervorgehoben).

Um nicht missverstanden zu werden: Das Ende der Wirtschaftsstufentheorien und damit die Zurückdrängung des Entwicklungsgedankens wurde bereits Anfang des 20.Jahrhunderts mit dem von *Max Weber* eingebrachten Begriff des Idealtypus eingeläutet. Gewonnen wird der Idealtypus „durch einseitige Steigerung eines oder einiger Gesichtspunkte und durch Zusammenschluß einer Fülle von diffus und diskret, hier mehr, dort weniger, stellenweise gar nicht, vorhandenen Einzelerscheinungen, die sich jenen einseitig herausgehobenen Gesichtspunkten fügen, zu einem in sich einheitlichen Gedankenbilde" ([1904], 1973, S. 191; im Original teilweise hervorgehoben). Nach der auf die Gewinnungsmethode bezogenen Unterscheidung von *Walter Eucken* zielt die idealtypische Betrachtungsweise auf „pointierend hervorhebende" bzw. „isolierende" Abstraktion, im Gegensatz zu der dem Realtypus eigenen „generalisierenden" Abstraktion [1940] 1965, S.70); vgl. jedoch im 4.Kapitel, S. 105f.

In Auseinandersetzung mit dem Idealtypus entwickelte *Sombart* ab 1925 seine „**Idee**" (später „Gestaltidee" genannt) **des Wirtschaftssystems**. (Zu der diesem Bemühen nahestehenden, allerdings ausschließlich realtypischen Wirtschaftsstilforschung von *Spiethoff* und zur gleichermaßen realtypisch ausgerichteten Theorie der Wirtschaftlichen Grundgestalten von *Seraphim* s. 4. Kapitel [Typologie von Wirtschaftsordnungen], S. 110 ff.) Unter einem **Wirtschaftssystem** versteht *Sombart* eine als „sinnvolle Einheit" erscheinende Wirtschaftsweise, bei welcher die **Grundbestandteile** der Wirtschaft, nämlich **Geist (Wirtschaftsgesinnung)**, **Form (Ordnung)** und **Technik**, jeweils eine bestimmte Gestaltung aufweisen; d. h., „es ist die als geistige Einheit gedachte Wirtschaftsweise, die (1.) von einem bestimmten Geiste beherrscht; (2.) eine bestimmte Ordnung und Organisation hat und (3.) eine bestimmte Technik anwendet" (1925, S. 14). Mit Geist meint *Sombart* die Wirtschaftsgesinnung, die einer Epoche das Gepräge gibt, etwa den Geist der Gotik oder den Geist des Kapitalismus; mit dem Begriff Form (Ordnung) wird die soziale Geordnetheit erfasst; Technik wird verstanden als Mittelwahl bei gegebenem Zweck, wobei *Egner* darauf hinwies, dass hier eine Ausweitung auf die Gesamtheit des Wissens und Könnens, auf das Knowhow einer Gesellschaft erforderlich ist (1969, S. 427).

Wohlgemerkt: Es geht beim Wirtschaftssystem um die **sinnvolle Vereinigung von Strukturelementen der Grundbestandteile**, um Sinnverwandtschaften, um Sinnadäquanz. *Sombart*: „Es gibt so viele Wirtschaftssysteme als es sinnvolle Möglichkeiten der Gestaltung des Wirtschaftslebens gibt." (1925, S. 15) Als denkbare Gegensatzpaare innerhalb der Grundbestandteile werden genannt (ebd., S. 20):

A. Geist (Wirtschaftsgesinnung):

    I. Bedarfsdeckungsprinzip – Erwerbsprinzip;
    II. Traditionalismus – Rationalismus;
    III. Solidarismus – Individualismus.

B. Form (Regelung und Organisation):

    I. Gebundenheit – Freiheit;
    II. Privatwirtschaft – Gemeinwirtschaft;
    III. Demokratie – Aristokratie;
    IV. Geschlossenheit – Aufgelöstheit;
    V. Bedarfsdeckungswirtschaft – Verkehrswirtschaft;
    VI. Individualbetriebe – gesellschaftliche Betriebe.

C. Technik (Verfahren):

    I. Empirisch – wissenschaftlich;
    II. Stationär – revolutionär;
    III. Organisch – nichtorganisch (mechanisch – anorganisch).

Sombarts systematische Erfassung sozialökonomischer Phänomene zeichnet sich u. ä. dadurch aus, dass nicht nur die historisch konkretisierten Wirtschaftssysteme ins Blickfeld genommen werden, sondern auch zukünftige bzw. ideell mögliche (sinnvolle) Gestaltungen des Wirtschaftslebens. Auch die Einbeziehung des Faktors Geist in die Grundbestandteile der Wirtschaft, also der geistigen Haltung, die den Lebensstil einer Zeit prägt, zählt zu den maßgeblichen Charakteristika. Zu den Schwachpunkten seiner Gestaltidee des Wirtschaftssystems gehört dagegen die Kategorie Ordnung bzw. Form, die durch die sechs Antithesenpaare nicht mit der nötigen Schärfe zu fassen ist *(Weippert* 1953, S.60f. u. passim).

Gerade diesem Formmoment, dem **Ordnungsgefüge der Wirtschaft**, galt mit den 1940 in erster Auflage erschienenen „Grundlagen der Nationalökonomie" das Hauptinteresse *Walter Euckens*: „Auf jeden Fall ist die Erkenntnis der Wirtschaftsordnung der notwendige und sogar der erste Schritt zur Erkenntnis der wirtschaftlichen Wirklichkeit eines jeden Volkes" (S. 62; im Original hervorgehoben). Der Bestimmung der Ordnungsformen wird somit Priorität vor der Analyse der Wirtschaftsprozesse eingeräumt. Nun darf allerdings nicht übersehen werden, dass der *Euckens*che Ordnungsbegriff enger gefasst ist als der *Sombarts* und dass dabei die als konstitutive Grundformen einer Ordnung, die als Idealtypen verstandenen „reinen Formen" (im *Euckens*chen Sprachgebrauch: Wirtschaftssysteme), nur gedankliche Modelle, geschichts- und damit sinnfreie Denkfiguren darstellen. Die idealtypischen Formen „geben – obwohl aus exakter Beobachtung der Wirklichkeit entstanden – *keine* Abbilder konkreter Wirklichkeit. Sie sind *weder* Photographien *noch* Gemälde und *wollen* nicht solche sein. Sie sind auch nicht in einem bestimmten historischen Milieu gedacht." (ebd., S. 194) Mit den nach den Trägern des Wirtschaftsplanes unterschiedenen beiden Grundformen der „Zentralgeleiteten Wirtschaft" und der „Verkehrswirtschaft" ist – bei bewußter Inkaufnahme von Abstraktionen der Wirklichkeit – die **ordnungstheoretische** Reflexion zum „Kardinalproblem" erhoben worden.

Innerhalb der **Zentralgeleiteten Wirtschaft** – in der also die Lenkung des Wirtschaftsprozesses aufgrund der Pläne einer Zentralstelle erfolgt – unterschied *Eucken* die einfache Form der „**Eigenwirtschaft**" (= überschaubare geschlossene Familienwirtschaft „mit einigen Dutzend oder hundert Menschen") und die **Zentralverwaltungswirtschaft** in volkswirtschaftlicher Dimension. Für beide Formen werden je nach dem Zugeständnis autonomer Entscheidungsbereiche folgende als Idealtypen verstandene Varianten vorgestellt:

1. die „*Total zentralgeleitete Wirtschaft*" in der überhaupt kein Tausch zugelassen ist,
2. die „*Zentralgeleitete Wirtschaft mit freiem Konsumguttausch*" und
3. die „*Zentralgeleitete Wirtschaft mit freier Konsumwahl*".

Als vierte Variante wurde ursprünglich (ab der 5. Auflage nicht mehr enthalten) die „*Zentralgeleitete Wirtschaft mit freier Wahl des Berufs und des Arbeitsplatzes*" ausgewiesen.

Für die ebenfalls idealtypische **Verkehrswirtschaft** – Betriebe und Haushalte stehen hier auf der Grundlage von unvollständigen Teilplänen miteinander in Tausch- bzw. Verkehrsbeziehungen – ergibt sich in Bezug auf die Art der Formelemente eine wesentlich größere Variationsvielfalt. Da sind zunächst die *Marktformen*, in denen sich Angebot und Nachfrage begegnen. *Eucken* unterscheidet jeweils fünf Formen des Angebots und der Nachfrage, nämlich Konkurrenz, Teiloligopol, Oligopol, Teilmonopol und Monopol, woraus sich insgesamt 25 verschiedene Marktformen ergeben. Hinzu kommt die Art des Marktzugangs, je nachdem ob Angebot und/oder Nachfrage „offen" oder „geschlossen" sind. Was die *Formen der Geldwirtschaft* angeht, wird auf die Einheit oder die Trennung der Geldfunktionen Tauschmittel und Recheneinheit abgestellt (Geld nur Tauschmittel oder zugleich Recheneinheit). Des Weiteren werden nach der Art der Geldschöpfung und Geldvernichtung verschiedene *Geldsysteme* unterschieden. *Eucken*: „Je nach der ‚Marktform' und je nach dem ‚Geldsystem' und der ‚Hauptform der Geldwirtschaft' vollziehen sich Koordination der Wirtschaftspläne, wirtschaftliche Handlungen der Einzelwirtschaften und der gesamte Wirtschaftsprozeß in verschiedener Weise." (ebd., S. 108)

Von den Nationalökonomen, die sich dezidiert der **Weiterentwicklung dieser auf morphologischer Betrachtungsweise beruhenden Ordnungstheorie** (der Freiburger Schule) annahmen, ist vorrangig *Hensel*, ein Schüler *Euckens*, zu nennen. Er identifiziert Wirtschaftsordnungen als sittliche, rechtliche und morphologische Gebilde. Als Ergänzung der *Euckens*chen Ordnungsformen stellt er vor allem die *Unternehmungsformen*, die *Formen der unternehmungsinternen Willensbildung* (Direktorialprinzip oder Prinzip kollektiver Willensbildung) und *die der betrieblichen Ergebnisrechnung* (Gewinn-, Einkommens-, Planerfüllungsprinzip) heraus (1972, S. 18 ff.). *Leipold*, selbst wiederum ein früherer Mitarbeiter *Hensels*, ist – den entscheidungstheoretischen Ansatz von *Neuberger und Duffy* (DIM-approach: Klassifikation des Wirtschaftssystems in die Teilstrukturen Decision-making [D], Information [I] und Motivation [M]) aufgreifend – um eine Synthese von Ordnungs- und Entscheidungstheorie bemüht und hebt nach Maßgabe funktioneller Kriterien auf die im Rahmen des Wirtschaftssystems zu unterscheidenden Teilsysteme der **Entscheidung**, der **Movitation**, der **Koordination** und der **Kontrolle** ab (1988, S. 34 ff.).

Auch wenn diese beiden Wirtschaftswissenschaftler hier nur stellvertretend für eine Reihe anderer stehen, welche den prägenden Einfluss der Institutionen auf die Wirtschaftsprozesse zum Zentrum ihrer wissenschaftlichen Arbeit erhoben, muss doch festgestellt werden, dass das Interesse am ordnungstheoretischen (im Vergleich zum prozesstheoretischen) Denken in der Volkswirtschaftslehre – nach anfänglicher Schärfung des institutionellen Problembewusstseins – bis etwa Anfang der 70er Jahre wieder rückläufig war. Dies lag nicht zuletzt an der mit einer restriktiven Grenzziehung (Verweisung in den Datenkranz) der Wirtschaftstheorie einhergehenden konzeptionellen Enge der Freiburger Ordnungstheorie:

- Schon 1942 gab *Weippert* u. a. zu bedenken, dass zwar die Ordnungsgefüge eine relative historische Indifferenz aufweisen, dass aber „die Art und Weise, wie *Eucken* zu diesen ‚Formelementen‘ kommt …, das *geschichtliche* Moment, ohne das sie nicht gedacht werden dürfen, nicht zum Vorschein bringt" (S. 56 f.). Die „geschichtliche Ortsgebundenheit wird … offenbar, wenn wir uns klar machen, daß geschichtliche Ortsgebundenheit nicht nur heißt: Auftreten an einer bestimmten *räumlich* und *zeitlich* fixierten Stelle, sondern stets auch: Gebundensein an eine ganz spezielle *soziale Situation*, an ein ganz bestimmtes soziales Sosein" (ebd., S. 57).
- Fast ein halbes Jahrhundert später weist *Hartwig* treffend darauf hin, dass zwar die enge neoklassische Interpretation im Sinne der Theorie des allgemeinen Gleichgewichts bzw. der Allokation knapper Mittel keineswegs den Intentionen der Freiburger Ordnungstheorie entsprach, dass diese verkürzte Sichtweise jedoch durch ein methodisches Prinzip eher gestützt wurde: „Gemäß ihrer Zielsetzung beschränkt sich die Ordnungstheorie nämlich auf die Wirkungsanalyse von Ordnungsformen. Deren Herausbildung und Veränderung wird ausgeklammert. Institutionen rechnen zum Datenkranz, d. h. zu jenen Phänomenen, die zwar das ökonomische Geschehen determinieren, die sich selbst aber nicht unmittelbar, sondern   allenfalls über soziale und politische Prozesse auf wirtschaftliche Vorgänge zurückführen lassen und dementsprechend außerhalb des Gegenstandsbereichs der ökonomischen Theorie liegen … Damit erfolgt aber eine unnötige perspektivische Verengung." (1988, S. 43)

Eine Wiederbelebung erfuhr das ordnungstheoretische Denken im Zusammenhang mit der ab den 60er Jahren einsetzenden Herausbildung des **Neo-Institutionalismus** (gelegentlich auch **Theoretischer Institutionalismus** genannt). Diese volkswirtschaftliche Lehrrichtung knüpft an den um die Jahrhundertwende in den USA entstandenen und insbesondere mit den Namen. *Veblen, Commons* und *Mitchell* verbundenen **Institutionalismus** an (mit der deutschen Historischen Schule teilt diese um eine statistisch-empirische Beschreibung der wirtschaftlichen Einrichtungen und Ordnungen, aber auch um eine quantitative Analyse bemühte Richtung der amerikanischen Nationalökonomie die Kritik an der „reinen" Theorie und der vorwiegend deduktiven Methode von Klassik und Neoklassik). Zwar hat der Neo-Institutionalismus die „monographische Zersplitterung" *(Montaner)* seines Vorläufers weitgehend abgestreift, die Diversifikation ist allerdings nach wie vor erheblich. Dennoch lassen sich als Schwerpunkte neo-institutionalistischer Orientierungen die Fragen der **Transaktionskosten** (= Kosten für die Nutzung von Institutionen im Zuge der Durchführung einer Übertragung eines Besitzteils auf ein anderes Wirtschaftssubjekt, z.B. Kosten des Vertragsabschlusses, der Durchsetzung von Vertragsansprüchen, des Transports, der Überweisung usw.) und ganz allgemein der **„property rights"** benennen. In der Theorie der Eigentumsrechte geht es, grob gesagt, um das Verhalten der Wirtschaftssubjekte in Abhängigkeit von der innerhalb einer Wirtschaftsordnung jeweils realisierten Eigentumsordnung. Als maßgebliche Initiatoren dieser „institutionalistischen Revolution" *(Albert)* gelten vorrangig die amerikanischen Ökonomen *Alchian, Buchanan, Coase* und *Demsetz*.

Schließlich dürfte die Erwartung nicht unrealistisch sein, dass die gegenwärtige Umgestaltung im ehemaligen Ostblock mit ihrer Hinwendung zu marktwirtschaftlichen Formelementen bzw. dem dezidierten Übergang (Transformation) zur marktwirtschaftlichen Ordnung den Stellenwert des ordnungs-theoretischen Denkens in der Nationalökonomie weiter heben wird.

3 Morphologie der Wirtschaftsordnung

Unter **Morphologie (Gestaltlehre) der Wirtschaftsordnung** verstehen wir die Lehre von den diese Ordnung prägenden Formen, Strukturen, Merkmalen. Im Mittelpunkt des Interesses steht demnach die Beschreibung und Klassifizierung der jeweils maßgebenden **Funktionen und Formelemente der Wirtschaftsordnungen**. In Anlehnung an die in der Geographie Geomorphologie genannte Formenlehre wird hier für die Gestaltlehre der Wirtschaftsordnung der Terminus *Ökono*morphologie vorgeschlagen.

Doch ehe wir uns den Funktionen und Bauelementen selbst zuwenden, gilt es zunächst, eine Klärung im morphologischen Umfeld herbeizuführen; gemeint ist der Versuch einer Abgrenzung bzw. Einordnung der Termini Wirtschaftsverfassung, Wirtschaftsordnung und Wirtschaftssystem. In der wirtschaftswissenschaftlichen Literatur finden sich diesbezüglich sehr unterschiedliche Interpretationen, die von einer synonymen Verwendung bis hin zu völlig gegensätzlichen Zuordnungen – Wirtschaftsordnung als Teil des Wirtschaftssystems oder Wirtschaftssystem als Teil der Wirtschaftsordnung – reichen.

3.1 Wirtschaftsverfassung, Wirtschaftsordnung, Wirtschaftssystem

Einigkeit unter Ökonomen besteht wenigstens noch darüber, dass **Wirtschaftsverfassung** über den engen juristischen Sprachgebrauch im Sinne der in der Staatsverfassung festgelegten wirtschaftsbezogenen Normen hinausgeht. In dieser weiteren Auslegung handelt es sich um die **Summe der in Verfassung, Gesetzen und Verordnungen enthaltenen wirtschaftlich relevanten Regelungen.** Entsprechend einem umfassenden Verständnis von Wirtschaft – nämlich als Gesamtheit der Einrichtungen (private Haushalte, Betriebe/Unternehmungen, staatliche/öffentliche Stellen) und Tätigkeiten, in bzw. mit denen Menschen Güter zur Befriedigung von Bedürfnissen/Bedarfen bereitstellen und verwenden – beinhaltet die Wirtschaftsverfassung demnach als Recht der Wirtschaft u. a. das Wirtschaftsverfassungsrecht im engeren Sinn, das Wirtschaftsverwaltungsrecht, das Wirtschaftsstrafrecht und das Wirtschaftsprivatrecht bis hin zu den wirtschaftlich relevanten Normen des BGB. Eine besondere Rolle kommt dabei der Eigentumsverfassung (insbesondere die Verfügungsgewalt über die Produktionsmittel betreffend), der Marktverfassung (Regelung der ökonomischen Austauschbeziehungen), der Unternehmensverfassung, der Arbeits- und Sozialverfassung sowie der Geld- und Finanzverfassung zu. Gemeinsames Kennzeichen all dieser „Normen i. S. einer Entscheidung zugunsten einer bestimmten Art der Regelung wirtschaftlichen Handelns, (ist) ein *erstrebter* Zustand, der (mehr oder minder) erreicht sein kann, aber nicht muß" *(Lampert* 1973, S. 394).

Insofern reicht die als realisierte Ordnung verstandene **Wirtschaftsordnung** weiter als diese Zielvorgabe eines Soll-Zustandes. Hier sind es zunächst die in Kultur, Religion bzw. Ethik wurzelnden Sitten und Gebräuche, welche – als meist ungeschriebene Normen – die **tatsächlichen Verhaltensweisen** der Menschen mitbestimmen und bei der Herausbildung der **fakti-**

schen Ordnungsformen eine nicht zu unterschätzende Rolle spielen. Des Weiteren kommt es auf die in den Bereichen Legislative (z. B. Ausschüsse des Bundestages), Exekutive (z. B. Bundeskartellamt) und Judikative (z. B. Arbeitsgerichte), aber auch in Gestalt von Verbänden (z. B. Gewerkschaften und Arbeitgeberverbände), Märkten usw. **realisierten Institutionen** und deren Agieren in Bezug auf die Steuerung der ökonomischen Aktivität der Wirtschaftssubjekte an; hingewiesen sei in diesem Zusammenhang nachdrücklich auf die Bedeutung der Auslegung von Rechtsnormen durch Gerichtsentscheidungen. Eine wesentliche Rolle spielen ferner die in einer Wirtschaftsordnung zur Anwendung gelangenden, und zwar hauptsächlich durch den Markt oder den Zentralplan bestimmten Koordinationsmechanismen. In Anlehnung an *Lampert* lässt sich der Ist-Zustand einer Wirtschaftsordnung kennzeichnen als die Summe der praktizierten Normen und Verhaltensweisen sowie der realisierten, „die Wirtschaft verwaltenden, steuernden und gestaltenden Einrichtungen" (1985, S. 15), wodurch der in einer Volkswirtschaft gegebene Rahmen für Entscheidungs- und Handlungsspielräume der Wirtschaftssubjekte markiert ist.

Die durch solcherart Rahmenbedingungen geprägte Wirtschaftsordnung wird im Sinne von *Sombarts* Gestaltidee des **Wirtschaftssystems** und in Blickrichtung auf den konkreten Wirtschaftsablauf flankiert von der jeweils herrschenden **Wirtschaftsgesinnung** und der angewandten **Technik**. Mit Wirtschaftsgesinnung oder „Geist" ist die geistige Haltung gemeint, aus der heraus gewirtschaftet wird (Welcher Stellenwert kommt z. B. dem Erwerbsstreben, dem Konkurrenzdenken, der Eigeninitiative, der Eigenverantwortung, der Risikobereitschaft zu?); Technik wird primär verstanden als Mittelwahl bei gegebenem Zweck, im weiteren Sinn umfaßt sie das gesamte „Know-how" einer Gesellschaft.

Leipold weist darauf hin, dass zum Begriff des Wirtschaftssystems sowohl die **Wirtschaftsordnung** als auch der **Wirtschaftsablauf** gehören. Zu letzterem rechnet er „die wirtschaftlichen Elemente, d. h. die natürlichen und sachlichen Ressourcen sowie die Menschen in ihrer Rolle als Produzenten und Konsumenten" und „die wirtschaftlichen Beziehungen, d. h. die Produktions-, Verteilungs- und Konsumprozesse in und zwischen den Wirtschaftseinheiten" (1987, S. 969). Die natürlichen und sachlichen Ressourcen können dabei unschwer als die *Produktionsfaktoren Boden (Natur)* und *Kapital* identifiziert werden; der Faktor *Arbeit* wiederum läßt sich bei den Menschen und ihren ökonomischen Beziehungen im Bereich der Produktion (einschließlich der Verteilung) ausmachen. Damit ist bereits angedeutet, dass es bei der Güterproduktion im ökonomischen Verständnis gleichermaßen um die Herstellung (Gewinnung/Urproduktion und Umwandlung/Weiterverarbeitung) und Verteilung (Dienstleistungen in Form von Handel und Verkehr) von materiellen Gütern (Sachgütern) sowie um die Bereitstellung von immateriellen Gütern (Dienstleistungen überhaupt) – übrigens außerhalb der privaten Haushalte – geht. *Produktion wird definiert als Kombination der drei genannten Produktionsfaktoren, wobei das Wie der Kombination vom technischen Wissen, eben vom „Know-how" abhängt.* Eine besondere Rolle kommt in diesem Zusammenhang auch der *Information* zu, verstanden als „zweckorientiertes Wissen"; geht es doch darum, mit Hilfe der Information den Grad der Unbestimmtheit in (betrieblichen) Entscheidungssituationen zu mindern. Nicht ganz zu Unrecht erscheint deshalb in neueren Publikationen die Information sogar als vierter Produktionsfaktor. Mehr noch: Aufgrund der Tatsache, dass mittlerweile ein Großteil der Beschäftigten mit der Beschaffung, Speicherung, Verarbeitung und Übermittlung von Informationen befasst ist, findet das Schlagwort der Informationsgesellschaft – im Anschluss an Agrar-, Industrie- und Dienstleistungsgesellschaft – zunehmende Verbreitung.

Zurück zu den Produktionsfaktoren: Der Faktor *Boden* umfasst die Erdoberfläche (einschließlich der Lufthülle), die der Mensch als seine Umwelt vorfindet, und zwar in ihrer Nutzung als Anbaufläche, als Lagerstätte und als Standort. *Arbeit ist* jede auf das Ziel der Bedarfsdeckung gerichtete planmäßige menschliche Tätigkeit. Mit dem Produktionsfaktor *Kapital* werden alle bereits produzierten Produktionsmittel (Sachmittel) umschrieben, die der Gütererzeugung dienen, also Fabrikgebäude, Werkstätten, Lagerhallen, Läden, Maschinen, Werkzeuge, ferner Rohstoffe, Halbfabrikate usw. (Sachkapital, nicht Geldkapital!). Boden und Arbeit gelten als die beiden originären (ursprünglichen) Produktionsfaktoren im Gegensatz zum derivativen (abgeleiteten) Produktionsfaktor Kapital, der abgeleitet von Boden und Arbeit („vorgetane Arbeit") erscheint. Wenn man von dieser eher historischen Reminiszenz absieht, wird heute die „Ursprünglichkeit" der Produktionsfaktoren Boden (zu denken ist an die Vielfalt bereits stattgefundener Meliorationen) und Arbeit (allenfalls bei der ungelernten Arbeit können die unter Mitwirkung von Arbeitskräften und Sachmitteln erfolgten Qualifikationsbemühungen als quantité négligeable erachtet werden) sicher zu Recht in Frage gestellt.

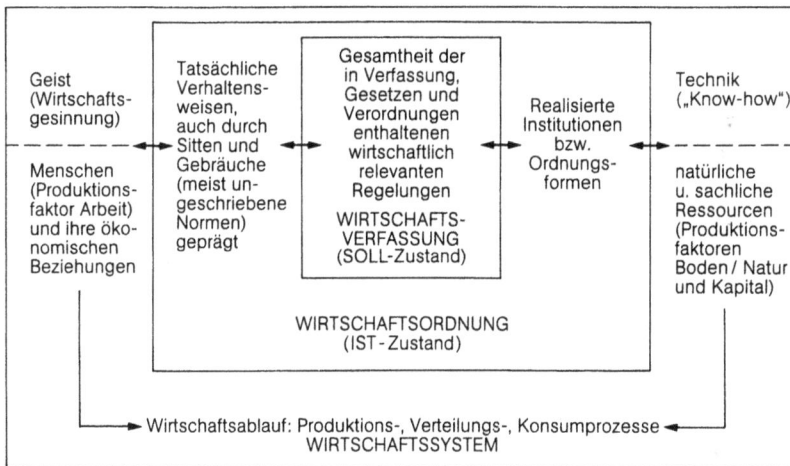

Abb. 5: Wirtschaftsverfassung, Wirtschaftsordnung, Wirtschaftssystem

Mit der **auf einzelne Elemente und ihren Beziehungen zueinander abgestellten Betrachtungsweise des Wirtschaftssystems** befinden wir uns in **Übereinstimmung mit dem Denkansatz der Systemtheorie**. Die Komponenten Geist, Ordnung und Technik stellen *Sub-Systeme* dar; von *Sub-Sub-Systemen* kann gesprochen werden, wenn innerhalb der Wirtschaftsordnung die Wirtschaftsverfassung, die tatsächlichen Verhaltensweisen und die realisierten Institutionen und Ordnungsformen betrachtet werden. Da die Gesellschaft als Komplex sozialer Systeme verstanden wird und der Mensch „in und an sozialen Systemen nicht als ganze Person, sondern jeweils nur mit Ausschnitten seiner Persönlichkeit in Form spezifischer Handlungen beteiligt (ist)" *(Leipold* 1988, S. 8) – soziale Systeme werden voneinander aufgrund sinnspezifischer Handlungen unterschieden, *Luhmann* spricht von Handlungssystemen, „die aus konkreten Handlungen … gebildet sind und sich durch Sinnbeziehungen zwischen diesen Handlungen von einer Umwelt abgrenzen" (1968, S. 1), besteht neben dem Handlungssystem der Wirtschaft (mit der Funktion der Knappheitsminderung) ein solches der Politik (Schutz nach innen, Sicherung nach außen) und der Kultur (Gewährleistung, geistig-seelischer Daseinsgestaltung), die im *Super-System* der Gesellschaft zusammenge-fasst sind.

Es muss ausdrücklich darauf verwiesen werden, dass *Eucken* eine **andere Einordnung des Wirtschaftssystems** vornimmt. Er definiert die Wirtschaftsordnung als Oberbegriff, nämlich als Gesamtheit der realisierten Formen, in denen der Wirtschaftsprozess alltäglich abläuft, und sieht als deren Teilmenge die nach den Trägern des Wirtschaftsplanes unterschiedenen Grundformen der zentralgeleiteten Wirtschaft und der Verkehrswirtschaft lediglich als **ideal-typisch verstandene Wirtschaftssysteme** an. Auch bei *Ritscbl* – obwohl der verstehenden Nationalökonomie *Sombarts* eng verbunden und dabei dessen Antithesenpaare aufgreifend – erscheint die Wirtschaftsordnung insofern als Oberbegriff, als er in den nicht-monistischen (nicht-kommunistischen) Wirtschaftsordnungen ein Gefüge von einander ergänzenden Wirt-schaftssystemen marktwirtschaftlicher, genossenschaftlicher, gemeinwirtschaftlicher und verwaltungswirtschaftlicher Prägung sieht (1965, S. 189 ff.). *Peters* weist – um ein Beispiel aus der jüngsten Zeit anzuführen – auf die im Rahmen einer Wirtschaftsordnung existierende Vielfalt von Praktiken der Wirtschaftspolitik mit oft widersprüchlicher Zielsetzung bzw. gegenläufiger ökonomischer Wirkung hin und definiert innerhalb der Wirtschaftsordnung das **Wirtschaftssystem** als deren **zweckrationales Kernstück**, welches sich beschränkt „auf die systemrationale Verknüpfung bestimmter Ordnungselemente zu einem gesamtwirtschaftli-chen Ordnungsgefüge, das ständig das Wirtschaftsgeschehen zielgerichtet auf den ökonomi-schen Zweck der gütermäßigen Knappheitsminderung hin steuert und die Handlungen der Wirtschaftssubjekte zweckrational koordiniert" (1987, S. 10).

Wenn wir uns im Folgenden vorzugsweise Fragen der Wirtschaftsordnung zuwenden, so müssen die Grenzen zu dem als Oberbegriff gesetzten Wirtschaftssystem allemal als fließend angesehen werden (wir haben dies in der obigen Übersicht [Abb. 5] durch die Pfeile ange-deutet); d. h., dass die Thematik der Wirtschaftsgesinnung nicht völlig auszublenden ist, auch auf die Einbeziehung gewisser Wirtschaftsablaufsbezüge kann nicht verzichtet werden. Den-noch: Unser primäres Interesse gilt den rechtlich-institutionellen bzw. den rechtlich-organisatorischen Rahmenbedingungen für ökonomisches Handeln; wir stellen m.a.W. Fra-gen zur Marktwirtschaft und zur Zentralverwaltungswirtschaft (Modell) bzw. zur Zentral-planwirtschaft (Wirklichkeit) und weniger zu den nach unserem Verständnis eher durch „Is-men" (Kapitalismus, Sozialismus) gekennzeichneten Wirtschaftssystemen.

3.2   Funktionen der Wirtschaftsordnung

3.2.1   Arbeitsteilung als Ursache des Lenkungsproblems

Kennzeichen jeder modernen Volkswirtschaft ist die zunehmende gesellschaftliche **Arbeits-teilung**: Menschen, Betriebe und auch Länder teilen sich in der Aufgabe der Bedarfsde-ckung. Mit gewissen Einschränkungen kann man sogar sagen, dass jeder das produziert, was er nicht braucht, wobei es im Güteraustausch mit den anderen deshalb zu einer besseren Versorgung kommt, weil sich der Einzelne auf einen bestimmten Beruf versteht bzw. die Betriebe (und auch Länder) sich auf bestimmte Erzeugnisse spezialisieren, so dass mehr geleistet wird, als wenn jeder alles für seinen Bedarf Notwendige selbst herzustellen versuch-te. Im Rahmen dieser gesellschaftlichen Arbeitsteilung geht die technische (innerbetriebli-che) Arbeitsteilung insofern noch einen Schritt weiter, als der Produktionsvorgang in viele einfache Teilverrichtungen zerlegt wird, wobei der einzelne Arbeiter meist nur eine, und zwar immer dieselbe Teilverrichtung ausführt (= Arbeitszerlegung).

Gesellschaftliche Arbeitsteilung / Technische (innerbetriebliche) Arbeitsteilung = Arbeitszerlegung			
Hauswirtschaftl. Arbeitsteilung	Mann und Frau, andere Familien- bzw. Sippenmitglieder	Geschlossene Hauswirtschaft	Eigenproduktion
Berufliche Arbeitsteilung	Berufsbildung — Bauern, Handwerker, Händler — — — — — — — — Berufsspaltung — Hufschmied, Nagelschmied, Kesselschmied, Messerschmied, Waffenschmied, Kupferschmied usw.	Stadtwirtschaft	Kundenproduktion
Zwischenbetriebliche Arbeitsteilung	Urproduktion Verarbeitendes Gewerbe Handel, Verkehr — Natur — (B₁)—(B₂)—(B₃)—(B₄)—(B₅) ▶ Konsum	Volkswirtschaft	(überwiegend) Marktproduktion
Internationale Arbeitsteilung	Natur — (B₁)—(B₂)—(B₃)—(B₄)—(B₅) ▶ Konsum	Weltwirtschaft	(überwiegend) Marktproduktion

Abb. 6: Entwicklung der Arbeitsteilung

Nun ist es gerade diese hochentwickelte gesellschaftliche Arbeitsteilung, welche einerseits die Ergiebigkeit der menschlichen Arbeit (ihre Produktivität) enorm gesteigert, andererseits aber auch die **gegenseitige Abhängigkeit,** das Aufeinanderangewiesensein **in Bezug auf die Bedarfsdeckung,** hervorgebracht hat. Wenn eine *Volkswirtschaft* definiert werden kann als *ein auf dem Prinzip der Arbeitsteilung beruhendes System aus Vernetzungen zwischen Haushalten, Betrieben, staatlichen Stellen und ausländischen Wirtschaftseinheiten,* so geht es bei der Aufgabe der Wirtschaftsordnung zunächst ganz allgemein darum, dass diese abhängigen Beziehungen nicht ins Chaos führen, sondern – unter Beachtung des *ökonomischen Prinzips* (auch Rationalprinzip oder Wirtschaftlichkeitsprinzip genannt, nach dem a) mit gegebenem Aufwand ein größtmöglicher Ertrag [= Maximalprinzip] oder b) ein gegebener Ertrag mit dem geringstmöglichen Aufwand [= Minimalprinzip] erzielt werden soll) – eine optimale Güterversorgung ermöglichen. Konkret heißt dies, dass das komplexe System **Volkswirtschaft mit Hilfe einer Ordnung,** nämlich mit den geschriebenen und ungeschriebenen Normen sowie den Institutionen bzw. Ordnungsformen, **funktionsfähig** gemacht werden muss.

3.2.2 Lenkung des Wirtschaftsprozesses als Aufgabe der Wirtschaftsordnung

Wir fragen nach den **zentralen, in jeder Volkswirtschaft im Rahmen einer Wirtschaftsordnung zu lösenden Aufgaben** und wollen uns dabei zunächst einer mittlerweile schon „klassisch" zu nennenden Formulierung von *Walter Eucken* bedienen:

„Wenn in einem großen Lande 200 Millionen Tonnen Steinkohlen auf Millionen von Betrieben und Haushaltungen jährlich zu verteilen sind, so fragt es sich: Wieviel Kohle soll die Eisenindustrie, der Maschinenbau, die Textilindustrie usw. erhalten? Welche Betriebe? Zu welchen Produktionszwecken? Welche Haushaltungen? Wann? Entsprechende *Entscheidungen* sind tagtäglich für viele Millionen von Arbeitskräften und Waren notwendig und zwar für jede Arbeitskraft und für jede Einheit der Produktionsmittel. Aber nicht genug hiermit. Es handelt sich nicht um ein Nebeneinander von Entscheidungen über Kohle, Eisen, Leder, Tabak usw. Wesentlich ist vielmehr, daß alle diese Entscheidungen *sinnvoll ineinander zu greifen haben.* Zur Produktion von Schuhen sind Leder, Kohle, Arbeitskräfte, Chemikalien, Maschinen, Ösen usw. notwendig. ... Garn allein nützt der Weberei wenig. Sie braucht Kohle, Arbeitskräfte, zahlreiche Chemikalien, elektrischen Strom usw., und zwar zur rechten Zeit, um produzieren zu können. Alle Produktionsmittel werden nur dann sinnvoll gelenkt, wenn überall rechtzeitig für die nötige Menge komplementärer Güter gesorgt ist. In jedem einzelnen Betrieb ist eine möglichst rationelle Kombination auszuwählen ...

Entscheidungs-
funktion

Koordinations-
funktion

Lenkung

Koordinations-
funktion

Verteilungs-
funktion

Die *Lenkung* des Wirtschaftsprozesses wird dadurch wesentlich kompliziert, daß er meist dynamischen Charakter trägt. ... In dieser Wirtschaft erfolgen nicht nur die dauernden Anpassungen an veränderte Daten, die sich durch Bevölkerungsbewegungen, Bedürfnisverschiebungen usw. ergeben, vielmehr entsteht im Zeitalter der Industrialisierung ein Produktionsapparat, demgegenüber die früheren Produktionsapparate sehr klein erscheinen. Und dieser Produktionsapparat ändert und erweitert sich fortwährend ... Wie kann die Lenkung dieses dynamischen, industrialisierten Wirtschaftsprozesses gelingen?

Wie können diese Investitionen, die Neubauten von Hochöfen, Walzwerken, Maschinenfabriken, Schuhfabriken u. dgl. so vor sich gehen, daß ein *Produktionsapparat* entsteht, *der zusammenpaßt,* daß nicht zu viele Schuhfabriken da sind und daß sie der Ledererzeugung entsprechen; und nicht zu wenig Kohlezechen, so daß die neuen Hochöfen und Zementfabriken arbeiten können? Wie kann zugleich dieser erweiterte Produktionsapparat auf die Befriedigung von Bedürfnissen ausgerichtet sein, und wie können die neuen Konsumgüter *sinnvoll verteilt* werden? (1955, S. 4 ff.; Hervorhebung durch *G. K.*)

Das *Verteilungsproblem* ist für die meisten Menschen das primäre wirtschaftspolitische Problem. ... Es geht darum, auf Millionen einzelner Menschen, die an sehr verschiedenen Punkten des großen, zusammenhängenden Produktionsprozesses tätig sind, die Ergebnisse dieser Produktion zu verteilen. Wieviel und welche Güter soll der einzelne erhalten?" (ebd., S. 12; Hervorhebung durch *G.K.*)

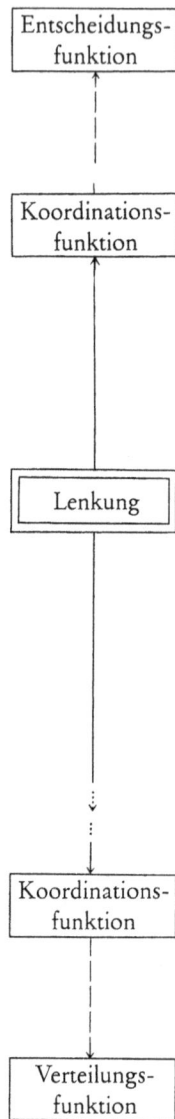

Drei Grundprobleme sind es also, die – als Aufgabe der jeweiligen Wirtschaftsordnung zum Zwecke der Minderung der Güterknappheit – in jeder Volkswirtschaft zur Lösung anstehen:

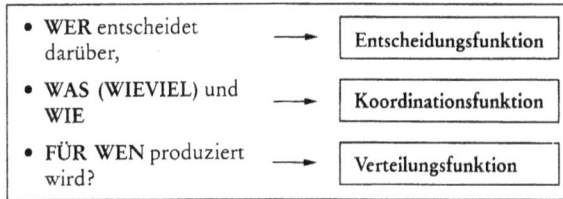

• WER entscheidet darüber, →	Entscheidungsfunktion
• WAS (WIEVIEL) und WIE →	Koordinationsfunktion
• FÜR WEN produziert wird? →	Verteilungsfunktion

Abb. 7: Grundfragen und Grundfunktionen jeder Wirtschaftsordnung

Im Mittelpunkt steht das „eine Hauptproblem" der Nationalökonomie, welches *Eucken* in die Frage kleidete: „Wie erfolgt die Lenkung dieses gewaltigen arbeitsteiligen Gesamtzusammenhanges, von dem die Versorgung jedes Menschen mit Gütern, also jedes Menschen Existenz, abhängt?" ([1940] 1965, S. 2; im Original hervorgehoben). Es geht also primär um das Allokationsproblem (Al-lokation von lat. „ad" = zu, hinzu u. „locare" = stellen, setzen), um die Verteilung knapper Ressourcen auf alternative Zwecke, um die **Lenkung in die (best)möglichen Verwendungen**. Nur schlagwortartig sei hier auf die pretiale (Lenkung mit Hilfe des Preismechanismus) und die bürokratische Koordinierung (Lenkung mit Hilfe des Zentralplans) hingewiesen.

In einem **engeren Verständnis** meint **Wirtschaftslenkung** dagegen die **Beeinflussung des einzelwirtschaftlichen Handelns durch den Staat im Hinblick auf die Erreichung von Zielen der Wirtschaftspoliti**k. Es handelt sich um eine Einflussnahme auf den Wirtschaftsprozess, wobei nach herkömmlicher Interpretation zwei „miteinander verbundene Kriterien" maßgebend sind: „1. Aufstellung und Rangordnung der volkswirtschaftlichen Ziele durch den Staat, und 2. Möglichkeit, beziehungsweise Befugnis der Gelenkten zur Selbstbewegung." (*Pütz* 1948, S. 157 f.). *Pütz* spricht in Bezug auf das Verhältnis von Staat und Einzelwirtschaften vom Grundsatz der „gebundenen Freiheit" und unterstreicht die Notwendigkeit, „daß dem Einzelwirtschafter … ein möglichst großer Freiheitsraum bezüglich Initiative, Planung und Verfügung gewährt wird" (ebd., S. 235). Eine solcherart durch Lenkung gekennzeichnete Wirtschaftsordnung („gelenkte Wirtschaft") ist also gleichermaßen geprägt von einer Ablehnung „liberalistischer" Grundsätze des auf Selbstregulierung bauenden Laissez-faire-Prinzips und des auf punktuelle Eingriffe setzenden Interventionismus wie auch des „kollektivistischen" Ideenguts. In Anlehnung an Differenzierungen der Planung (s. Formen der Planung, S. 59 ff.) könnte man mit gewissen Vorbehalten auch von einer indikativen Wirtschaftslenkung sprechen, nämlich bezogen auf die lediglich als Orientierung (Richtgröße) verstandene Zielvorgabe einer indikativen Planung. Mit *Erich Preiser* sei aber darauf hingewiesen, daß Wirtschaftslenkung nicht identisch mit Wirtschaftsplanung ist. Wirtschaftsplanung „beschließt, was gemacht werden soll, sie setzt also das Ziel fest, … Wirtschaftslenkung dagegen ist der Inbegriff der Methoden, mit denen Ziele erreicht werden." ([1941] 1970, S. 345)

Die Tatsache, dass die in einer Volkswirtschaft jeweils zur Verfügung stehenden Produktionsfaktoren wegen ihrer Knappheit immer nur wahlweise für die eine oder die andere Verwendung eingesetzt werden können, dass demnach – bei gegebener Produktionstechnik – das
Produktionspotential begrenzt ist, kommt zum Ausdruck in der **gesamtwirtschaftlichen
Kurve der Produktionsmöglichkeiten**, auch **Kapazitäts- oder Transformationskurve**
genannt.

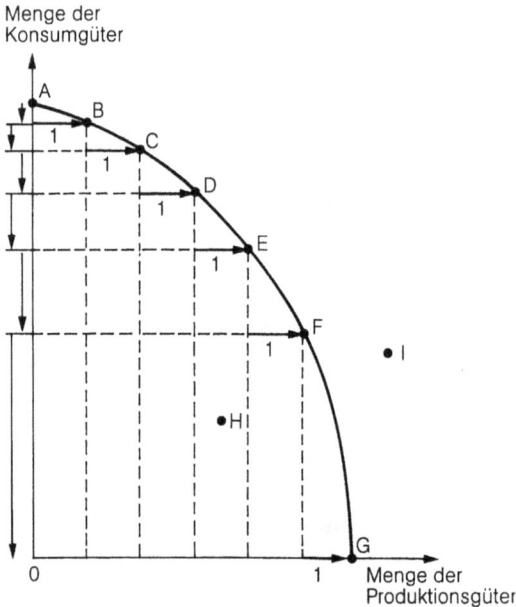

Abb. 8: Kurve der Produktionsmöglichkeiten (gesamtwirtschaftliche Kapazitätslinie); Gesetz der zunehmenden
        Opportunitätskosten

Im sog. Zwei-Güter-Modell muss zunächst zwischen mehreren Möglichkeiten bezüglich der
Güterarten (hier zusammengefasst zu Gütergruppen) ausgewählt werden. Es ist sicher realitätsbezogen, eine gesamtwirtschaftliche Entscheidung zwischen der Herstellung von Konsumgütern (die zur Bedarfsdeckung in einem privaten Haushalt verwendet werden) und von
Produktionsgütern (die aus Erwerbsgründen in einem Betrieb zur Güterproduktion eingesetzt
werden) zugrunde zu legen. Andere Vergleichspaare wären etwa Konsum- und Investitions-
güter (= dauerhafte Produktionsgüter), private und öffentliche Güter, Güter des Grund- und
des Wahlbedarfs. Dabei wird unterstellt, dass die zu einer Gütergruppe gehörenden Güter
homogen, damit aggregierbar sind. Aber selbstverständlich kommt auch der Vergleich zwischen zwei konkreten Gütern A und B in Betracht.

Die Produktionsmöglichkeitenkurve ist der **geometrische Ort aller maximal möglichen
Mengenkombinationen** der beiden Güter(gruppen), unter der Voraussetzung, dass alle Ressourcen vollständig in Anspruch genommen und nach dem ökonomischen Prinzip eingesetzt
werden. Das heißt, jeder Punkt auf der gesamtwirtschaftlichen Kapazitätslinie ist realisierbar
und natürlich auch jeder Punkt links dieser Linie (z.B. Punkt H), im letzteren Fall würden
freilich nicht alle Produktionsmöglichkeiten genutzt. Dagegen sind Punkte rechts der Transformationskurve (z. B. Punkt I) bei gleichbleibendem Stand des technischen Wissens und

gleichbleibender Faktorausstattung in der gegenwärtigen Periode nicht erreichbar. Derartige Mengenkombinationen können aber in einer zukünftigen Periode bei einer Rechtsverschiebung der Kurve aufgrund gesteigerter Produktionseffizienz oder/und einer Zunahme des Faktorbestandes möglich werden.

Noch einmal: Für jeden Punkt auf der Kurve der Produktionsmöglichkeiten gilt, dass von keiner Gütergruppe mehr produziert werden kann, ohne die Produktion der anderen Gütergruppe einzuschränken. Nun ist unter bestimmten produktionstechnischen Annahmen – in Verbindung mit dem **Ertragsgesetz** (= älteste wirtschaftswissenschaftliche Produktionsfunktion, als Gesetz vom abnehmenden Bodenertragszuwachs [loi du rendement nonproportionel] dem Inhalt nach 1768 von dem Physiokraten *R. Jacques Turgot* formuliert und später allgemein als Produktionshypothese verwendet) – der *Ertrag zusätzlich eingesetzter Produktionsfaktoren um so geringer, je mehr Faktorleistungen in einer bestimmten Produktion bereits vorhanden sind.* Werden in unserem Beispiel ausschließlich Konsumgüter hergestellt, ermöglicht dies die maximale Menge OA. Wird die Herstellung von Produktionsgütern aufgenommen, ist dies durch den Verzicht einer relativ kleinen Menge an Konsumgütern möglich; im Vergleich dazu erbringt die Umleitung von Produktionsfaktoren in die Produktionsgüterherstellung ein relativ großes Produktionsergebnis, weil hier eben bisher keine Faktoren eingesetzt waren. Das ändert sich, wenn immer mehr Einheiten von Produktionsgütern erzeugt werden. Man bezeichnet – unabhängig davon, ob es sich um die Herstellung oder den Verbrauch eines Gutes handelt – die durch Ressourcenumwidmung in die neue Verwendung (in unserem Beispiel Produktionsgüterherstellung) entgangenen Erträge (hier die Verringerung der Menge der Konsumgüter) bzw. entgangenen Nutzen, die aus der ursprünglichen Verwendung hervorgegangen wären, als **Opportunitäts- oder Alternativkosten**. Nimmt man – in unserem Fall – die Zunahme der Produktionsgütermenge um eine Einheit als Maßstab, dann lassen sich die Opportunitätskosten dieser Produktionsgütererzeugung mengenmäßig angeben als x Konsumgütereinheiten, auf die man deswegen verzichten musste. **Wertmäßig** können die Opportunitätskosten – soweit möglich – als Marktwert der Güter bestimmt werden, deren Herstellung wegen der alternativen Mittelverwendung zu unterbleiben hatte; es handelt sich um den Preis für den Verzicht auf die Gelegenheit (opportunity) zur Produktion oder zum Konsum des anderen Gutes bzw. der anderen Gütergruppe. Das **Gesetz der zunehmenden Opportunitätskosten** besagt, dass bei fortgesetzter Produktion eines Gutes/einer Gütergruppe um jeweils eine Einheit auf immer größere Mengen des anderen Gutes/der anderen Gütergruppe verzichtet werden muss. Dies gilt aber nur für die Substitution entlang einer gegebenen, und zwar – abhängig von den Produktionsfunktionen der herzustellenden Güter – normalerweise konkav zum Ursprung verlaufenden Transformationskurve, allerdings können auch andere Kurvenverläufe auftreten (vgl. *Müller/Pöhlmann* 1977, S. 21 ff.; sehr anschaulich dargestellt auch bei *Bartling/Luzius* 1991, S. 29 ff.).

Zurück zu den drei Grundfunktionen jeder Wirtschaftsordnung, zur Entscheidungs-, Koordinations- und Verteilungsfunktion:

3.2.2.1   Entscheidungsfunktion

Im Gegensatz zu der vorzugsweise mit dem Entscheidungsverhalten von Individuen oder Gruppen befassten Entscheidungstheorie, in deren Mittelpunkt die immer wieder zu treffende Auswahl einer Handlung aus einer Anzahl von alternativen Handlungsmöglichkeiten steht (so wie eben in Bezug auf die Begrenzung der Produktionsmöglichkeiten dargelegt; auch auf das Anliegen der entscheidungsorientierten Betriebswirtschaftslehre sei hier besonders hingewiesen), geht es bei der ordnungstheoretischen Entscheidungsfunktion in erster Linie um die für einen längeren Zeitraum vorzunehmende **rechtlich-institutionelle Festlegung der ökonomischen Entscheidungsbefugnisse.** Die Frage lautet: **Wer plant? Wer trifft die Entscheidungen?**

Hier stoßen wir zunächst auf das von *Eucken* zur Unterscheidung von Wirtschaftsordnungen in den Mittelpunkt gerückte Kriterium der *Zahl der Träger selbständiger Wirtschaftspläne.* Allerdings ist mit der Unterscheidung „einer" (Staat) oder „alle" (Wirtschaftssubjekte) die **Planungsordnung** höchstens in einer ersten Annäherung umrissen, denn immer und überall vollzieht sich Wirtschaften im Rahmen von mehr oder weniger selbständigen Planungen seitens der Haushalte, der Betriebe und des Staates. Deshalb ist auch der Terminus „Planwirtschaft", zum Zwecke der Abgrenzung von der Marktwirtschaft insofern irreführend, als damit suggeriert wird, in einer nicht von einem Zentralplan gesteuerten Wirtschaft verliefen Produktion, Distribution und Konsumtion planlos, chaotisch, anarchisch. Korrekt wäre es, statt von Planwirtschaft von **Zentralplanwirtschaft** oder **zentraler Planwirtschaft** zu sprechen, jedenfalls dann, **wenn auf die Wirklichkeit dieser Wirtschaftsordnung abgehoben werden soll.** (Wir werden dies – auch zum Zwecke der Abgrenzung von Modell und Realität – in unseren weiteren Ausführungen so handhaben, d. h., wir wollen den Terminus **Zentralverwaltungswirtschaft** im Sinne der auf den Idealtypus ausgerichteten Betrachtungsweise *Euckens* **dem Modell vorbehalten**; leider ist zur Unterscheidung von Modell und Wirklichkeit der marktwirtschaftlichen Ordnung der von *Eucken* gewählte Modellbegriff „Verkehrswirtschaft" ziemlich ungeeignet, da er sich nicht durchgesetzt hat.) Aber nicht nur in der Marktwirtschaft existieren Pläne *aller* Wirtschaftssubjekte, auch in der Zentralplanwirtschaft versuchen sich Haushalte und Betriebe (letztere erstellen und „verteidigen" z. B. im Rahmen des Planungsprozesses die freilich in Abhängigkeit der staatlichen Vorgaben stehenden betrieblichen Jahresplanentwürfe) in der Aufstellung und Durchsetzung von Plänen. Die „Total zentralgeleitete Wirtschaft", gekennzeichnet dadurch, dass keinerlei Tausch zugelassen ist, so dass die zentrale Leitung auch den Konsumbereich voll im Griff hat, stellt – als eine Variante der Zentralverwaltungswirtschaft – eine reine Modellkonstruktion dar (in Deutschland entsprach lediglich die Wohnungszwangswirtschaft der Kriegs- und Nachkriegszeit in den 40er und 50er Jahren diesem Grundsatz). Auf die Differenzierung der Entscheidungsstruktur in Zentralisation und Dezentralisation werden wir im Abschnitt Formen der Planung noch detailliert eingehen.

In der Praxis bezieht sich die hier in Frage stehende Abgrenzung von Entscheidungsfeldern beinahe ausschließlich auf die Bereiche der Produktion und der Verteilung, wobei neben der im wesentlichen politisch determinierten Planungsordnung auch der **Eigentumsordnung**, und zwar in erster Linie den Eigentumsrechten an (produzierten) Produktionsmitteln, Bedeutung zukommt.

Nun hat *Galbraith* anhand real- und theoriegeschichtlicher Beispiele nachgewiesen, dass gesellschaftliche Macht jeweils einem bestimmten Produktionsfaktor bzw. denen, die ihn kontrollieren, zugeordnet ist: „Die Macht verbindet sich stets mit dem Faktor, der am schwersten zu bekommen und am unersetzlichsten ist. Genauer ausgedrückt: Die Macht fällt dem Faktor zu, dessen Angebotsspielraum am wenigsten elastisch ist. Diese mangelnde Elastizität kann das Ergebnis einer natürlichen Knappheit, der wirkungsvollen Kontrolle des Angebots durch Menschen oder von beidem sein." (1968, S. 72) War Macht bis zum Beginn der Industrialisierung unlösbar mit Grundbesitz verbunden, so verschafften die nunmehr erweiterten Einsatzmöglichkeiten der produzierten Produktionsmittel den Kapitaleigentümern eine Vorzugsstellung, die – in Bezug auf die Entscheidungsbefugnisse – inzwischen zu einem großen Teil auf die von den Eigentümern direkt oder indirekt beauftragten Manager bzw. die „organisierte Intelligenz" übergegangen ist, „nämlich auf die Gemeinschaft von Leuten mit verschiedenartigem technischen Wissen, mit Erfahrung oder anderen Talenten, die in der modernen industriellen Technologie und Planung gebraucht werden. Diese Gemeinschaft erstreckt sich von der Leitung moderner Industrieunternehmen hinab bis fast zu den Arbeitern." (ebd., S. 74 f.) Bleibt hinzuzufügen, dass den Arbeitnehmern auch im Zuge von Mitbestimmungsregelungen (Betriebsverfassungsgesetz, Mitbestimmungsgesetz, Montan-Mitbestimmungsgesetz) sowie den Gewerkschaften im Rahmen der Tarifautonomie Entscheidungskompetenzen zugewachsen sind. Insofern kann in der Tat von einer Funktionsrelativierung des Privateigentums durch Management und Mitbestimmung gesprochen werden. Allerdings sollte dabei nicht übersehen werden, dass in weiten Bereichen der privaten Wirtschaft (Mittelstand!) nach wie vor Produktionsmitteleigentum und die Verfügungsgewalt darüber zusammenfallen.

3.2.2.2   Koordinationsfunktion

Als Kern des Lenkungsproblems stellt sich die Frage, **welche Güter in welcher Menge und auf welche Weise In der Gesamtwirtschaft produziert werden sollen**. Damit ist zugleich das **Problem der Allokation**, also der Verteilung knapper Ressourcen auf alternative Verwendungszwecke, angesprochen; als Frage formuliert: Wie werden die knappen Produktionsfaktoren in alternative Produktionsmöglichkeiten gelenkt? – Die Aufgabe der Koordination besteht nun in der durch die Arbeitsteilung notwendig gewordenen **Abstimmung der in einer Volkswirtschaft existierenden Vielzahl von Einzelplänen** der aus privaten Haushalten, Betrieben und öffentlichen Haushalten (Staat) bestehenden Wirtschaftssubjekte.

3.2.2.2.1   Informationsfunktion

Um der Koordinationsaufgabe nachkommen zu können, werden in jeder Wirtschaftsordnung Informationen benötigt, **die den Wirtschaftssubjekten die relative Knappheit der Güter anzeigen.** Nur so sind Produzenten überhaupt in der Lage, ihr Verhalten, d.h. ihre Planungen und Handlungen, auf die Verminderung der Knappheit auszurichten.

Im Modell der **Marktwirtschaft** kommt den **Marktpreisen** die Informationsfunktion zu. Wenn sich auf einem Markt – verstanden als Treffpunkt von Angebot und Nachfrage eine der beiden zuletzt genannten Größen ändert, dann folgen daraus entsprechende **Preisreaktionen**. So wird eine steigende (sinkende) Nachfrage nach einem Gut bei gleichbleibendem Angebot zu einer Preissteigerung (Preissenkung) führen. Die Preisänderungen signalisieren die Verschiebung der Knappheitsverhältnisse, so dass sich sowohl Anbieter als auch Nachfrager der veränderten Lage anpassen können. Unternehmer werden – marktgerechtes Verhalten vorausgesetzt – aufgrund dieser Informationen (Signalfunktion des Preises) bestrebt sein, die Produktion auszudehnen (bzw. einzuschränken).

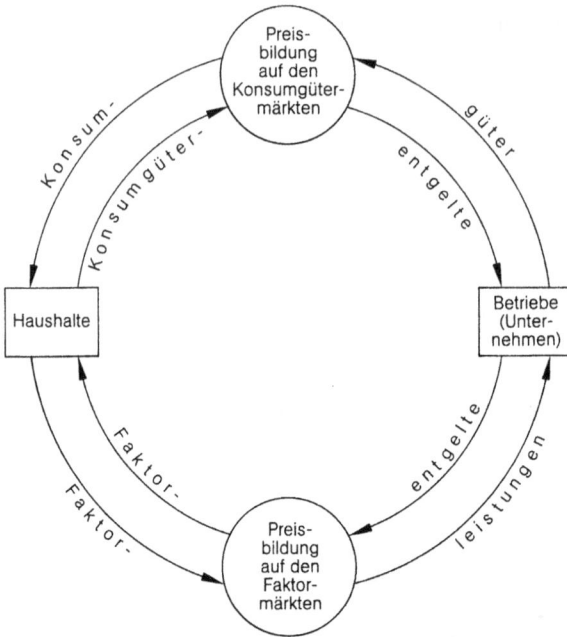

Abb. 9: Koordination in der Marktwirtschaft über die Preisbildung

Im Gegensatz zu den in der Marktwirtschaft sofort erkennbaren Signalen bezüglich der volkswirtschaftlichen Knappheitsverhältnisse, fließen Informationen in der **Zentralplanwirtschaft** immer nur fallweise (diskretionär); dementsprechend ist eine ständige Anpassung der Einzelpläne an geänderte Daten von vornherein ausgeschlossen. Eine **zentrale Planbehörde** hat hier die Aufgabe, die Bedarfe mit den Möglichkeiten ihrer Deckung ex ante (!) ins Gleichgewicht zu bringen. Dies geschieht auf verschiedenen Ebenen mit Hilfe der Bilanzierung, wobei Güteraufkommen und Güterverwendung einander gegenübergestellt werden, so dass die **Salden der naturalen Planbilanzen** die Knappheitsrelationen widerspiegeln (s. Anweisungsmechanismus, S. 84 ff.).

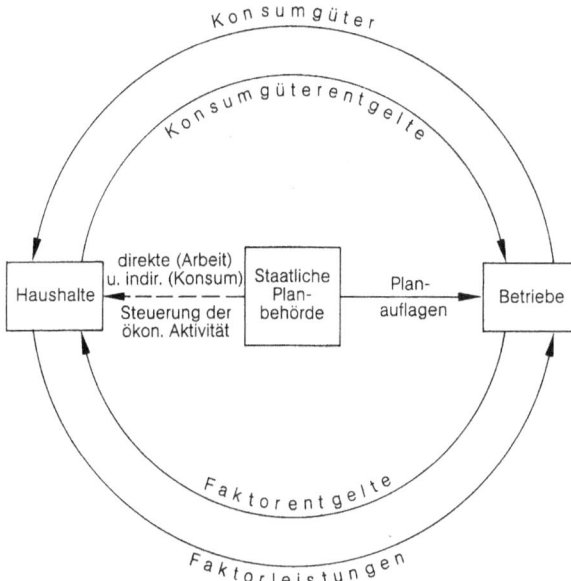

Abb. 10: Koordination in der Zentralverwaltungswirtschaft/-planwirtschaft über eine staatliche Planbehörde

3.2.2.2.2   Leistungsfunktion

Weil mit der Übermittlung von Informationen aber noch keineswegs garantiert ist, dass diese' Signale auch tatsächlich befolgt werden, muss die **Leistungsbereitschaft mit Hilfe von Anreizen motiviert bzw. durch Kontrollen erzwungen werden**. Es bietet sich deshalb an, die Leistungsfunktion in eine **Motivations-** und eine **Kontrollfunktion** zu untergliedern.

3.2.2.2.2.1   Motivationsfunktion

Adam Smith wies bereits 1776 auf die im eigenen Interesse (Gewinn) wurzelnde Motivation hin: „It is not from the benevolence of the butcher, the brewer, or the baker, that we expect our dinner, but from their regard to their own interest. We address ourselves, not to their humanity but to their self-love, and never talk to thcm of our own necessities but of their advantages." (1961, Vol. 1, S. 18) Demgegenüber stellt man bei *Karl Marx* eine völlige Verkennung der Interessenproblematik fest. Fasziniert von einem spekulativen, vom solidarischen Handeln der Klasse des Proletariats geprägten Menschenbild, glaubte *Marx,* materielle Leistungsanreize – als vermeintlich rein kapitalistisches Phänomen weit unterschätzt – würden sich bei Vergesellschaftung der Produktionsmittel als überflüssig erweisen; allein das gesellschaftliche Bewußtsein schaffe die Motivation dafür, dass die Produzenten als „Verein freier Menschen … ihre vielen individuellen Arbeitskräfte selbstbewußt als eine gesellschaftliche Arbeitskraft verausgaben" ([1867] 1973, S. 92). (Es braucht sicher nicht im Einzelnen dargelegt zu werden, dass die in der Sowjetunion und später auch in den anderen Staaten des ehemaligen Ostblocks darauf aufbauenden Bemühungen, einen solcherart kollektiv-motivierten „sozialistischen Menschen" heranzubilden – jedenfalls als Gesamtprojekt –, fehlgeschlagen sind.)

Motivation muß nicht notwendigerweise mit dem Einkommensinteresse (Gewinn/beteiligung, Lohn/zuschläge, Prämien) verbunden sein, obwohl den **materiellen Leistungsanreizen** aufgrund der daraus resultierenden Chancen der individuellen Zielverwirklichung (bessere Versorgungslage, wirtschaftliche Sicherheit usw.) ein hoher Stellenwert zukommt. **Immaterielle Stimulationen** finden ihren Ausdruck in der Steigerung des Ansehens, in Belobigungen, Auszeichnungen u. ä. Im Gegensatz zu diesen beiden **extrinsischen (von außen**

gesteuerten) Motivationen ist eine **intrinsische, d. h. aus eigenem Antrieb** kommende Motivation dann gegeben, wenn Anreize vorliegen, die von der Sache selbst ausgehen.

3.2.2.2.2.2   Kontrollfunktion

„Motivation ist gut, **Kontrolle** ist besser" könnte in Abwandlung des *Lenin*schen Vergleichs von Vertrauen und Kontrolle zumindest als Warnung formuliert werden, denn „gewisse Ordnungsformen begründen Interessenlagen, die zur Trägheit, zur Nachlässigkeit, ja vielleicht sogar zu schädigendem Verhalten verleiten, weil es möglich erscheint, sich gehen zu lassen, ohne daß sich dies auf die eigene Versorgung, für die eigene Stellung im Betrieb, für das eigene Fortkommen negativ auswirkt. Derartige Tendenzen sind überall dort aktuell, wo Leistung und Gegenleistung mit dem Erfolg nicht streng verknüpft sind (und) wo die individuellen oder einzelwirtschaftlichen Interessenlagen, die durch die Ordnung begründet werden, im gesamtwirtschaftlichen Sinne pervertiert sind" *(Hensel* 1972, S. 46). Letzteres ist dann der Fall, wenn durch Entstehen von privaten Machtpositionen (Monopole, wettbewerbsbeschränkende Kartelle) das Gleichgewicht von Interessen und Leistungen gestört wird. Dabei gilt es, die Interdependenz zu beachten, denn „Kontrolle von Leistungen ist fast immer gleichbedeutend mit Kontrolle von Interessen; und Kontrolle von Interessen wirkt sich in der Regel auch auf die wirtschaftlichen Leistungen aus" (ebd., S. 47).

Die in der Literatur (im Anschluss an *Hensel)* häufig anzutreffende **Dichotomie der Kontrollen in Wirtschaftsordnungen dezentraler Planung**, nämlich der Kontrolle der Interessen/Leistungen a) durch Interessen der Marktgegenseite (Nachfrager) und der Marktnebenseite (Konkurrenten) und b) durch staatliche Kontrollen, halten wir insofern für interpretationsbedürftig, weil selbstverständlich auch die diesbezüglichen staatlichen Aktivitäten interessengeleitet sind; besser wäre u.E., eine Unterscheidung der Kontrollen **nach privaten und öffentlichen Interessen** vorzunehmen. Zu diesen *externen* Kontrollen treten die im Selbstinteresse der Unternehmen wurzelnden und von Betriebsangehörigen vorzunehmenden Leistungskontrollen *interner* Art, welche sich in einer ständigen Überwachung betrieblicher Vorgänge (z. B. Arbeitszeit-, Material-, Qualitätskontrollen) und letztlich in der Kostenrechnung niederschlagen.

In Zentralplanwirtschaften bedient man sich zur Kontrolle über plangerechtes Verhalten einer Vielzahl von Kennziffern (Nettoproduktion, Nettogewinn, Export usw.), mit denen der Grad der Erfüllung vorgegebener Größen (Abweichungen zwischen Soll- und Istwerten) gemessen wird.

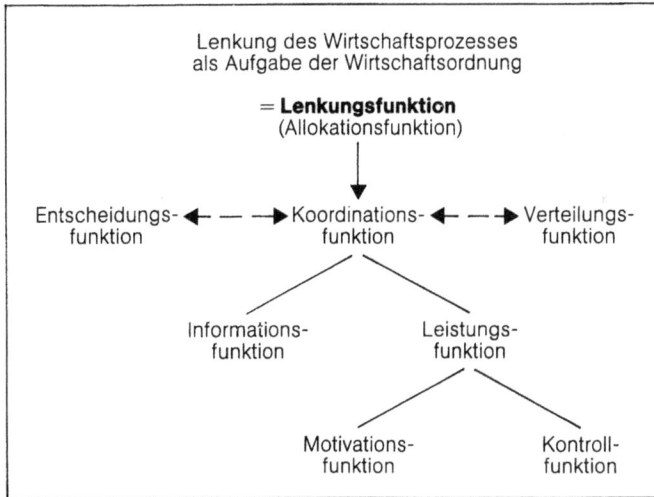

Abb. 11: Struktur der Lenkungsfunktion

3.2.2.3   Verteilungsfunktion

Nach den die Herstellung von Sachgütern und die Bereitstellung von Dienstleistungen betref-fenden Fragen, wer darüber entscheidet *(Entscheidungsfunktion)*, was, wieviel und wie pro-duziert wird *(Koordinationsfunktion)*, geht es bei der dritten in jeder Volkswirtschaft zur Lösung anstehenden Aufgabe um das Problem, für wen die Produktion erfolgt, an wen die Distribution der Güter vorgenommen wird *(Verteilungsfunktion)*.

Insofern ist es auch verständlich, dass sich die Volkswirtschaftslehre sehr frühzeitig den **Fragen der Distribution** zugewandt hat. So veranschaulichte *François Quesnay,* der Begründer der physiokrati-schen Lehre, bereits 1758 in seinem „Tableau économique", nach welchen Gesetzen die Verteilung des Sozialprodukts sowie dessen Reproduktion zwischen dem Sektor der Landwirtschaft (la classe produc-tive), dem der Grundeigentümer (la classe des propriétaires) und dem der Handwerker und Kaufleute umfassenden gewerblichen Wirtschaft (la classe stérile) vor sich geht. Daß *Quesnay* dabei die zeitge-nössische Vorstellung von der grundlegenden Bedeutung der Landwirtschaft insofern verabsolutierte, indem er behauptete, ein Reinertrag würde nur aus der Bewirtschaftung des Bodens resultieren, ja dass er den Grundeigentümern die Aufgabe der „Distribution" schlechthin zusprach, weil sie die von den Urerzeugern in voller Höhe des „produit net" zugeflossene Pacht für den Kauf landwirtschaftlicher und gewerblicher Erzeugnisse verausgaben, mindert zumindest nicht seine Pionierleistung auf dem Gebiet der Kreislauftheorie.

Obwohl *Adam Smith* in seiner Verteilungslehre die physiokratische Verengung weitgehend abgestreift hat, sind seine Darlegungen an mehreren Stellen doch sehr widersprüchlich. Dies trifft zuallererst für seine Lohntheorie, aber durchaus auch für die Rententheorie zu.

Demgegenüber widmete sich *David Ricardo* dezidiert dem Problem der Einkommensverteilung; er-blickt er doch, wie er im Vorwort zu seinem 1817 erschienenen Hauptwerk „On the Principles of Poli-tical Economy and Taxation" bemerkt, in der Auffindung der Gesetze, die die Verteilung bestimmen, die Hauptaufgabe der Volkswirtschaftslehre. Ausgangspunkt seiner Studien über die Verteilung des Sozialprodukts ist seine Theorie der Differentialrente. Letztere leitet sich aus der Tatsache ab, dass bei zunehmender Bevölkerung Böden minderer Bonität (bzw. schlechterer Lage) zur Bebauung herangezo-gen oder die bisher bewirtschafteten Böden intensiver genutzt werden. Nach dem Gesetz vom abneh-menden Bodenertragszuwachs (bei fortgesetztem Einsatz einer gewissen Menge an Arbeit und/oder Kapital auf einer gegebenen Bodenfläche ergeben sich – unter der Voraussetzung gleichbleibender

Produktionstechnik – von einem gewissen Punkt an abnehmende Ertragszuwächse) kann dabei ein Mehrertrag nur mit einem höheren Aufwand an Arbeit und/oder Kapital erzielt werden. Da sich der Preis der landwirtschaftlichen Produkte aber nach den Kosten des jeweiligen „Grenzproduzenten" richtet (er bewirtschaftet den sog. „Grenzboden", d. h. den schlechtesten Boden, der zum Zwecke der Bedarfsdeckung noch herangezogen werden muss), der gerade noch seine Kosten deckt, ergibt sich für alle Produzenten mit niedrigeren Produktionskosten eine Differentialrente. Insofern ist die Grundrente nicht Ursache der Preisbildung, sondern ihre Folge: „Der Getreidepreis ist nicht hoch, weil eine Rente entrichtet wird, sondern eine Rente wird bezahlt, weil der Getreidepreis hoch steht". (1972, S. 69) Mit steigenden Preisen der Lebensmittel muss aber auch der „natürliche" Preis der Arbeit (Geldlohn) steigen, handelt es sich beim „natürlichen" Lohn doch um das Entgelt, welches dem Arbeiter gerade ermöglicht, sich und seine Familie am Leben zu erhalten bzw. sich fortzupflanzen (Existenzminimumtheorie; bezieht sich jedoch auf das „kulturelle", nicht auf das „physische" Existenzminimum!). Der tatsächliche „Marktpreis" der Arbeit oszilliert, abhängig von Angebot an Arbeit und Nachfrage nach Arbeit, um den „natürlichen" Preis der Arbeit, wobei *Ricardo* die Möglichkeit einer nachhaltigen Steigerung der (realen) Arbeitslöhne deshalb pessimistisch beurteilt, weil im Zuge der Bevölkerungsvermehrung auch das Angebot an Arbeitskräften zunimmt (Zusammenhang mit der damals vertretenen Lohnfondstheorie!). Profit (= Kapitalzins und Unternehmergewinn) wird als Residualeinkommen aufgefasst. *Ricardos* Prognose: „Die natürliche Tendenz des Profits ist ... zu fallen; denn bei dem Fortschreiten der Gesellschaft... wird die erforderliche Zusatzmenge an Nahrungsmitteln durch das Opfer von immer mehr Arbeit erlangt." (ebd., S. 100 f.) Weil die Löhne ohnehin dem Existenzminimum entsprechen, kann eine Steigerung der Grundrente also nur zu Lasten des Profits gehen.

Auch *Karl Marx* prognostiziert in seiner Mehrwertlehre ([1867] MEW 23, S. 192 ff.) einen tendenziellen Fall der Profitrate (= Verhältnis von Mehrwert zum Gesamtkapital), und zwar deswegen, weil sich die „organische Zusammensetzung des Kapitals" (= Verhältnis des „mehrwertheckenden", für Lohnzahlungen zur Verfügung stehenden variablen Kapitals zum konstanten Kapital) zugunsten des Anteils des nur mit seinem eigenen Wert in das neue Erzeugnis eingehenden konstanten Kapitals (Fabrikgebäude, Maschinen, Rohstoffe usw.) verändere. Anders ausgedrückt: Bei gleichbleibender Mehrwertrate oder „gleichbleibendem Exploidationsgrad der Arbeit" muss die Profitrate fallen, weil sich der Mehrwert auf ein ständig wachsendes Gesamtkapital verteilt. – Die als Ware gehandelte Arbeitskraft wird entlohnt mit ihrem Tauschwert, welcher bestimmt wird von der „durchschnittlich gesellschaftlich notwendigen Arbeitszeit", die erforderlich ist, um die Arbeiter sowohl individuell als auch generativ am Leben zu erhalten, insofern entspricht der Tauschwert der Arbeitskraft den Reproduktionskosten, also den Unterhaltskosten. Demgegenüber erhält der kapitalistische Unternehmer den aus der Nutzung der Arbeitskraft resultierenden, eben um den Mehrwert höheren Gebrauchswert.

Zugleich reduzierte *Marx* die klassische Trias von Grundeigentümern, Lohnempfängern und Kapitalisten (bzw. von Grundrente, Lohn und Profit) auf den Gegensatz von zwei gesellschaftlichen Klassen, den Kapitalisten (sie verfügen als Unternehmerkapitalisten über alle Produktionsmittel und beziehen daraus Profit) und den Arbeitern (als den allein vom Lohn lebenden Besitzern von Arbeitskraft).

Da es in einer vorwiegend ordnungstheoretischen Grundlegung der Volkswirtschaftslehre nicht darum gehen kann, den Entwicklungsgang der Verteilungstheorie im Einzelnen nachzuzeichnen, seien nur noch kurz angerissen:

- Die **Grenzproduktivitätstheorie,** welche, auf der Marginalanalyse *Johann Heinrich von Thünens* fußend, von den Vertretern vorzugsweise der österreichischen Grenznutzenschule (u. a. *Friedrich von Wieser)* weiterverfolgt, insbesondere aber von dem Amerikaner *John Bates Clark* um die Jahrhundertwende zu einer allgemeinen Verteilungslehre ausgebaut wurde (später mittels einer entsprechenden Produktionsfunktion ergänzt durch *Cobb* und *Douglas).*
  Zunächst besagt die Grenzproduktivitätstheorie in ihrer **mikroökonomischen Variante**, dass ein auf Gewinnmaximierung ausgerichteter Unternehmer einen Produktionsfaktor nur so lange nachfragen wird, solange dieser mehr einbringt, als er kostet; wobei die Grenze genau an dem Punkt

erreicht ist, an dem der Wert der zusätzlich erbrachten Leistung (d. h. der Wertschöpfungsbeitrag der zuletzt eingesetzten Mengeneinheit eines Produktionsfaktors) den zusätzlichen Kosten dieses Faktors entspricht (Wert des Grenzprodukts des Faktors = Preis des Faktors). Das Problem der Zurechnung des Produktionsertrages auf die bei der Produktion mitwirkenden Faktoren wird – vollständige Konkurrenz und das Streben nach Gewinnmaximierung vorausgesetzt – in der Weise angegangen, dass man alle Faktoren bis auf den zu untersuchenden konstant hält und diesen um eine infinitesimale Einheit zunehmen lässt. Eine sich daraus ergebende, in Geld bewertete Ertragsänderung ist dann der Änderung der Einsatzmenge des variablen Faktors zuzuschreiben. Nach der mit der Aggregation einzelwirtschaftlicher Größen arbeitenden **makroökonomischen Variante** der Grenzproduktivitätstheorie (hier nur verkürzt wiedergegeben!) bezieht jeder Produktionsfaktor ein Einkommen in Höhe des Wertgrenzprodukts, multipliziert mit der Menge des jeweiligen Faktors. Da gemäß der ertragsgesetzlichen Produktionsfunktion sinkende Grenzerträge angenommen werden, ist das Entgelt eines Produktionsfaktors um so niedriger, je reichlicher er vorhanden ist, m.a.W., über die Höhe des Entgelts entscheidet letztlich die relative Knappheit des Faktors.

- Die **Klassenmonopoltheorie**, eine von *Franz Oppenheimer* im ersten Drittel des 20. Jahrhunderts entwickelte und zunächst auf den Großgrundbesitz bezogene – später u.a. von *Erich Preiser* auf den gesamten Realkapitalbestand ausgedehnte – Monopoltheorie der Verteilung, welche auf die monopolähnliche Vorzugsposition des Besitzenden gegenüber dem Nichtbesitzenden abhebt, damit zwar eine Erklärung für Besitzeinkommen liefert, nicht jedoch zu einer quantitativen Bestimmung der Einkommensrelationen beiträgt.
- Die **Monopolgradtheorie**, ein erstmals 1938 von *Michal Kalecki* vorgestellter Ansatz, der mit Hilfe von strukturellen Faktoren, den sog. „Distributionsfaktoren", den Lohnanteil am Volkseinkommen erklärt, wobei der stärkste Einfluss in Bezug auf die Monopolgradentwicklung im Konzentrationsprozess der Industrie gesehen wird.
- Der **kreislauftheoretische Ansatz**, der als postkeynesianische Verteilungstheorie (entstanden in den 1950er Jahren) vorzugsweise mit dem Namen *Nicholas Kaldor* verbunden wird. Danach ist die Gewinnquote bei gegebenen Sparquoten der Gewinnbezieher und der Lohnempfänger abhängig von der Investitionsquote, umgekehrt wird bei gegebener Investitionsquote und gleichbleibender Sparquote der Unternehmer die Lohnquote steigen, wenn die Lohnbezieher mehr von ihrem Einkommen sparen.

Unser Ausflug in die Theoriegeschichte macht zunächst deutlich, dass sich die Volkswirtschaftslehre vorzugsweise um eine Erklärung der **funktionellen Einkommensverteilung**, also um die Verteilung des Sozialprodukts auf die an der Wertschöpfung beteiligten Produktionsfaktoren, bemüht hat. Freilich geht es dabei nicht um die unmittelbare Distribution des realen Produktionsergebnisses, sondern um das monetäre Äquivalent, um die Verfügungsberechtigung über Güter; genauer: um die Anteile am Nettosozialprodukt zu Faktorkosten, am Volkseinkommen. Die erkennbar gewordene Präferenz für Zwei-Faktoren-Ansätze (Arbeit und Kapital; Lohn- und Gewinnquote) spiegelt sich auch wider in unserer Volkswirtschaftlichen Gesamtrechnung bei der Gegenüberstellung der „Einkommen aus unselbständiger Arbeit" (Löhne und Gehälter) und der „Einkommen aus Unternehmertätigkeit und Vermögen" (Gewinne [einschließlich Unternehmerlohn], Mieten/Pachten, Zinsen); allerdings kann hier wegen der bei den Unternehmenseinkommen enthaltenen Abgeltung des Wertes der selbständigen Arbeit nur bedingt von einer auf die faktoriellen Quellen bezogenen funktionellen Einkommensverteilung gesprochen werden.

Erst um die Jahrhundertwende hat sich die Volkswirtschaftslehre im Anschluss an *John Bates Clark* und *Vilfredo Pareto* der **personellen Einkommensverteilung** (size income distribution) zugewandt. Hier fragt man vorrangig nach der Einkommensschichtung, und die Antwort folgt etwa dem Schema: x% des Gesamteinkommens entfallen auf y% der Einkommensbezieher bzw. der privaten Haushalte, also gleichgültig, aus welchen Produktionsfaktoren letztere ihre Einkommen ableiten (Querverteilung).

(Es soll nicht unerwähnt bleiben, dass in der Bundesrepublik Deutschland spätestens seit dem „Gesetz über die Bildung eines Sachverständigenrates zur Begutachtung der gesamtwirtschaftlichen Entwicklung" aus dem Jahr 1963 das dort formulierte wirtschaftspolitische Ziel einer Verbesserung der Verteilung auch auf die Untersuchung der **Vermögensverteilung** bezogen wird.)

Unsere theoriegeschichtliche Hinführung hat aber noch einen weiteren Tatbestand zutage gefördert, und damit kehren wir zu unserer Ausgangsfrage zurück: **Alle obengenannten Erkenntnisbemühungen der Volkswirtschaftslehre auf dem Gebiet der Distribution gehen von einer marktwirtschaftlichen Ordnung aus.** Das heißt zwar nicht, dass eine sozialistische Verteilungstheorie völlig fehlen würde, jedoch ist sie wenig entwickelt. Dies mag zunächst insofern verwundern, als sich die sozialistische Kritik des 19. Jahrhunderts doch gerade an der Verteilungsfrage entzündete (wir verweisen auf die diesbezüglichen Einlassungen im Frühsozialismus, so auf die sozialreformerischen Ideen *Sismondis,* auf *Saint-Simon,* auf die Genossenschaftssozialisten *Fourier, Owen* und *Blanc* und auf die anarchistische Lehre *Proudhons;* nicht zu vergessen die Kapitalismuskritik von *Rodbertus,* er gilt bekanntlich als einer der ersten Vertreter des Wissenschaftlichen Sozialismus). Der Grund für die **Hintanstellung einer Analyse der Verteilungsprobleme in der Politischen Ökonomie des Sozialismus** liegt offenbar in der auf *Marx* zurückgehenden Auffassung, wonach mit der Beseitigung des Privateigentums an Produktionsmitteln auch die Distributionsfrage weitgehend gelöst sei. So lesen wir in seiner „Kritik des Gothaer Programms" aus dem Jahr 1875, dass „es überhaupt fehlerhaft (war), von der sog. *Verteilung* Wesens zu machen und den Hauptakzent auf sie zu legen. Die jedesmalige Verteilung der Konsumtionsmittel ist nur Folge der Verteilung der Produktionsbedingungen selbst; letztere Verteilung aber ist ein Charakter der Produktionsweise selbst." (MEW 19, S. 22) Nach der **sozialistischen Verteilungstheorie**, die in den distributiven Hinweisen der ebengenannten Abhandlung ihre Grundlegung erfuhr, wird über die aus dem gesellschaftlichen Gesamtprodukt (Nationaleinkommen) zu verteilenden Anteile des **Akkumulationsfonds** wie auch des **Konsumtionsfonds** im Rahmen der zentralen Planung entschieden, wobei das **Leistungsprinzip im Vordergrund** steht. („Jeder nach seinen Fähigkeiten, jedem nach seiner Leistung", also noch keine Gleichheit der Entlohnung, dazu bedarf es nach marxistischer Auffassung erst einer Bewusstseinsänderung, die jeden Menschen aus eigenem Antrieb zur Arbeit stimuliert). Jedoch kommt beim Konsumtionsfonds als ergänzende Verteilungsregel das Versorgungs- oder Bedürftigkeitsprinzip zur Anwendung, und zwar in Form von Gütern bzw. Leistungen, die unentgeltlich zur Verfügung gestellt werden (vgl. im Einzelnen und insbesondere zum Zurechnungsproblem *Leipold* 1988, S. 245 ff.). Allerdings ist das in der „sozialistischen Übergangsgesellschaft" akzessorisch wirksame Bedürftigkeitsprinzip (Verteilung nach sozialen Gesichtspunkten) nicht identisch mit dem Prinzip der Verteilung nach den Bedürfnissen (Bedürfnisprinzip), welches nach *Marx* erst mit der Vollendung des Kommunismus gelten soll („Jeder nach seinen Fähigkeiten, jedem nach seinen Bedürfnissen").

(Es ist sicher nicht uninteressant, dass es in den Anfangsjahren der Sowjetunion zwei Phasen mit weitgehend egalitärer Verteilung gegeben hat: Zuerst versuchte *Lenin,* in der Periode des sog. Kriegskommunismus bis 1921 – teilweise in Verbindung mit der Vorbereitung einer geldlosen Wirtschaft – eine zunehmend nivellierte und zugleich stark rationierte Güterverteilung bei vorherrschendem Naturallohn einzuführen. Der totale Ruin der Wirtschaft zwang *Lenin,* in der anschließenden Übergangsperiode der „Neuen Ökonomischen Politik" [NEP: 1921–1928] zur Geldwirtschaft und zur Leistungsentlohnung zurückzukehren. Das zweite auf „Gleichmacherei" gerichtete Experiment mit unzureichend gestaffelten Tarifen wurde 1928 eingeleitet und wegen mangelnder Leistungsanreize 1931 von *Stalin* wieder zurückgenommen.)

Richtig bleibt auf jeden Fall, dass die **Regelung der Eigentumsverhältnisse** „unmittelbar auf die Grundstruktur der Einkommensverteilung ein(wirkt), wird doch dadurch festgelegt, welche Einkommensarten von den Privaten überhaupt realisiert werden können, in welchem Verhältnis die einzelnen Einkommensarten zueinander stehen und welche Möglichkeiten der Einkommensdifferenzierung und damit auch welches Maß an Ungleichheit in der Einkommensverteilung die Wirtschaftsordnung vor Korrektur durch eine staatliche Umverteilungspolitik grundsätzlich zuläßt." *(Hedtkamp* 1974, S. 240) So wird es bei vollständiger Verstaatlichung des Bodens keine privaten Grundrenten und bei vollständiger Verstaatlichung der produzierten Produktionsmittel kein privates Gewinneinkommen aus Unternehmertätigkeit und evtl. auch kein privates Einkommen aus Kapitalverzinsung geben, was aber nicht heißt, „daß Grundrenten und Kapitalverzinsung in diesem System nicht anfielen; durch die Konzentration von Angebot und Nachfrage beim Staat werden sich die natürlichen Grundrenten, die Kapitalverzinsung und die Gewinne in Relation zur erzielten Produktivität als Verteilungsregel nur in staatlichen Einnahmen niederschlagen" (ebd.).

Zurück zu der sich aus dem Marktprozess ergebenden Einkommensverteilung: Sie stellt zunächst die sog. **Primärverteilung** dar. Der im Zuge der Preisbildung auf den Märkten für die Produktionsfaktoren, den sog. Faktormärkten, ablaufende Verteilungsmechanismus bietet – allein auf Leistung ausgerichtet – keinen Schutz für sozial Schwache, die aus Alters- oder Krankheitsgründen noch keine oder keine Leistungen mehr anbieten können. Insofern wird aus Gründen der Verteilungsgerechtigkeit eine staatliche Redistributionspolitik unabdingbar. Die Umverteilung erfolgt mittels der Erhebung von direkten Steuern (z. B. Einkommen- und Vermögensteuer) sowie der Abführung von Sozialversicherungsbeiträgen (für Kranken-, Unfall-, Renten- und Arbeitslosenversicherung) einerseits und durch die Transferzahlungen der öffentlichen Hand (Sozialrenten, Arbeitslosengeld, Versorgungsleistungen, Sozialhilfe, Wohngeld, Sparprämien, Ausbildungsförderung usw.) andererseits, deren Ergebnis als **Sekundärverteilung** das verfügbare Einkommen bestimmt. In einer über den unmittelbaren Einkommensbezug hinausgehenden Interpretation von Verteilungsgerechtigkeit könnte mit *Siebke* generell nach den Möglichkeiten der Inanspruchnahme von öffentlichen Gütern bzw. Leistungen gefragt werden, also etwa auch nach der aus der Struktur des Bildungssystems sich ergebenden Verteilung von Bildungs- und Ausbildungschancen, wovon zweifellos Wirkungen auf die Einkommens- und Vermögensverteilung ausgehen (1987, S. 848).

Schließlich muss aber auch auf die bereits im 19. Jahrhundert von *John Stuart Mill,* aber auch von anderen problematisierte, die Verteilungsungleichheit verfestigende **Funktion des Erbrechts** hingewiesen werden. Je nachdem, inwieweit „Erbrecht und Erbschaftssteuerrecht die Übertragung akkumulierter Kapital- und Bodenbestände auf die nachrückende Generation erlauben, hängt das Angebot an Faktoren und damit die Realisierungsmöglichkeit von Kapital- und Bodeneinkünften nicht nur von der laufenden Einkommensverteilung und der jeweiligen Sparleistung, sondern auch von der privaten Akkumulation vergangener Generationen ab. Dadurch öffnet sich die Schere zwischen niedrigen und hohen Einkommen bzw. Vermögen, denn die mit wachsendem Einkommen steigende Spareigung und die daraus resultierende Vermögensbildung sowie die auch noch mit der Größe des Faktoreinsatzes steigende Faktorentlohnung lassen die oberen Einkommen und Vermögen stärker wachsen als die unteren." *(Hedtkamp* 1974, S. 243).

Dass die (funktionelle) Primärverteilung in einer marktwirtschaftlichen Ordnung nicht ausschließlich auf dem die relative Knappheit der Faktoren wiedergebenden Preisbildungsprozess beruhen muss, zeigt die **Institution der Tarifautonomie**. Unabhängig vom Staat werden in eigener Verantwortung Tarife (sie umfassen über die Vergütungssätze für den Produktionsfaktor Arbeit hinausgehend auch die Regelung der Arbeitsbedingungen) zwischen einer Gewerkschaft und einem Arbeitgeberverband (Tarifvertrag) oder einem einzelnen Arbeitgeber (Firmentarifvertrag) ausgehandelt. Insofern weicht hier der Marktpreismechanismus einem Vereinbarungsmechanismus, wobei die Ergebnisse wesentlich von der Verhandlungsmacht der Tarifparteien abhängen (Einzelheiten zum Vereinbarungsmechanismus s. S. 82 ff.).

Bleibt zum Schluss noch der Hinweis, dass die in der Volkswirtschaftslehre diskutierten **Verteilungsprinzipien** (auch Verteilungsregeln oder Verteilungsnormen genannt) in reiner Form allenfalls im Modell, nicht aber in der Realität bestimmten Wirtschaftsordnungen zugeordnet werden können. So entspricht das **Leistungsprinzip** – basierend auf leistungsabhängigen Einkommensunterschieden, wodurch die Produktionsfaktoren in die produktivsten Verwendungen gelenkt werden sollen – zwar dem eine Marktwirtschaft kennzeichnenden Verteilungsmechanismus (wobei das aus einem ererbten Vermögen resultierende Einkommen ausschließlich als faktor-, keineswegs aber als personenbezogene „Leistung" interpretiert werden kann), allerdings erzwingen soziale Gesichtspunkte eine Umverteilung des sich aus dem Marktprozess ergebenden Einkommens durch Berücksichtigung des **Bedarfsprinzips**.

Die *Marx*sche Verteilungsmaxime „Jedem nach seinen Bedürfnissen" (Bedürfnisprinzip) – wegen der tendenziell unbegrenzten subjektiven Bedürfnisse einerseits und der letztlich unaufhebbaren Güterknappheit andererseits sowieso nur als Wunschbild vorstellbar (nach *Marx* freilich einer höheren Phase der kommunistischen Gesellschaft vorbehalten) – reduziert sich notgedrungen auf die Kategorie eines finanzierbaren Bedarfes. „Solange Knappheit herrscht (wäre diese nicht gegeben, müßte man über Fragen der Verteilungsgerechtigkeit ohnehin nicht nachdenken), impliziert die Bedarfsnorm immer eine Entscheidung, welche und wessen Bedürfnisse vorrangig zu befriedigen sind. Somit verlagert sich das Problem auf die Ebene politischer Legitimation und Entscheidung." (*Ahrns/Feser* 1985, S. 184 f.) Als Beispiel für eine solche politische Entscheidung kann etwa die Deckung des Kollektivbedarfs, also die Versorgung mit öffentlichen Gütern, angeführt werden. Die Unabdingbarkeit des Bedarfsprinzips findet ihre Begründung – über die Sicherung der menschlichen Existenz hinausgehend – letztlich im Bekenntnis zum Schutz der Menschenwürde.

Als dritte Verteilungsregel ist das **Egalitätsprinzip** zu nennen. In der Interpretation als Anspruch auf Gleichbehandlung (z. B. gleicher Lohn für gleiche Leistung) bzw. auf Schaffung gleicher Startchancen („Startgerechtigkeit") dürfte es in der Wissenschaft kaum Dissens geben, auch wenn wir Defizite der Einlösung in der Wirklichkeit nicht verschweigen wollen. Jedoch findet die egalitäre Vorstellung einer Gleichverteilung von Einkommen, von Gütern, von Vermögen wegen der doch eher als „ungerecht" empfundenen Gleichbehandlung von Ungleichem kaum größere Zustimmung, wenngleich es an diesbezüglichen Rechtfertigungen nicht gemangelt hat. So versuchte z. B. die „ältere Wohlfahrtstheorie" zu beweisen, dass die Gesamtwohlfahrt bzw. der Gesamtnutzen einer Gesellschaft mittels einer Gleichverteilung deshalb maximiert wird, weil mit steigendem Einkommen ein Sinken des Grenznutzens einhergeht, wobei die Nutzenminderung der Reichen, deren Einkommen beschnitten werden, geringer ist als die Nutzenmehrung der Armen, deren Einkommen steigen; allerdings beruht dieser Ansatz der Welfare Economics auf einer Reihe von unbegründeten Annahmen (ebd., S. 180; vgl. im einzelnen *Külp* 1975, S. 82 ff.).

Letztlich bleibt die Feststellung, dass ein Konsens über Verteilungsgerechtigkeit auf wissenschaftlicher Grundlage nicht herbeigeführt werden kann. Urteile darüber beruhen jeweils auf subjektiven Wertungen und – was den Vollzug in der Wirklichkeit angeht – auf politischen bzw. ideologischen. Präferenzen.

3.3 Formelemente der Wirtschaftsordnung

Im Jahr 1953 wies der damals in den USA lehrende Nationalökonom *Surányi-Unger* in einem Aufsatz über „Probleme einer Koordination der Wirtschaftsformen" (letztere verstanden als strukturelle Rahmen von wirtschaftlichen Beziehungen zwischen gesellschaftlichen Einrichtungen und individuellen Handlungen) auf die sich ergebende **Auswahlproblematik** hin, welche von ihm als ein Navigieren „zwischen der Szylla einer Oberflächlichkeit und der Charybdis einer uferlosen Sucht nach kausalen Verkettungen" beschrieben wurde (S. 50). *Hensel,* der die wirtschaftlichen Gesamtordnungen als Kombinationen von Ordnungsformen der Planung, des Eigentums, der Geldwirtschaft, der betrieblichen Ergebnisrechnung, der Unternehmungen, der Märkte und der Preisbildung begreift, machte darauf aufmerksam, dass ungefähr 140 elementare Ausprägungen allein dieser Ordnungsformen bekannt sind (1971, S. 5). Sicher ist aber auch, dass nicht alle Bauelemente als gleichrangig einzustufen sind, denn offensichtlich wird mit einer bestimmten Ordnungsform oder auch mit mehreren (bestimmt aber nicht mit allen) eine Wirtschaftsordnung grundlegend geprägt, andere haben eher akzessorischen Charakter. Indes gibt es unterschiedliche Auffassungen darüber, welcher Ordnungsform konstitutive Priorität zukommt, die diesbezüglichen Einschätzungen schwanken im Allgemeinen zwischen den Formen der Planung, des Eigentums und der Preisbildung. – Auch wenn wir glauben, mit den **Formen der Planung, des Eigentums und der Koordination** sowie den **Formen im monetären, im sozialen und im ökologischen/umweltökonomischen Aufgabenbereich** drei konstitutive und drei zwar durchaus wichtige, aber als akzessorisch einzustufende Bauelemente erfasst zu haben – außerdem konnten wir darin eine Reihe von hier möglicherweise vermissten Formelementen subsumieren –, wird damit selbstverständlich nicht behauptet, das Relevanzproblem gelöst zu haben.

3.3.1 Formen der Planung

Bereits bei der Betrachtung der Entscheidungsfunktion haben wir auf die von *Eucken* als zentrales Kriterium zur Unterscheidung von Wirtschaftsordnungen herausgestellte **Zahl der Träger selbständiger Wirtschaftspläne** aufmerksam gemacht und auch darauf, dass die daraus resultierende Unterscheidung „einer" (Staat) oder „alle" (Wirtschaftssubjekte) die Planungsordnung allenfalls in einer ersten Annäherung angeht, denn nicht nur in einer Marktwirtschaft gibt es Pläne aller Wirtschaftssubjekte, auch in der Sozialistischen Planwirtschaft der ehemaligen DDR waren z. B. die Betriebe in die Plandiskussion maßgeblich eingebunden, und die privaten Haushalte versuchten sowieso, eigene Pläne zu erstellen und zu realisieren.

Bezogen auf real existierende Wirtschaftsordnungen, ist deshalb nicht ausschlaggebend, wie viele planen, sondern die Relevanz, die öffentlichen und privaten Wirtschaftsplänen zukommt. In diesem Sinn hebt *Kloten* ab auf das Vorwalten, die **Dominanz der öffentlichen oder der privaten Wirtschaftsführung:** „Es existiert eine soziale Rangordnung zwischen den öffentlichen und den privaten Wirtschaftsplänen, die m. a. W. eine unterschiedliche ‚Wichtigkeit' im Wirtschaftsprozeß haben; diese – nicht die Zahl der Wirtschaftspläne – charakterisiert letztlich die Struktur der Wirtschaftsordnungen." (1955, S. 128) Unter Bezugnahme auf *Miksch* betont er das „Prinzip der Subordination" in zentralgeleiteten Wirtschaften, d. h. der Unterordnung der privaten Wirtschaftspläne unter den Zentralplan; im Gegensatz dazu bestimmen in den Verkehrswirtschaften die privaten Pläne nach dem „Prinzip der marktmäßigen Koordination" den Wirtschaftsprozess, d.h. sie sind dominant (ebd., S. 129).

Ohne das Dominanzkriterium aufzugreifen, erklärt *Hensel,* dass unter dem **Aspekt der Wirtschaftsrechnung** – und damit nehmen wir das Koordinationsproblem vorweg – so viele Plansysteme möglich sind, wie es Arten der Anzeige von Knappheitsdifferenzen gibt: „Nach dem gegenwärtigen Stand der ordnungstheoretischen Forschung können die Knappheitsdifferenzen der Güter sichtbar werden durch Preise, die sich auf Märkten bilden, oder durch Plansalden, die sich in zentralen Güterbilanzen ergeben. Demnach sind ordnungstheoretisch nur zwei Wege der Entfaltung eines gesamtwirtschaftlichen Plansystems nachweisbar und auch historisch nur nachgewiesen. Es sind dies die Systeme dezentraler und zentraler Planung der Wirtschaftsprozesse." (1971, S.7)

Dennoch wollen wir bereits an dieser Stelle hinzufügen, dass sich **volkswirtschaftliche Gesamtplanung** – negativ umschrieben dadurch, „daß sich die Abstimmung der Wirtschaftspläne der Ressourceninhaber nicht oder nur teilweise auf Märkten vollzieht", und positiv gekennzeichnet als „vorausschauende Festlegung oder Lenkung der wirtschaftlichen Aktivitäten der Mitglieder einer Volkswirtschaft ... durch eine zentrale Planungsinstanz" (*Watrin* 1981, S. 109; im Original teilweise hervorgehoben) – in Bezug auf die Verbindlichkeit ihrer Vorgaben sehr unterschiedlich darstellen kann. **Imperative (gebietende) Pläne** sind *vollzugsverbindlich,* ihre Durchsetzung kann mit Hilfe von Sanktionen erzwungen werden; dagegen sind **indikative (hinweisende) Pläne** auf die Beeinflussung des einzelwirtschaftlichen Handelns durch den Staat im Hinblick auf die Erreichung von Zielen der Wirtschaftspolitik ausgerichtet, es handelt sich um eine Orientierungsplanung, um eine *unverbindliche Richtplanung,* zu deren Befolgung auch Anreize bereitgestellt werden können. *Watrin* unterscheidet drei Fälle bei der als „System der Ressourcenallokation" aufgefassten Volkswirtschaftsplanung, „die imperative Planung mittels Befehl oder bürokratische Anordnung, die lenkende (oder indirekte) Planung mittels ‚ökonomischer Hebel' oder wirtschaftssteuernder Maßnahmen und die persuasive (oder orientierende) Planung, in der die Planungsinstanzen die freiwillige Kooperation der Wirtschaftenden dadurch zu erlangen suchen, daß sie jenen ohne Anwendung von Zwangsmitteln die Vorteilhaftigkeit bestimmter Verhaltensweisen nahelegen" (ebd.). Volkswirtschaftliche Planung muss also nicht notwendigerweise als ordnungspolitische Alternative zur Ressourcenallokation über Märkte gesehen werden. Als Beispiel sei (vor dem Hintergrund einer Instabilität des Privatsektors) die im Rahmen der antizyklischen Stabilitätspolitik auf eine Niveausteuerung der gesamtwirtschaftlichen Nachfrage wie überhaupt auf eine fiskal- und geldpolitische Beeinflussung makroökonomischer Größen ausgerichtete **Globalsteuerung** genannt, wie sie – unter dem Einfluss der Lehre von *John Maynard Keynes* – 1967 durch Änderung des Artikels 109 GG und Verabschiedung des Stabilitätsgesetzes in der Bundesrepublik Deutschland eingeführt wurde. Es handelt sich dabei nicht um dirigistische Maßnahmen, nicht um einen direkten Eingriff in den Wirtschaftskreislauf, sondern um eine staatliche Einwirkung auf den marktwirtschaftlichen Prozess durch diskretionäre Maßnahmen, wobei die Dispositionsfreiheit der Marktteilnehmer erhalten bleibt (§ 1 Stabilitätsgesetz [Gesetz zur Förderung der Stabilität und des Wachstums der Wirtschaft]: Bund und Länder haben bei ihren wirtschafts- und finanzpolitischen Maßnahmen die Erfordernisse des gesamtwirtschaftlichen Gleichgewichts zu beachten. Die Maßnahmen sind so zu treffen, dass sie im Rahmen der marktwirtschaftlichen Ordnung gleichzeitig zur Stabilität des Preisniveaus, zu einem hohen Beschäftigungsstand und außenwirtschaftlichem Gleichgewicht bei stetigem und angemessenem Wirtschaftswachstum beitragen).

Als Beispiel für die Annahme einer Komplementarität zwischen Plan und Markt sei noch auf die schon seit 1946/47 in Frankreich praktizierte **Planifikation** hingewiesen, wobei es sicher nicht ohne Bedeutung ist, dass in diesem Land die hohe Wertschätzung volkswirtschaftlicher Planungsideen seit der dort besonders fruchtbar gewordenen Politik des Merkantilismus, besser des Colbertismus (nach *Jean-Baptiste Colbert,* bahnbrechender Wirtschaftspolitiker und Oberintendant der Finanzen unter *Ludwig XIV.),* und zusätzlich gefördert durch die Lehren der Frühsozialisten (allen voran *Saint-Simon)* – den physiokratischen und klassisch-liberalökonomischen Gegenrichtungen zum Trotz – latent immer erhalten blieb. Die mit der Absicht einer teilweisen Ex-ante-Koordination der Wirtschaftspläne und eines plankonformen Wachstums verbundene planification francaise stellt eine volkswirtschaftliche Gesamtplanung (auf der Grundlage von Perspektiven bis zu 20 Jahren, jedoch konkretisiert normalerweise durch Fünfjahrespläne) dar, die einerseits weiterreicht als die Globalsteuerung, andererseits aber nicht den für eine Zentralverwaltungswirtschaft/Zentralplanwirtschaft charakteristischen imperativen Zuschnitt aufweist. Zudem hat die Planifikation durch „Neufassungen" im Laufe der Zeit Veränderungen erfahren. Wurde ursprünglich oft behauptet, dass der Plan, selbst wenn er für den privaten Sektor nur indikativ sei, für den öffentlichen Sektor, also für den Staat und besonders für die öffentlichen Betriebe, doch als imperativ zu gelten habe (vgl. *Lutz* 1974, S. 157), so hat sich die Handhabung mittlerweile eindeutig auf die indikative Aufgabe eingestellt. Kennzeichnend sind eben die der privaten Wirtschaft als indikative Richtlinien, Empfehlungen und Prognosen übermittelten Branchenprojektionen, verbunden mit finanziellen Anreizen wie Subventionen, öffentlichen Aufträgen und Krediten. Eine wichtige Rolle kommt dabei der sektoralen Lenkung von Investitionen durch den Staat zu. Der von einem Planungskommissariat unter Mitwirkung verschiedener Kommissionen (mit Beteiligung von Vertretern der obersten staatlichen Behörden, der Tarifparteien, der Banken, der freien Berufe, der Wissenschaft usw. [„économie concertée"]) erstellte Planentwurf erreicht über verschiedene weitere Institutionen (Premierminister, Finanzminister, Planungsrat) die Regierung; anschließend wird er dem Wirtschafts- und Sozialrat, einer Versammlung der Berufs- und Interessengruppen, zur allerdings unverbindlichen Stellungnahme zugeleitet, schließlich vom Parlament als Volkswirtschaftsplan mit Gesetzesrang angenommen, oder auch abgelehnt (vgl. das Organisationsschema bei *Schüller* 1987, S. 327). Die Ergebnisse dieser Mischordnung zwischen zentraler und dezentraler Planung sind allerdings wenig überzeugend.

3.3.1.1 Dezentrale Planung

Wesentliches Kennzeichen der dezentralen Planung des arbeitsteiligen Gesamtprozesses ist die bei der einzelwirtschaftlichen Planaufstellung obwaltende **Entscheidungsautonomie der**

Wirtschaftssubjekte; d. h., dass – neben den Planungen der **öffentlichen Haushalte** – die **Unternehmen** ihre *Beschaffungs-, Produktions-, Absatz- und Finanzierungspläne* (zu nennen wären auch Pläne, welche die betrieblichen Funktionen Forschung und Entwicklung sowie Organisation betreffen) genauso autonom erstellen und zu vollziehen versuchen wie die **privaten Haushalte** ihre *Einkommensbeschaffungs- und Einkommensverwendungspläne.*

Es mag auf den ersten Blick vielleicht irritieren, wenn bei den als Wirtschaftseinheiten, des Verbrauchs definierten privaten Haushalten von Einkommensbeschaffungs- und Einkommensverwendungsplänen die Rede ist. Selbstverständlich müssen derartige Planungen nicht notwendigerweise schriftlich vorliegen, ja in den wenigsten Fällen wird dies so sein, dennoch ist es für eigenverantwortliche Konsumenten unverzichtbar, dass sie sich im Großen und Ganzen über ihre Einkommens-, Güter- und Liquiditätsziele im Klaren sind; so bedarf es eben der Entscheidungen im Hinblick auf die Sicherung bzw. Stetigkeit von Einkommen und auf dessen Verwendung für Spar- und Konsumzwecke, letztere wieder aufgeteilt nach Güterarten, Güterqualitäten und Gütermengen. Dabei wird nicht verkannt, dass in den privaten Haushalten neben solchen rationalen Konsumhandlungen auch Impuls-, Gewohnheits- und sogar sozial abhängige Handlungen eine nicht unwesentliche Rolle spielen.

Für ein Unternehmen stellt das Vorausdenken, die „gedankliche Vorstrukturierung späterer Handlungen" *(Mag)*, ein ökonomisches Erfordernis schlechthin dar, verbindet sich doch mit Planung – abgeleitet von lat. „planus" = eben bzw. „planum" = die Ebene – die Erwartung von Überschaubarkeit, von Reibungslosigkeit, eben auf der Grundlage einer gedanklichen Vorwegnahme künftiger Realisierungen. Das schließt natürlich nicht aus, dass auch hier – seltener zwar als im privaten Haushalt – gelegentlich ein spontanes Improvisieren Platz greift, also ungeplante Entscheidungen für unvorhergesehene Ereignisse in einer bereits laufenden Handlungsperiode nötig werden.

Betrachten wir die **dezentrale Planung in Verbindung mit Privateigentum an Produktionsmitteln** – damit ist schon angedeutet, dass es auch eine Kombination mit Gesellschafts- bzw. Staatseigentum gibt, woraus die sozialistischen Marktwirtschaften resultieren –, gehen wir also aus von einer **privatwirtschaftlichen („kapitalistischen") Marktwirtschaft,** dann gilt hier als **Erfolgsindikator der Gewinn**, interpretiert als positive Differenz zwischen Erlös und Kosten (bzw. im betriebswirtschaftlichen Sinn zwischen Ertrag und Aufwand) einer Rechnungsperiode. Dies bedeutet allerdings *nicht,* dass in der Wirtschaftswirklichkeit *immer* Gewinn*maximierung* als Ziel zu gelten habe, gerade soziale und ökologische Komponenten relativieren eine solche in der mikroökonomischen Theorie typische Zielvorstellung, hingewiesen sei auch auf das gar nicht so seltene, zumindest sekundäre Erfolgskriterium der **Zunahme des Marktanteils**.

Üblicherweise bilden die durch Marktforschung gestützten Absatzerwartungen den Ausgangspunkt für betriebswirtschaftliche Planentscheidungen. Unter Berücksichtigung der absatzpolitischen Aktionsbereiche, als da sind Produktgestaltung, Preisgestaltung, Werbung, Absatzorganisation usw., wird vom **Absatzplan** auf den **Produktionsplan** geschlossen. Entscheidungen stehen hier u. a. an bezüglich der Fertigungsart (Einzel-, Serien-, Sorten-, Massenfertigung), des Fertigungsverfahrens (z.B. Werkbankfertigung und Baustellenfertigung im Handwerk, Werkstättenfertigung, Reihenfertigung, Fließfertigung, automatische Fertigung oder – als Alternative – Gruppenfertigung in der Industrie) und der Zeitplanung. Davon wiederum leitet sich der **Beschaffungsplan** der betrieblichen Produktionsfaktoren (Arbeitskräfte, Betriebsmittel, Werkstoffe) ab; Auf die besondere Rolle der Budgetierung der entsprechenden finanziellen Mittel (zu erwartende Einnahmen und Ausgaben innerhalb einer

Planungsperiode) im Rahmen der **Finanzplanung (Finanzierungsplan)** sei ausdrücklich hingewiesen. (Zu Einzelheiten der betriebswirtschaftlichen Planung, insbesondere zu der in zeitlicher Hinsicht zu unterscheidenden strategischen, taktischen und operativen Planung, s. z. B. *Koch* 1978, S. 138 ff.)

Nun unterscheidet man bei den individuellen Wirtschaftsplänen in Bezug auf den Bestimmungsgrad zwei Arten von Größen, nämlich Aktionsparameter und Erwartungsparameter. Der **Aktionsparameter** ist eine Größe, die vom Entscheidungsträger unmittelbar beeinflusst bzw. direkt festgelegt wird. Für Unternehmen (als Anbieter eines Gutes) können dies sein der Preis (z.B. wenn die Marktform des Monopols vorliegt, nicht jedoch beim Polypol, hier ergibt sich der Preis als Datum), die Menge, die Qualität, die Konditionen usw.; umgekehrt bestimmen die privaten Haushalte (als Nachfrager eines Gutes) die von ihnen nachgefragten Mengen und Qualitäten. **Erwartungsparameter** sind demgegenüber Größen, die vom Akteur nicht direkt, also nur indirekt – eben mittels Änderung eines Aktionsparameters – zu beeinflussen sind. So kann z.B. der Angebotsmonopolist wahlweise den Preis oder die Menge als Aktionsparameter verwenden, also entweder den Preis fixieren und die nachgefragte Menge als Erwartungsparameter den Nachfragern überlassen (so die übliche Vorgehensweise) oder die abzusetzende Menge fixieren und die Preissetzung der Nachfrageseite zugestehen. Das einer marktwirtschaftlichen Ordnung in gewissem Maße anhaftende *Moment der Unsicherheit* beruht zu einem großen Teil auf diesen Erwartungsparametern, auf der Frage, „wie die anderen Wirtschaftssubjekte auf die … festgesetzten Aktionsparameter reagieren werden. Da neben Aktionsparametern auch solche Erwartungsparameter in die Einzelpläne eingehen, die für andere Planträger Aktionsparameter sind, zeichnet sich das marktwirtschaftliche Planungssystem durch einen hohen Grad der wechselseitigen Abhängigkeit der Einzelpläne aus (Interdependenz)." *(Müller/Pöhlmann* 1977, S. 79) Tatsächlich sind die **individuellen Wirtschaftspläne im Zeitpunkt ihrer Aufstellung noch unkoordiniert,** ein Plangleichgewicht wäre eher zufällig. Stimmen die von den Marktteilnehmern geplanten bzw. erwarteten Größen nicht mit den wirklichen überein, kommt es nach der Methode von trial and error zu einer nachträglichen Korrektur der Pläne, zu einer **Ex-post-Koordination** (s. Marktmechanismus, S. 76 ff.).

3.3.1.2 Zentrale Planung

Wir verweisen auf die eingangs gemachten Ausführungen in Bezug auf Differenzierungen der zentralen Planung, insbesondere die imperative und indikative Planung betreffend. Hier wollen wir uns ausschließlich der **Zentralplanwirtschaft** zuwenden und versuchen, den **Planungsablauf am Beispiel der Sozialistischen Planwirtschaft in der ehemaligen DDR** herauszuarbeiten. Dabei ist es aber notwendig, sich dreier Tatbestände bewusst zu sein:

Zunächst, dass es durchaus graduelle Unterschiede bezüglich Leitung und Planung der Volkswirtschaft in den einzelnen Ländern des real existierenden Sozialismus gab und gibt;

dann, dass es im Lauf von 40 Jahren auch in der DDR zu einer Reihe von Korrekturen, ja zu Brüchen kam; nur beispielhaft sei auf die bis in die 60er Jahre hinein relativ häufig erfolgten Veränderungen in der Wirtschaftsleitung der Industrie, die Leitungs- und Planungskompetenzen der sog. mittleren Leitungsebene betreffend, hingewiesen, oder auf das 1963 eingeführte „Neue Ökonomische System" (NÖS), welches – 1968 in „Ökonomisches System des Sozialismus" (ÖSS) umbenannt – faktisch 1971 von neuen Postulaten abgelöst wurde, auch wenn einzelne Instrumente noch weiter Verwendung fanden (konkret ging es dabei um Methoden indirekter Lenkung, d. h. um die Vorgabe von Rahmenbedingungen, welche die Betriebe bzw. ihre Mitarbeiter zu bestimmten Aktivitäten veranlassen sollten [System ökonomischer Hebel der materiellen Interessiertheit]);

vor allem aber gilt es, den **Abstand zwischen der Realität der Zentralplanwirtschaft und dem Modell der Zentralverwaltungswirtschaft** zu beachten, denn nur im Modell wird ausschließlich von hierarchischen Strukturen ausgegangen, d. h., die Bedeutung von individuellen und partikularen, insbesondere betrieblichen Interessen erscheint im Modell zugunsten einer angenommenen „Omnipotenz" der zentralen Planungsinstanzen unterbewertet.

Vorauszuschicken sind ein paar Anmerkungen zum **Zeithorizont der Planung**. In der DDR wurden zuletzt unterschieden **volkswirtschaftliche Prognosen** mit einer Reichweite von zehn bis 20 und auch mehr Jahren, **langfristige volkswirtschaftliche Konzeptionen**, fünf bis zehn Jahre umfassend, **Fünfjahrpläne** und **Jahresvolkswirtschaftspläne**, letztere untergliedert in eine operative **Quartals-, Monats- und Dekadenplanung**. (1948 gab es als Übergangsplan einen Halbjahresplan, 1949–1950 einen Zweijahrplan und 1959 lief im Zuge der Übernahme der sowjetischen Periodisierung ein Siebenjahrplan an, dessen Umsetzung jedoch wegen erheblicher Planrückstände 1962 abgebrochen wurde.)

Prognosen sollten – in „planvorbereitender Funktion" (man denke dabei aber an die Unwägbarkeiten eines Zeitraums von Jahrzehnten!) – eine Perspektive auf Varianten der möglichen ökonomischen Entwicklung eröffnen. Die als konzeptionelle Vorbereitung des Fünfjahrplans verstandene **langfristige Planung**, für die ausgewählte Staats- und Wirtschaftsorgane ebenso wie ausgewählte Kombinate und Betriebe, Akademien und wissenschaftliche Institute verantwortlich zeichneten, zielte auf „Hauptrichtungen der Entwicklung" und ihre Varianten, nahm „entscheidende volkswirtschaftliche Proportionen" ins Visier und sollte entsprechende Entwicklungsstrategien aufzeigen. Die **mittelfristige Fünfjahresplanung** und die **kurzfristige Jahresplanung**, beide gekennzeichnet durch eine umfassende Bilanzierung und für beide verantwortlich neben den Staats- und Wirtschaftsorganen auch alle Kombinate und Betriebe, unterschieden sich hinsichtlich der Konkretisierung dadurch, dass man sich für den Fünfjahreszeitraum mit der Planung der Grundprozesse der volkswirtschaftlichen Entwicklung begnügte (vgl. *Kinze* u.a. 1989, S.483f.). Allerdings bildete „die kontinuierliche Verbindung zwischen dem Prinzip relativ isoliert erarbeiteter Jahresvolkswirtschaftspläne und dem Fünfjahrplan" ein bis zuletzt unzureichend gelöstes Kernproblem *(Erdmann* 1987, S. 121). Bleibt hinzuzufügen, dass in den 80er Jahren sowohl für Kombinate als auch für Betriebe die Aufschlüsselung des Jahresvolkswirtschaftsplans in eine **Quartals- und Monatsplanung**, ab 1986 auch in eine **Dekadenplanung**, immer mehr an Bedeutung gewann. „Das Erfordernis verbindlicher zentraler staatlicher Regelungen der operativen Planung bis zum Dekadenzeitraum in den Kombinaten und Betrieben (war) ein bemerkenswertes Indiz für bestehende Funktionsschwächen des gesamten Systems von Planung und Bilanzierung in der DDR." (ebd., S. 123)

Wir konzentrieren uns im Folgenden auf den **Planungsprozess bei der Erstellung eines Jahresvolkswirtschaftsplans** (s. Abb. 12), wollen aber zunächst ganz allgemein feststellen, dass wirtschaftliche Grundsatzentscheidungen – dem sowjetischen Vorbild entsprechend – in der DDR primär nach politischen Gesichtspunkten getroffen wurden. Gemäß der proklamierten „führenden Rolle" der Partei kam den zentralen Parteiorganen der Sozialistischen Einheitspartei Deutschlands (SED), nämlich dem **Politbüro** und dem **Sekretariat des Zentralkomitees,** ein umfassender Führungsanspruch in Bezug auf die *Bestimmung der wirtschaftspolitischen Grundlinie* zu (z. B. grundlegende Entscheidungen über konkurrierende Wachstumsziele für Konsumtion und Investition [Akkumulation], über die Zunahme der Exporte usw.).

Der **Ministerrat**, die Regierung der ehemaligen DDR, bildete die Spitze des gesamten Staatsapparats und damit auch der Wirtschaftsverwaltung. Er setzte sich zusammen aus den Leitern der herkömmlichen Ressortministerien (z.B. für Finanzen), der Industrieministerien (z.B. für Kohle und Energie, Chemische Industrie, Elektrotechnik und Elektronik, Schwermaschinen- und Anlagenbau) und anderer wirtschaftsleitender Ministerien (z. B. für Land-, Forst- und Nahrungsgüterwirtschaft oder für Handel und Versorgung) sowie einer größeren Zahl weiterer zentraler Staatsorgane (z. B. des Staatssekretariats für Arbeit und Löhne oder des Amtes für Preise). Der Ministerrat zeichnete verantwortlich für die rechtzeitige Ausarbeitung der langfristigen Pläne, der Fünfjahr- und Jahrespläne und auch der Staatshaushaltspläne. Die Umsetzung der wirtschaftspolitischen Grundsatzentscheidungen wurde von ihm eingeleitet mit einer *Beschlussfassung über Planziele im Sinne einer Rahmenzielvorgabe.*

Als Organ des Ministerrats fungierte die **Staatliche Plankommission**. Sie war die zentrale Planungsinstanz der DDR, der „ökonomische Generalstab" des Ministerrates, und leitete insbesondere die Koordinierung des mehrphasigen Planungsprozesses. Dabei ging es in der ersten Planungsphase um eine *Konkretisierung der vorgegebenen Planziele,* und zwar sowohl *für Wirtschaftszweige* (Branchen) wie auch *für die „Territorien" genannten Regionen,* und um die *Bilanzierung* (= Herstellung eines Gleichgewichts zwischen Aufkommen und Verwendung/Bedarf) des zentralen Planansatzes, *des Planprojekts;* daraus resultierte die *Herausgabe der „Staatlichen Aufgaben".*

Den **wirtschaftsleitenden Ministerien**, zuvörderst den Industrieministerien, **aber auch anderen zentralen Organen** kam – dem Produktions- bzw. Zweigprinzip entsprechend die Aufgabe der Steuerung der einzelnen Wirtschaftszweige zu. Hier ging es also um die *Aufschlüsselung der Planaufgaben* auf die ihnen unterstellten *Kombinate und Betriebe* sowie um die Zuteilung der zur Verfügung stehenden Ressourcen.

Neben der zentralgeleiteten Wirtschaft existierte als zweite Ebene – dem Territorialprinzip entsprechend – der **Bereich der örtlichgeleiteten (eigentlich regionalgeleiteten) Wirtschaft mit den Räten des Bezirkes und des Kreises als Leitungsorgane** (den Räten der Stadt bzw. der Gemeinde kam hier eher eine subsidiäre Bedeutung zu). Wichtig dabei die „bezirksgeleitete Industrie": Gesteuert durch die vor allem auch für infrastrukturelle Maßnahmen zuständigen Bezirkswirtschaftsräte und zugleich dem Ministerium für Bezirksgeleitete Industrie und Lebensmittelindustrie unterstellt, handelte es sich vorzugsweise um kleinere und mittlere Betriebe der Konsumgüterproduktion der Sparten Möbel und Polsterwaren, Musikinstrumente, Spielwaren, Sportartikel, Pelz- und Lederbekleidung, Fleischverarbeitung, Süßwaren, Spirituosen usw. Durchaus Bedeutung hatten auch die bezirksgeleiteten Baukombinate bzw. Baubetriebe. Daneben gab es noch bezirksgeleitete Molkereien, Backwarenbetriebe, Handelsbetriebe usw. In diesem Zusammenhang sind die der Staatlichen Plankommission unterstellten *Bezirksplankommissionen* zu nennen, *denen die Ausarbeitung der Wirtschaftspläne und die Aufschlüsselung der staatlichen Aufgaben oblag.* Den Bezirksplankommissionen nachgeordnet waren die *Kreisplankommissionen, denen die Aufschlüsselung der Planaufgaben für die ihnen unterstellten Betriebe zukam.*

Gab es in der DDR bis 1979 als branchenmäßige Zusammenschlüsse die Vereinigungen Volkseigener Betriebe (VVB), so wurden diese später weitgehend von den **Kombinaten** abgelöst. Hier handelte es sich um horizontale oder vertikale Zusammenfassungen einer größeren Zahl von Betrieben, und zwar unter einheitlicher Leitung. Die Kombinate *konkretisierten die staatlichen Aufgaben für die ihnen unterstellten Betriebe.* Diese Aufgabenzuweisung war verbunden mit einer Reihe, von Plankennziffern, betreffend Gesamterzeugung, Produktion wichtiger Erzeugnisse nach Menge und Wert, Export und Import, Investitionen, Arbeitsproduktivität, Zahl der Beschäftigten usw.

Das auch auf den Bereich der Wirtschaft angewandte marxistisch-leninistische *„Prinzip des demokratischen Zentralismus"* wurde verstanden als Verbindung der zentralen staatlichen Leitung und Planung mit einer eigenverantwortlichen Planung vonseiten der Betriebe bzw. der örtlichen Organe, wobei allerdings den zentralen Beschlüssen gegenüber den nachgeordneten Wirtschaftseinheiten immer Vorrang zukam (vgl. *Thalheim* 1987, S. 102). „Von oben nach unten laufen Direktiven, von unten nach oben Informationen, Berichte und Ergebnisse." *(Leipold* 1988, S. 203) Als Ergebnis der den **Betrieben** als Direktiven übermittelten Planaufgaben wurden die *betrieblichen Planentwürfe* erwartet. Die dazu nötige *Plandiskussion* hatte zum Inhalt die Prüfung der Möglichkeiten der Realisierung, besser noch der im Rahmen des „sozialistischen Wettbewerbs" angestrebten Überbietung der vorgegebenen Planaufgabe (bei entsprechender Übererfüllung ergaben sich daraus höhere Prämien). Allerdings stellte sich hier das *Problem der „weichen Pläne",* wobei es nicht nur darum ging, beim Jahresplanentwurf günstige Voraussetzungen für die Planerfüllung zu schaffen, sondern auch noch Spielraum für künftige Leistungssteigerungen zu lassen. Bleibt anzumerken, dass die Beschäftigten und die Vertreter der Betriebsparteiorganisationen sowie der Betriebsgewerkschaft über die Institution der Produktionsberatung sowohl informative als auch kontrollierende Funktionen bei der Ausarbeitung der Planentwürfe und bei der Planrealisierung hatten. Allerdings besaßen sie keine Entscheidungsrechte, weil die Entscheidungskompetenz des Direktors, die sich im Grundsatz der Einzelleitung und der Alleinverantwortung äußerte, nicht angetastet wurde (ebd., S. 202). Im Zuge der Plandiskussion kam den Betrieben zugleich die Verpflichtung zu, mit den Zuliefer- und den Abnehmerbetrieben, wegen des Arbeitskräfte-, Wohnungs-, Energiebedarfs etc. auch mit den örtlichen (bzw. regionalen) Organen, *Vorverträge abzuschließen.* Hier zeigten sich deutlich die auch horizontal existierenden Verknüpfungen im Planungsprozess. Diese Vorverträge galten – oft geradezu als „Marktersatz" angesehen – als wichtiges Koordinationsinstrument der Teilpläne, weil auf diese Weise die Leistungsmöglichkeiten offengelegt und Engpässe frühzeitig erkannt werden konnten (ebd., S. 208).

In der **zweiten Phase** waren die *Planentwürfe* gegenüber der jeweils übergeordneten Instanz zu *verteidigen,* d.h. vonseiten der Betriebe gegenüber den Kombinaten, von diesen gegenüber den Ministerien. (Ähnlich die Planverteidigung im Bereich der örtlich-/regionalgeleiteten Wirtschaft: stadt-/gemeindegeleitete Betriebe gegenüber dem Rat der Stadt/Gemeinde, kreisgeleitete Betriebe gegenüber dem Rat des Kreises, bezirksgeleitete. Betriebe gegenüber dem Rat des Bezirkes, ferner Rat der Stadt/Gemeinde gegenüber Rat des Kreises, dieser wiederum gegenüber dem Rat des Bezirkes.)

Nach erfolgreicher Verteidigung der betrieblichen Planentwürfe gegenüber dem Leiter des jeweiligen Kombinats – gelegentlich wurde die Anerkennung im Zuge des Vergleichs mit den Planaufgaben von gewissen Modifikationen abhängig gemacht – erarbeitete die Kombinatsleitung mittels Zusammenfassung und bilanzmäßiger Koordinierung den Planentwurf des Kombinats. Dieser wiederum, vor dem zuständigen Minister verteidigt, wurde vom Ministerium mit den übrigen Kombinats-Planentwürfen aggregiert, bilanzmäßig abgestimmt und der Staatlichen Plankommission übergeben (entsprechende Vorgehensweise auf territorialer Ebene). Die Ausarbeitung und bilanzmäßige Koordinierung der Planentwürfe zum *Volkswirt-*

schaftsplan wurde nun von der Staatlichen Plankommission besorgt. Nach Bestätigung durch die Parteispitze und den Ministerrat beschloss die Volkskammer den Jahresvolkswirtschaftsplan formal als Gesetz.

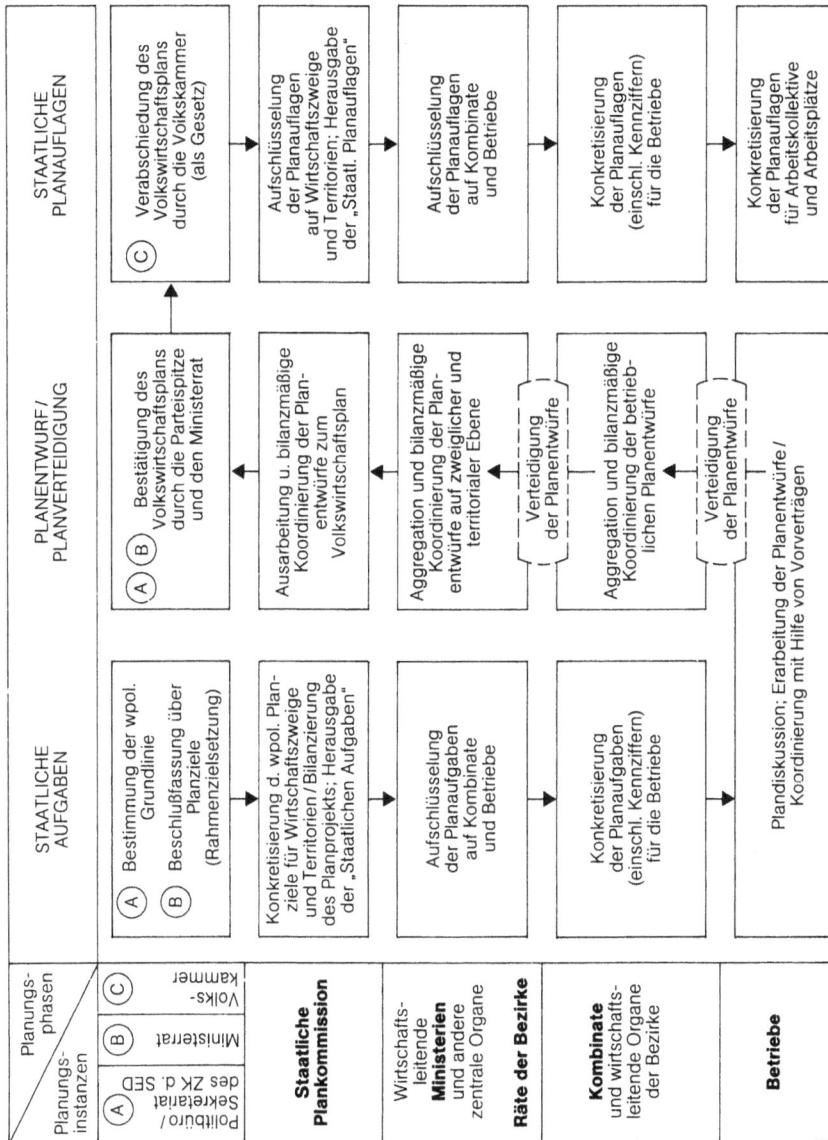

STAATLICHE PLANAUFLAGEN

- (C) Verabschiedung des Volkswirtschaftsplans durch die Volkskammer (als Gesetz)
- Aufschlüsselung der Planauflagen auf Wirtschaftszweige und Territorien; Herausgabe der „Staatl. Planauflagen"
- Aufschlüsselung der Planauflagen auf Kombinate und Betriebe
- Konkretisierung der Planauflagen (einschl. Kennziffern) für die Betriebe
- Konkretisierung der Planauflagen für Arbeitskollektive und Arbeitsplätze

PLANENTWURF / PLANVERTEIDIGUNG

- (A)(B) Bestätigung des Volkswirtschaftsplans durch die Parteispitze und den Ministerrat
- Ausarbeitung u. bilanzmäßige Koordinierung der Planentwürfe zum Volkswirtschaftsplan
- Aggregation und bilanzmäßige Koordinierung der Planentwürfe auf zweiglicher und territorialer Ebene
- Verteidigung der Planentwürfe
- Aggregation und bilanzmäßige Koordinierung der betrieblichen Planentwürfe
- Verteidigung der Planentwürfe

STAATLICHE AUFGABEN

- (A) Bestimmung der wpol. Grundlinie
- (B) Beschlußfassung über Planziele (Rahmenzielsetzung)
- Konkretisierung d. wpol. Planziele für Wirtschaftszweige und Territorien / Bilanzierung des Planprojekts; Herausgabe der „Staatlichen Aufgaben"
- Aufschlüsselung der Planaufgaben auf Kombinate und Betriebe
- Konkretisierung der Planaufgaben (einschl. Kennziffern) für die Betriebe
- Plandiskussion; Erarbeitung der Planentwürfe / Koordinierung mit Hilfe von Vorverträgen

Planungsphasen / Planungsinstanzen:
- (A) Politbüro / Sekretariat des ZK d. SED
- (B) Ministerrat
- (C) Volkskammer
- Staatliche Plankommission
- Wirtschaftsleitende Ministerien und andere zentrale Organe
- Räte der Bezirke
- Kombinate und wirtschaftsleitende Organe der Bezirke
- Betriebe

Abb. 12: Vereinfachte Darstellung des Planungsprozesses in der Zentralplanwirtschaft (am Beispiel der ehem. DDR

Mit der damit erreichten **dritten Phase** des Planungsprozesses erlangte die Planung imperativen Charakter, sie wurde vollzugsverbindlich. *Aufschlüsselung* der jetzt Planauflagen genannten Vorgaben auf Wirtschaftszweige und Territorien, dann auf Kombinate und Betriebe, Konkretisierung der Planauflagen (Kennziffern eingeschlossen) für die Betriebe und schließlich für Arbeitskollektive (Brigaden) und Arbeitsplätze, so lauteten die Aktivitäten auf dem Instanzenweg nach unten. Nicht unwichtig der Hinweis, dass der gesamte Planungsprozess knapp ein Jahr in Anspruch nahm.

Zum besseren Verständnis sollte noch hervorgehoben werden, dass der zwischen den einzelnen Planungsebenen auf- und absteigende Informationsfluss zu einem erheblichen Teil mit Hilfe von Kennziffern und Normativen bewerkstelligt wurde *(Gutmann* 1987, S. 167). Wir verzichten hier darauf, die in der Planungsordnung enthaltene Kennziffern-Nomenklatur vorzustellen (allein für die zentralgeleitete Industrie galten etwa 90 Plankennziffern!), lediglich auf die in den letzten Jahren der DDR maßgebenden vier **Hauptkennziffern** der Leistungsbewertung sei hingewiesen; es waren dies die Nettoproduktion, der Nettogewinn, die Erzeugnisse und Leistungen für die Bevölkerung (gemeint waren Konsumgüter) und der Export. Eine Erläuterung noch zu den Normativen: man versteht darunter überbetriebliche, von Staatsorganen bestätigte Normen, welche den Einsatz von Arbeitskräften, Material, E-nergie usw. betreffen. Normen selbst sind auf den einzelnen Betrieb oder auf das einzelne Kombinat bezogene, im Rahmen der Planung erarbeitete Richtwerte für den maximal zulässigen Aufwand an Arbeitsstunden, an Maschinennutzung, an Materialverbrauch. „Die Normen sollen dazu dienen, daß die Planung des zukünftigen Aufwandes zu ,anspruchsvollen‘, die Leistungsfähigkeit der Belegschaft und die Einsatzmöglichkeiten der Anlagen und Materialien voll ausnutzenden Betriebs- und Kombinatsplänen führt." *(Rytlewski* 1985, S. 1002) Tatsächlich gehörte „die Ausgestaltung eines konsistenten Kennziffern- und Normenprogramms … zu den Grundproblemen der Planwirtschaft der DDR. Sie war in der Vergangenheit häufig Inhalt und Ausdruck wirtschaftspolitischer Veränderungen." (ebd.)

Auf ein weiteres schwerwiegendes Problem der Zentralplanwirtschaft hat *Gutmann* hingewiesen, nämlich auf die zeitlich parallele Ausarbeitung des materiell ausgerichteten Jahresvolkswirtschaftsplans und der entsprechenden **monetären Planung**. Bei letzterer geht es u. a. um Größen wie Bargeldumlauf, Kreditgewährung, Geldbestände der Kombinate und Betriebe, um die internationalen Finanzbeziehungen, aber auch um die Planung des Staatshaushalts. Der oft proklamierten Einheit von materieller (naturaler) und finanzieller (monetärer) Planung kam allein schon wegen der damit einhergehenden Kontrollfunktion der Banken in Bezug auf die betriebliche Planerfüllung Bedeutung zu. Eine solche Leistungskontrolle („Kontrolle durch die Mark") leitete sich aus der Überwachung des plankonformen Zahlungsverkehrs ab, so konnten zögerliche Rückzahlungen von Krediten oder die Inanspruchnahme von Zusatzkrediten als Indikatoren für Abweichungen bei der Planrealisierung gedeutet werden. „Um zu erreichen, daß das Geld diese seine Funktion als Mittel der Leistungskontrolle ausreichend erfüllen kann, muß die Entstehung, Verwendung und Vernichtung von Geld ebenso umfassend geplant, gelenkt und kontrolliert werden, wie dies bei der Planung der Produktion und der Verwendung von Gütern geschieht. Wäre es den Betrieben nämlich möglich, in größerem Umfang von den Banken unerkannt freie Geldmittel zu sammeln, die größer sind als die Beträge, die zur Finanzierung der durch Plan erlaubten Transaktionen notwendig sind, dann könnten sie solche Geldbestände für ihre individuellen Zwecke verwenden, die mit den Zielen der politischen Entscheidungsgremien konfligieren." (1987, S. 166; im Original teilweise hervorgehoben) Außerdem wurde die Notwendigkeit einer ergänzenden monetären Planung mit der sich in der Praxis auf aggregierte Bilanzen konzentrierenden naturalen Planung (Schwerpunktplanung) begründet.

Zwar waren die Ware-Geld-Beziehungen in sozialistischen Konzeptionen lange Zeit umstritten: Erinnert sei etwa an den Genossenschaftssozialisten *Robert Owen* (1771–1858), der den freilich gescheiterten Versuch unternahm, Geld durch Arbeitsnoten zu ersetzen, welche über eine Arbeitsbörse unter Ausschaltung jeglichen Profits den Austausch von Arbeit gegen Arbeit ermöglichen sollten, oder an entsprechende Hinweise bei *Marx* und *Engels* in Bezug auf eine geldlose Wirtschaft in einer durch Güterüberfluss gekennzeichneten zukünftigen kommunistischen „Gesellschaftsformation". Solange allerdings in Zentralplanwirtschaften die Verteilung nach der Arbeitsleistung erfolgen soll, wird die Leistungsbewertung erheblich rationalisiert, „wenn die naturalen betrieblichen Aufwendungen und Leistungen jeweils mit Preisen bewertet und zu Gesamtkosten und Gesamterlösen addiert werden, wodurch die naturalen Größen vergleichbar werden" *(Leipold* 1988, S. 221). Neben der Funktion als Recheneinheit kann aber im real existierenden Sozialismus offenbar auch nicht auf die Tauschmittel- und die Wertaufbewahrungsfunktion des Geldes verzichtet werden. „Sobald Geld aber als allgemeines Tauschmittel verwendet wird, vollzieht sich auch der Zugriff auf die Anteile des realen Gesamtprodukts in monetärer Form, so daß zur naturalen Planung eine geldwirtschaftliche Planung hinzukommen hat. Die Preise sind dabei das Medium, mit dem beide Planungen verknüpft werden." (ebd., S. 222) Allerdings stellt die „**Planung der Preise**", die von oben erfolgende Festsetzung der „richtigen" Preise, ein zusätzliches Problem der Zentralplanwirtschaft dar (vgl. dazu im Einzelnen ebd., S. 223 ff.).

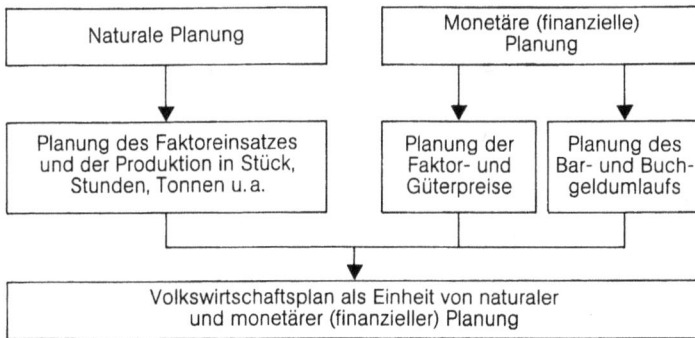

Abb. 13: Beziehungen zwischen naturaler und monetärer Planung (Quelle: *Leipold* 1988, S. 222)

So ergibt sich als Resümee: Zentralplanwirtschaft ist identisch mit einem äußerst mühsamen bürokratischen Zuordnen und Verteilen von knappen Ressourcen auf der Grundlage eines aus „Bilanzen", Kennziffern und Kontrollen bestehenden Planungssystems. Dabei sollen „einige Tausend Menschen ... die gleiche Aufgabe erfüllen, die bei dezentraler Planung Millionen von Menschen bewältigen. Die Planung eines modernen volkswirtschaftlichen Gesamtprozesses ist die schlechthin größte, umfassendste und zugleich wohl auch die schwierigste. Planungsaufgabe, die sich vorstellen läßt." (*Hensel* 1972, S. 117)

3.3.2 Formen des Eigentums

Unabhängig von der Tatsache, dass die marxistische Wirtschaftslehre in den Eigentumsverhältnissen das Systemprägungskriterium schlechthin erblickt, herrscht – freilich – mit gewissen Vorbehalten (sie stellen unter dem Einfluss der „property rights"-Theorie mehr auf die faktischen Verfügungsrechte ab) – weitgehend Einigkeit darüber, dass die **Eigentumsform** als **zweites konstitutives Element** einer Wirtschaftsordnung zu gelten hat. Nicht uninteressant ist sicher auch die Tatsache, dass *Eucken* in seinen „Grundsätzen der Wirtschaftspolitik" weit mehr als in früheren Veröffentlichungen die Wechselbeziehungen zwischen Eigentumsordnung und Wirtschaftsordnung herausstellt („Privateigentum gehört zu den Voraussetzungen der Wettbewerbsordnung." [1955, S. 271; vgl. zum Kollektiveigentum ebd., S. 137]). Auch *Kloten* sieht in der jeweiligen Eigentumsordnung „ein zweites fundamentum divisionis": „In der Tat ist die Gestaltung der Eigentumsverhältnisse für. die Kennzeichnung der realen Wirtschaftsordnungen von grundlegender Bedeutung" (1955, S. 133), allerdings sprach er damals nur von einem „Subsidiärkriterium".

Zusätzliches Gewicht erlangen die Eigentumsformen durch ihre zumindest *teilweise bestehende Affinität zu den Formen der Unternehmens- bzw. Betriebsverfassung.* Sicher nicht zu Unrecht werden diese in ordnungstheoretischen Abhandlungen oftmals auch gesondert ausgewiesen. Wenn wir sie hier im Zusammenhang mit den Eigentumsformen nur kurz anreißen, so geschieht dies, um einer zu weiten Aufsplitterung entgegenzuwirken. Zu nennen sind die *Rechtsformen der Unternehmungen bzw. der Betriebe* (s. unten S. 72 f.), die *Formen der betrieblichen Willensbildung,* wobei die Dreiteilung in Alleinbestimmung durch die Träger der sachlichen Produktionsfaktoren Boden und Kapital, Alleinbestimmung durch die Träger des Produktionsfaktors Arbeit („Laborismus") und – von besonderem Wirklichkeitsbezug – Mitbestimmung (mit ihren differenzierten Ausprägungen) der Zweiteilung in Direktorialprinzip und Prinzip kollektiver Willensbildung gegenübersteht; schließlich ist auf die im wesentlichen mit dem Gewinn-, dem Einkommens- und dem Planerfüllungsprinzip (in Verbindung mit Prämien) umschriebenen *Formen der betrieblichen Ergebnisrechnung* hinzuweisen.

Nützlich dürfte es sein, sich zunächst über die unterschiedliche Reichweite der Eigentumsbegriffe klarzuwerden:

Der **juristische Eigentumsbegriff** beinhaltet in Anlehnung an § 903 BGB die Zuordnung einer Sache zu einer Person oder einer Mehrheit von Personen, und zwar mit dem Recht, damit nach Belieben zu verfahren und andere von jeder Einwirkung auszuschließen, soweit nicht das Gesetz oder Rechte Dritter entgegenstehen; gemeint ist die rechtliche Herrschaft über eine Sache im Gegensatz zur tatsächlichen, d. h. körperlich-gegenständlichen Beherrschung einer Sache durch den Besitz. Die *privatrechtliche* Eingrenzung des Herrschaftsverhältnisses auf Sachen, also auf körperliche Gegenstände, wurde aber mittlerweile – der wirtschaftlichen Entwicklung folgend – im Zuge *verfassungsrechtlicher* Eigentumsgarantien erweitert auf sonstige vermögenswerte Rechte. So umfasst der Eigentumsbegriff des Grundgesetzes (Art. 14) jedes private Vermögensrecht, also auch Forderungen, Urheberrechte, Mitgliedschaftsrechte usw.

Noch weiter reicht der **ökonomische Eigentumsbegriff,** der ganz allgemein das Recht der Verfügung über knappe Güter zum Inhalt hat. Auch wenn der Vergleich nicht ganz präzise ist, kann man doch sagen, dass dieser der neueren nationalökonomischen Theorie der „property rights" zugrundeliegende Eigentumsbegriff weniger auf das rechtliche Gehören, sondern mehr auf das faktische Haben, den Besitz abhebt; genauer: auf „gesellschaftlich anerkannte Handlungsrechte". Nach *Recktenwald* erklärt die Theorie der Eigentumsrechte „(a) das wirtschaftliche Verhalten innerhalb von Institutionen anhand der Eigentumsordnung und vergleicht (b) Nutzen und Kosten des Verfügungsrechtes, um jeweils entscheiden zu können, ob das Ausschlußprinzip kraft Eigentum zweckmäßig ist, oder wie man Eigentumsrechte zweckmäßig gestalten kann." (1983, S. 118)

Bleibt noch der Hinweis, dass wir bei der Darstellung der Eigentumsformen nicht den zahllosen Möglichkeiten der juristischen Gestaltung von Eigentumsrechten in Bezug auf Dauer, Übertragbarkeit, Veränderbarkeit usw. nachgehen werden; lediglich mit Blick auf die Unternehmungsformen wird kurz darauf eingegangen. Im Mittelpunkt unserer Betrachtung stehen vielmehr die beiden antagonistischen Grundformen des Privateigentums und des Kollektiveigentums mit ihren wichtigsten Ausprägungen.

3.3.2.1   Privateigentum

Historisch betrachtet, hat sich das Individualeigentum an Gegenständen des täglichen Bedarfs (Kleidung, Hausrat, Werkzeuge usw.) sehr viel früher herausgebildet als an Grund und Boden, denn lange Zeit war beim Boden die Nutzungsbefugnis des Einzelnen zugunsten höherer Zuständigkeiten (Dorfgemeinschaft, Grundherrschaft, Staat) gebunden. Zwar lieferten bereits *Aristoteles* (384–322) und *Thomas von Aquin* (1225–1274) Argumente für die **Rechtfertigung von Privateigentum**, nicht zu vergessen die im 14. Jahrhundert von italienischen Kommentatoren des Corpus Juris vorgelegten Eigentumsinterpretationen, besonders wichtig dann der als Begründer der liberalen Gesellschaftstheorie geltende *John Locke* (1632–1704), der die persönliche Arbeit und das durch Arbeit Geschaffene als unbestreitbares Eigentum des Arbeitenden deklariert, und *David Hume* (1711–1776), welcher den gesellschaftlichen Nutzen des Privateigentums herausstellt; endgültig schufen, aber erst die Französische Revolution, die Bauernbefreiung und der ökonomische Liberalismus des 19. Jahrhunderts die Voraussetzungen für die allgemeine Anerkennung eines Eigentumsbegriffs, welcher die umfassende rechtliche Herrschaft über eine Sache bezeichnet (vgl. *Raiser* 1961, S. 39). So weist Art. 17 der von der französischen Nationalversammlung 1789 verkündeten Menschen- und Bürgerrechte das Eigentum als „unverletzliches und heiliges Recht" aus, allerdings wurde die Eigentumsgarantie schon damals gewissermaßen gemeinwohlverpflichtend abgefedert durch die Zusatzbemerkung, dass das Eigentum „niemandem genommen werden (kann), wenn es nicht gesetzlich festgelegte, öffentliche Notwendigkeit augenscheinlich erfordert und unter der Bedingung einer gerechten und vorherigen Entschädigung". Von der Aufklärungsphilosophie geradezu als Voraussetzung menschlicher Freiheit reklamiert, wurde das Postulat der Sicherung des Privateigentums dann in die meisten Staatsverfassungen des 19. und 20. Jahrhunderts aufgenommen. Nicht unwichtig ist in diesem Zusammenhang Art. 17 der 1948 von den Vereinten Nationen herausgegebenen Allgemeinen Erklärung der Menschenrechte: „Jeder Mensch hat allein oder in Gemeinschaft mit anderen Recht auf Eigentum." Schließlich ist das Rechtsinstitut Privateigentum – um ein Beispiel aus jüngster Zeit anzuführen – auch in der 1990 von den Staats- und Regierungschefs der Teilnehmerstaaten der Konferenz über Sicherheit und Zusammenarbeit in Europa (KSZE) verabschiedeten Charta für ein neues Europa verankert: „Jeder hat das Recht: ... Eigentum innezuhaben und selbständig Unternehmen zu betreiben."

Fragen wir nach den **Funktionen des Eigentums** bei Zugrundelegung einer **Privateigentumsordnung,** so ergibt sich aus der **Sicht des Einzelnen** zuvörderst die *Dispositionsfunktion.* Die mit einem Abwehranspruch (Ausschlussrecht) gegenüber anderen ausgestattete Handlungsfreiheit im Sinne der Verfügung über ein Rechtsgut wird wohl am anschaulichsten mit den Kriterien der Unabhängigkeit bzw. der freien Entfaltungsmöglichkeit umschrieben. Freilich kann die Gewährleistung der politischen und wirtschaftlichen Unabhängigkeit des einen – im Falle einer Konzentration von Privateigentum – die Abhängigkeit des anderen bedeuten. Durchaus im Zusammenhang mit der Dispositionsfunktion steht die *Sekuritätsfunktion,* welche zugleich als *Ertragsfunktion* zu deuten ist. Die mit Eigentum verbundene Besitz- und Nutzungsmacht über ein Rechtsgut sowie das Recht, den daraus fließenden Ertrag zu behalten, stellen ein Sicherungspotential zur Abwehr widriger Ereignisse dar. Die *Prestigefunktion* schließlich setzt zum einen die subjektive „Selbstbindung von Eigentümern an die Einschätzung durch andere" *(Willgerodt)* voraus, zum anderen können aber auch, objektiv gesehen, bestimmte Vermögenskategorien Möglichkeiten des Zugangs oder der Zugehörigkeit eröffnen oder doch zumindest erleichtern.

Aus der **Sicht der Gesellschaft** „kommt der Privateigentumsordnung eine *Organisationsfunktion* zu, indem sie die Privatsphären, was die Vermögensseite anbetrifft, gegeneinander abgrenzt und so die Rechtssicherheit fördert" *(Molitor* 1961, S. 34). *Willgerodt* unterscheidet hier **außerökonomische** und **ökonomische Funktionen** und betont bei ersteren die gesellschaftliche *Integrationsfunktion,* derzufolge Wurzellosigkeit und „Umsturzgelüste katilinarischer Existenzen" bei breitgestreutem Privateigentum weniger wahrscheinlich sind. Unter den ökonomischen Funktionen werden genannt die *Einkommensverteilungsfunktion* (Förderung der Einkommensverteilung nach der Marktleistung, daraus resultierend eine Veränderung der funktionellen Einkommensverteilung zugunsten der unselbständig Beschäftigten), die *Funktion der Wettbewerbsförderung* (Erhöhung der Chance des Marktzutritts für neue Wettbewerber) und die *Allokationsfiunktion* (Wanderung der Eigentumsrechte zur effizientesten Verwendung) (1980, S. 181).

Nun beschränkt sich Privateigentum keineswegs auf **Alleineigentum** (individuelles Privateigentum), auch **gemeinschaftliches Privateigentum** rechnet selbstverständlich dazu, wobei zu unterscheiden ist zwischen *Miteigentum* (Gemeinschaft nach Bruchteilen; hier steht jedem Miteigentümer ein ideeller, ziffernmäßig bestimmter Anteil an einer Sache bzw. an jedem einzelnen Gegenstand des Vermögens zu, über den er frei verfügen kann) und *Gesamthandseigentum* (Gemeinschaft zur gesamten Hand; hier steht das Eigentumsrecht nur allen gemeinsam – der gesamten Hand – zu, d.h., das Vermögen der Gesamthandsgemeinschaft bildet eine vom Vermögen der Beteiligten getrennte rechtliche Einheit, so dass der Einzelne nicht frei über seinen Anteil am gemeinschaftlichen Vermögen verfügen darf; auch lässt sich der Anteil nicht immer als Quote bestimmen, zudem ergibt sich der Wert normalerweise erst bei Auflösung der Gemeinschaft).

Bedeutung kommt den **Arten des Privateigentums** u. a. bei den **Untenehmungsformen** zu, bei denen bekanntlich zunächst zwischen der Einzelunternehmung und den Gesellschaftsunternehmungen unterschieden wird und letztere sich – wir legen die Regelungen in der Bundesrepublik Deutschland zugrunde – in Personengesellschaften (Gesellschaft des bürgerlichen Rechts, OHG, KG, Stille Gesellschaft), Kapitalgesellschaften (insbes. AG, KGaA und GmbH) und Genossenschaften gliedern. Da die Bruchteilsgemeinschaft wegen der zu losen Bindung den Gesellschaftszwecken kaum gerecht wird, stellt sie die besonders zu vereinbarende Ausnahme dar. Ein Gesamthandsverhältnis liegt in der Regel bei der Gesellschaft des bürgerlichen Rechts (§§ 705 ff. BGB), der Offenen Handelsgesellschaft (§§ 105 ff. HGB) und der Kommanditgesellschaft (§§ 161 ff. HGB) vor. Noch stärker ist die Bindung des Gesellschaftsvermögens, wenn es sich – im Gegensatz zu den ebengenannten nichtrechtsfähigen Personenvereinigungen (welche ja kein neues Rechtssubjekt bilden, Rechtssubjekte bleiben hier die einzelnen Mitglieder) – um eine rechtsfähige Gesellschaft, um einen selbständigen Rechtsträger, um eine juristische Person handelt. Alle Rechte, die sich aus dem Gesellschaftsvermögen ableiten, stehen der juristischen Person (so den oben angeführten Kapitalgesellschaften) zu. Die Gesellschafter selbst haben weder Anteilsrechte an den einzelnen Vermögensgegenständen noch am Gesamtvermögen, sie haben lediglich Ansprüche gegen die Gesellschaft, gegen die juristische Person.

3.3.2.2   Kollektiveigentum

Während den marktwirtschaftlichen Ordnungen eine Dominanz des Privateigentums an Produktionsmitteln entspricht, spielt in Zentralplanwirtschaften – allein schon aufgrund der Tatsache, dass die Durchsetzung eines Volkswirtschaftsplans von der Verfügungsmacht über die Produktionsmittel abhängt – das als „sozialistisches Eigentum" deklarierte Kollektiveigentum die beherrschende Rolle. Mehr noch: Nach der marxistisch-leninistischen Lehre wird in jeder Gesellschaftsordnung die politische Macht durch das Produktionsmitteleigentum vermittelt und privates Produktionsmitteleigentum gilt als Ursache alles „Bösen" im Kapitalismus schlechthin. Dem entsprach es, dass in der Sowjetunion jahrzehntelang bereits jede Spekulation über eine Zulassung von Privateigentum unter Strafe stand.

Wir bemühen als Beispiel wiederum die ehemalige DDR, in deren Verfassung das **sozialistische Eigentum** als unantastbare Grundlage der sozialistischen Gesellschaftsordnung ausgewiesen war, wobei drei Formen unterschieden wurden: a) das gesamtgesellschaftliche Volkseigentum, b) das genossenschaftliche Gemeineigentum werktätiger Kollektive und c) das Eigentum gesellschaftlicher Organisationen der Bürger (Art. 10 Abs. 1).

a) Seit Mitte der 70er Jahre entfielen rund 80% des Eigentums an Produktionsmitteln auf das *gesamtgesellschaftliche Volkseigentum.* Subjekt war die als Staat organisierte Gesellschaft, so dass es sich faktisch um Staatseigentum handelte, welches von Betrieben, Institutionen oder auch einzelnen Bürgern „operativ verwaltet" wurde. Als Objekte des Volkseigentums, an denen Privateigentum nicht erworben werden konnte, wurden in der Verfassung u.a. genannt: Bodenschätze, Bergwerke, Kraftwerke, Talsperren, Industriebetriebe, Banken und Versicherungen, volkseigene Güter, Verkehrswege, Transportmittel der Eisenbahn, der Seeschiffahrt und der Luftfahrt sowie die Post- und Fernmeldeanlagen (Art. 12 Abs. 1).

b) Das *genossenschaftliche Gemeineigentum werktätiger Kollektive,* die sog. „niedere Form" des sozialistischen Eigentums, umfasste zuletzt knapp 15% des Produktionsmitteleigentums. Subjekte dieses Gemeineigentums waren vor allem die Produktionsgenossenschaften, insbesondere die Landwirtschaftliche Produktionsgenossenschaft (LPG), die Gärtnerische Produktionsgenossenschaft (GPG) und die Produktionsgenossenschaft des Handwerks (PGH), aber auch die anderen sozialistischen Genossenschaften, z. B. die Konsumgenossenschaften und die Arbeiterwohnungsbaugenossenschaften. Was als Objekt genossenschaftlichen Eigentums zu gelten hatte, war ebenfalls in der Verfassung zwingend festgelegt, nämlich „die Geräte, Maschinen, Anlagen, Bauten der landwirtschaftlichen, handwerklichen und sonstigen sozialistischen Genossenschaften, sowie die Tierbestände der landwirtschaftlichen Produktionsgenossenschaften und das aus genossenschaftlicher Nutzung des Bodens sowie genossenschaftlicher Produktionsmittel erzielte Ergebnis" (Art. 13).

c) Nicht per Verfassung definiert war das *Eigentum gesellschaftlicher Organisationen der Bürger.* Als Subjekte fungierten vorzugsweise die SED, die ihr zwangsweise verbundenen Blockparteien und die sog. Massenorganisationen wie der FDGB und die FDJ. Letztlich konnte jeder ihnen gehörende Gegenstand Objekt dieser Form des sozialistischen Eigentums sein (eine besondere Bedeutung, kam Verlagen, Druckereien und Ferienheimen zu).

Die als **Übergangsform zum sozialistischen Eigentum** konzipierten **halbstaatlichen Betriebe** (mit finanzieller Beteiligung des Staates) hatten mit einem Anteil am Produktionsmitteleigentum von zuletzt weniger als 1% kaum noch Bedeutung.

Der Rest der Produktionsmittel entfiel auf **Privateigentum**, wobei es sich hauptsächlich um kleine Handwerks- und andere Gewerbebetriebe handelte, deren Geschäftstätigkeit überwiegend auf persönlicher Arbeit beruhte.

Von diesem letztlich randständigen privaten Produktionsmitteleigentum zu unterscheiden war das **persönliche Eigentum**, d. h. das Eigentum der einzelnen Bürger zur Befriedigung ihrer materiellen und kulturellen Bedürfnisse.

Aufhebung von Ausbeutung, von Entfremdung und von Marktversagen sind die gängigsten Argumente, die für eine **Kollektiveigentumsordnung** ins Feld geführt werden, freilich konnten diese Funktionen den Ansprüchen der Wirklichkeit nur bedingt – wenn überhaupt – standhalten. Diese Feststellung gilt auch für den Fall, dass statt einer **Dominanz des Staatseigentums** eine solche **des Gesellschaftseigentums** vorliegt, wie dies mit der Wirtschaftsordnung einer sozialistischen Marktwirtschaft in Jugoslawien versucht wurde. Das dort praktizierte Modell einer dezentralen Planung auf der Grundlage von Arbeiterselbstverwaltung in Verbindung mit Gesellschaftseigentum ließ letzteres „als ein an die Beschäftigten delegiertes Betriebs- oder Gruppeneigentum mit einer allgemeinen Gemeinschaftsbindung" erscheinen (*Leipold* 1988, S. 171).

Ganz im Gegensatz zu der angenommenen anthropologischen Überhöhung des sozialistischen Menschen, welcher bei Vergesellschaftung der Produktionsmittel Antriebe intrinsisch im Interesse der Gesellschaft entfalten würde, zeigen sich bei vorherrschendem Kollektiveigentum *Motivationsverluste,* die u. a. auch in der Einschränkung der Möglichkeiten des Erwerbs privater Vermögensobjekte zu suchen sind; im Wesentlichen verbleibt dann eben als Anlageform der Erwerb dauerhafter Konsumgüter, wobei allerdings oft extrem lange Wartezeiten und hohe Preise in Kauf genommen werden müssen. Als weitere ökonomische Wirkung ergeben sich die weithin *auf den sozialistischen/kollektiven Sektor eingeschränkten Beschäftigungsmöglichkeiten.* Schließlich zeigt sich als Folge der nach marxistischer Auffassung vorhandenen Überlegenheit des Großbetriebes eine als „Gigantomanie" *(Thalheim)* bezeichnete *betriebliche Konzentration,* und zwar sowohl in der Landwirtschaft als auch in der Industrie.

Planungs- form Eigen- tumsform	Dezentrale Planung	Zentrale Planung
überwiegend Privateigentum an Produktionsmitteln	privatwirtschaftliche Marktwirtschaft (Bundesrepublik Deutschland)	zentralgelenkte Privatwirtschaft (Kriegs- und Nachkriegswirtschaft in Deutschland)
überwiegend Kollektiveigentum (Gesellschaftsbzw. Staatseigentum) an Produktionsmitteln	sozialistische Marktwirtschaft (Jugoslawien wd. der Zeit der Arbeiterselbstverwaltung)	Zentralplanwirtschaft (ehem. DDR)

Abb. 14: Wirtschaftsordnungen im Kontext von Planungs- und Eigentumsformen

3.3.3   Formen der Koordination (Koordinationsmechanismen)

Es war lange Zeit mehr oder weniger unumstritten, dass den beiden Formen der dezentralen und der zentralen Planung auch nur die Koordinationsmechanismen des Marktes und der Anweisung entsprechen können.

Allerdings gab es schon im ausgehenden 19. Jahrhundert vereinzelt Überlegungen, inwieweit die Auflösung des Dualismus von Individual- und Kollektivprinzip durch das Solidarprinzip zu einer besseren Erfassung der Wirtschaftswirklichkeit beizutragen vermag. Dazu bemühte man gelegentlich auch die Postulate der Französischen Revolution, indem die Freiheit dem privaten, die Gleichheit dem öffentlichen und die Brüderlichkeit einem karitativen Sektor zugeordnet wurden. Schließlich war es bereits *Adam Smith,* der 1759 in seinem Frühwerk „Theory of Moral Sentiments" auf den Altruismus als Korrektiv des Eigeninteresses hinge-wiesen hatte (vgl. *Tutchtfeldt* 1982, S. 337). Ihren partiellen Niederschlag fanden die mit den Termini Caritas und Solidarität umschriebenen Ideen letztendlich auch in der Entwicklung genossenschaftlicher und gemeinwirtschaftlicher Organisationen.

Seit den 50er Jahren bzw. noch deutlicher seit Anfang der 60er Jahre der 20. Jahrhunderts wird – auch in Verbindung mit der Verbandsdiskussion – die Frage nach einem dritten oder vierten Weg der Koordination bzw. nach irgendeinem weiteren Ordnungsprinzip immer ver-nehmlicher. So wurde der horizontal agierenden Abstimmung der Einzelpläne im **Markt(preis)mechanismus** eine ebenfalls durch gegenseitige Steuerung *(Gäfgen)* geprägte **Koordination mit dem Merkmal der Vereinbarung,** der Verhandlung, der Absprache ge-genübergestellt (**dritter Weg**). Im Vordergrund steht hier der Gedanke der Selbstverwaltung. „Dabei sind gewisse geistesgeschichtliche Verbindungen zur Idee eines karitativen Systems … vorhanden, insofern Individualismus und Kollektivismus die Sozialfiguren des Indivi-duums und des Kollektivs verabsolutieren. Zwischen beiden steht aber die Gruppe als Inbe-griff von Wirtschaftssubjekten gleicher Interessenlage. Solidarität (und damit wird die Ver-bindung zur Idee eines karitativen Systems deutlich) ist aber am ehesten in überschaubaren Bereichen und bei gleichgelagerten Interessen möglich." *(Tuchtfeldt* 1982, S. 338) Auch vertikal erhielt der einseitig von oben nach unten gesteuerte **Anweisungsmechanismus** ein Pendant in einem von unten nach oben wirkenden wirtschaftsdemokratischen **Wahlmecha-nismus**; darunter versteht man die Abstimmungen, welche in freiheitlich-demokratischen Staaten das Ausmaß der Versorgung mit öffentlichen Gütern festlegen (**vierter Weg**).

Koordinationsmechanismen			
horizontal = gegenseitige Steuerung		vertikal (eigentlich Subordination) = einseitige Steuerung	
		von oben nach unten	von unten nach oben
Marktmechanismus (Preismechanismus)	Vereinbarungs-mechanismus	Anweisungs-mechanismus (Saldenmechanismus)	Wahlmechanismus

Abb. 15: Arten von Koordiationsmechanismen

3.3.3.1   Marktmechanismus

Die **Koordination der Einzelpläne über Märkte bzw. mit Hilfe des Marktpreises** basiert auf dem Zusammenhang zwischen dem Preis eines Gutes und der nachgefragten bzw. angebotenen Menge desselben; dabei bewirkt der Preis den Ausgleich zwischen Angebot und Nachfrage. Gerade wenn in diesem Zusammenhang von der Selbststeuerung der Marktwirtschaft gesprochen wird, muss darauf hingewiesen werden, dass der möglicherweise missverständliche Begriff Marktmechanismus (Marktpreismechanismus, Preismechanismus) für den wettbewerblichen Koordinationsvorgang leicht die Tatsache verschleiert, „daß Koordination keineswegs durch eine seelenlose Mechanik bewältigt wird, sondern durch Millionen wirtschaftender Menschen, die als Käufer und Verkäufer von Gütern handeln und dabei ihre Aktionen an ihren spezifisch persönlichen oder gruppenbezogenen Interessen ausrichten und sich an die von ihnen vorfindbare sonstige Umwelt anpassen" *(Gutmann* 1980, S. 145).

(Die dem Marktmodell zugrundeliegenden Preisbildungsprozesse können hier thematisch nur angeschnitten werden; wir verweisen auf die diesbezüglichen Einlassungen in der Preis-, Markt- und Wettbewerbstheorie bzw. auf die darauf vorbereitenden Theorien des Haushalts und der Unternehmung.)

Für die aus den Einkommensverwendungsplänen der Konsumenten hervorgehende **Güternachfrage** gilt die Hypothese, dass die nachgefragte Menge eines Gutes abhängig ist zuallererst vom Preis dieses Gutes, aber auch vom Preis anderer Güter, von der Nutzeneinschätzung der Güter (der sog. Bedürfnisstruktur) sowie vom Einkommen und Vermögen des jeweiligen Haushalts. Wenn man die individuellen Nachfragemengen aller Haushalte zur Marktnachfrage addiert (horizontale Aggregation der individuellen Nachfragekurven zur Gesamtnachfragekurve), dann spielen als weitere Determinanten noch eine Rolle die Verteilung des Einkommens und Vermögens auf die einzelnen Haushalte sowie – an sich selbstverständlich – die Größe der kaufkräftigen Bevölkerung, d. h. die Anzahl der ein bestimmtes Gut nachfragenden Haushalte (vgl. im Folgenden *Woll* 1990, S. 87). Da exakte analytische Aussagen nur getroffen werden können, wenn die in der Wirklichkeit gleichzeitig agierenden Einflussfaktoren jeweils einzeln betrachtet und dabei die anderen unabhängigen Variablen als „eingefroren" angesehen werden, kann gemäß dieser ceteris-paribus-Annahme die Nachfragefunktion auf die **Beziehung zwischen nachgefragter Menge und Preis eines Gutes**, $q^N = f(p)$, reduziert werden. Daraus ergibt sich im Normalfall (normale Reaktion im Gegensatz zur anomalen im *Giffen-* und *Veblen-*Fall) folgender Verlauf der Nachfragekurve:

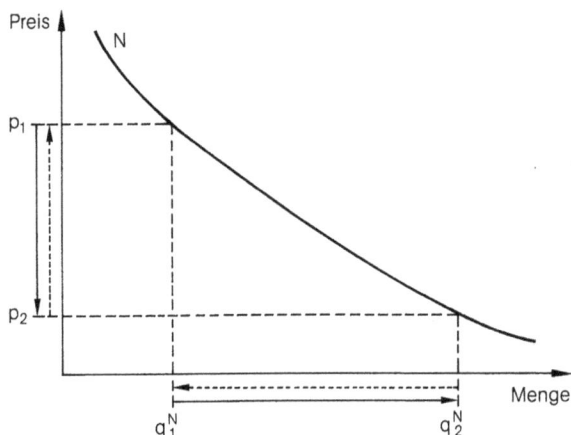

Abb. 16: Nachfragekurve im Preis-Mengen-Diagramm

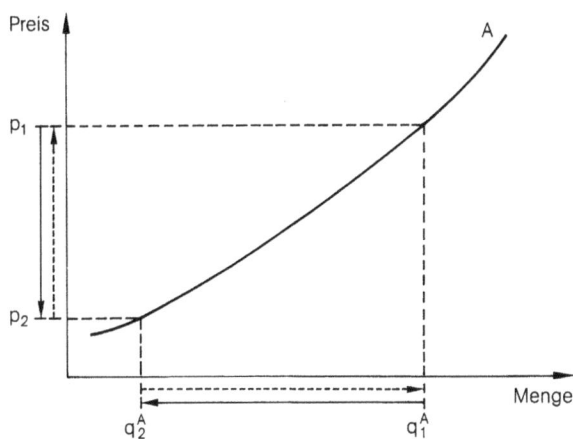

Abb. 17: Angebotskurve im Preis-Mengen-Diagramm

Betrachten wir das aus den Produktionsplänen der Unternehmen resultierende **Güterange-bot**, so gilt die Hypothese, dass die angebotene Menge eines Gutes primär abhängig ist vom Preis dieses Gutes, dann aber auch von den Preisen der übrigen Güter und denen der Produk-tionsfaktoren, von den Zielen des Anbieters (insbesondere das Ausmaß des Gewinnstrebens und der Bemühungen um Sicherung bzw. Ausbau des Marktanteils betreffend) und vom Stand des technischen Wissens. Durch horizontale Aggregation der individuellen Angebots-funktionen ergibt sich auch hier die Gesamtgröße, nämlich das Marktangebot eines Gutes. Bemühen wir wiederum die ceteris-paribus-Klausel, indem wir uns auf die **Beziehungen zwischen Menge und Preis des angebotenen Gutes** beschränken: $q^A = f(p)$, so erhalten wir im Normalfall etwa die in Abb. 17 wiedergegebene Angebotskurve.

Die **Aufgabe des Marktes** besteht nun darin, **Angebot und Nachfrage einander gegen-überzustellen**, um den Austausch der Güter zu ermöglichen. Dabei gilt es, den aus den dar-gelegten normalen Kurvenverläufen ableitbaren Interessenkonflikt – Anbieter und Nachfra-ger kommen mit einander entgegengesetzten Interessen auf den Markt – mit Hilfe des Preises zum Ausgleich zu bringen.

Preis

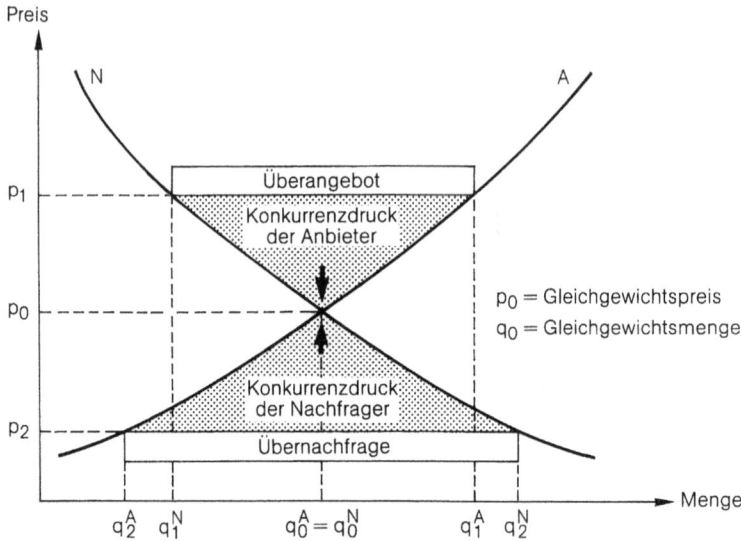

p_1

Überangebot

Konkurrenzdruck
der Anbieter

p_0 p_0 = Gleichgewichtspreis
                                                  q_0 = Gleichgewichtsmenge

Konkurrenzdruck
der Nachfrager

p_2

Übernachfrage

                                                                        Menge

q_2^A q_1^N $q_0^A = q_0^N$ q_1^A q_2^N

Abb. 18: Preisbildung im Preis-Mengen-Diagramm

Wenn Angebot und Nachfrage durch den Preis koordiniert werden sollen, dann muss sich der Preis ganz allgemein in der Höhe bilden, dass alle, die zu diesem Preis verkaufen wollen, auch verkaufen können, und dass zugleich alle, die zu diesem Preis kaufen wollen, auch kaufen können. Diesen Preis nennt man den **Gleichgewichtspreis** (p_0). Da hier die Angebotsmenge (q_0^A) mit der Nachfragemenge (p_0^N) übereinstimmt, sagt man auch: **der Gleichgewichtspreis räumt den Markt**. Jeder andere Preis würde zu einem niedrigeren Umsatz führen, so dass entweder verkaufsbereite Anbieter oder kaufwillige Nachfrager ausgeschlossen werden müssten. Bei einem über dem Gleichgewichtspreis liegenden Preis (z. B. pt) übersteigt das Angebot die Nachfrage ($q_1^A > q_1^N$); dieses Überangebot bewirkt einen **Konkurrenzdruck der Anbieter**, einen Preisunterbietungswettbewerb, der erst in Höhe des Gleichgewichtspreises zum Stillstand kommt. Umgekehrt würde sich bei einem unter dem Gleichgewichtspreis liegenden Preis (z.B. p_2) eine Übernachfrage ergeben ($q_2^N > q_2^A$), mit der Folge eines **Konkurrenzdruckes der Nachfrager**, eines Preisüberbietungswettbewerbs, hin zum Gleichgewichtspreis.

Sind wir bisher beim Wirksamwerden des Preismechanismus von gleichbleibenden Angebots- und Nachfragebedingungen ausgegangen, so muss jetzt auf die sich im Wirtschaftsleben vollziehenden **Veränderungen** hingewiesen werden. Aufgrund dieser permanent auftretenden Datenänderungen ist das Gleichgewicht zwischen Angebot und Nachfrage nur von kurzer Dauer. Wir erinnern an die oben herausgestellten Bestimmungsgrößen der Nachfrage und stellen fest, dass die Parameter einer Funktion andere Werte annehmen können. So bewirken etwa eine Preissteigerung bei einem Substitutionsgut, eine Preissenkung bei einem Komplementärgut, die Höherschätzung des Gutes selbst, steigende Einkommen oder ganz einfach eine Zunahme der Nachfrager eine *Nachfragesteigerung*, mit der Folge, dass sich eine *Rechtsverschiebung der Nachfragekurve* ergibt, was bei gleichbleibender Angebotskurve zu einem höheren Gleichgewichtspreis führt (entgegengesetzte Tendenzen der Einflussfaktoren bewirken eine *Nachfragesenkung* und zeigen sich in einer *Linksverschiebung der Nachfragekurve*). Auf der Angebotsseite können Preissenkungen bei anderen Gütern oder bei den Entgelten für die Produktionsfaktoren, angebotssteigernde Änderungen der Zielsetzung, die Verbesserung des technischen Wissens und das Hinzutreten neuer Anbieter zu einer *Angebotssteigerung* führen, die sich in einer *Rechtsverschiebung der Angebotskurve* niederschlägt, was bei gleichbleibender Nachfragekurve einen niedrigeren Gleichgewichtspreis zur Folge hat (umgekehrte Tendenzen manifestieren sich als *Angebotssenkung* in einer *Linksverschiebung der Angebotskurve*).

Den Preisen und insbesondere diesen Preisreaktionen kommt im Modell der Marktwirtschaft die **Informationsfunktion** zu, sie geben Auskunft über die jeweiligen Angebots-Nachfrage-Konstellationen, über die aktuellen Knappheitsverhältnisse. So werden Unternehmer aufgrund solcher Informationen (Signalfunktion des Preises) bestrebt sein, die Produktion auszudehnen, einzuschränken oder auf gleichbleibendem Niveau zu halten; entsprechende Reaktionen gehen in die Planungen der Nachfrageseite ein. Konkret: Wenn auf einem Markt der Preis eines Gutes steigt, so handelt es sich um einen Ausdruck dafür, dass die Produktionspläne der Unternehmen und die Verbrauchspläne der Haushalte nicht übereinstimmen. Der steigende Preis signalisiert eine Mengendifferenz und ceteris paribus – eine Verschiebung der ursprünglichen Knappheitsverhältnisse; er wird Unternehmer zur Ausweitung der Produktion des knapper gewordenen Gutes veranlassen.

Insofern kommt über den Preismechanismus auch die **Leistungsfunktion** zum Tragen. Hier ist es die Chance auf Gewinn, welche als Triebfeder jedes unternehmerischen Handelns fungiert (**Motivationsfunktion**). Ein vor dem Hintergrund zu hoher Kosten zu teures Angebot und natürlich auch die nicht kaufkräftige Nachfrage werden über die Preisbildung vom Markt verdrängt. Es sind sowohl die Interessen der Marktnebenseite, der Mitbewerber, als auch der Marktgegenseite, der Nachfrager (Konsumentensouveränität!), welche als **Kontrollfunktion** wirken.

Der Marktmechanismus löst demnach selbständig und laufend (*Smith* gebrauchte die Metapher „invisible hand") das Problem der Allokation, also der Verteilung knapper Ressourcen auf alternative Verwendungszwecke. Damit dient der **Preis** nicht nur als **Richtgröße der Produktion** *(Was und wieviel wird produziert?)*, die Notwendigkeit der Wettbewerbsfähigkeit zwingt auch zur Wahl der kostengünstigsten Produktionsverfahren, zur **optimalen Kombination der Produktionsfaktoren** *(Wie wird produziert?)*.

Bei einer kritischen Bewertung des marktwirtschaftlichen Modells muss zuerst auf den **Abstand der Modellannahme einer vollständigen Konkurrenz und der Realität** hingewiesen werden. So gilt *vollständige Konkurrenz* erst dann als gewährleistet, wenn

- viele Anbieter und viele Nachfrager vorhanden sind, von denen keiner den Preis beeinflussen kann (= *atomistische Marktstruktur: Polypol)*;
- alle Märkte miteinander in Verbindung stehen (= *Interdependenz der Märkte*);
- freier Marktzutritt besteht (= *offener Markt*);
- gemäß dem Prinzip der Unterschiedslosigkeit weder sachliche, persönliche, räumliche noch zeitliche Differenzierungen existieren, d. h., es wird ausgegangen von der Gleichartigkeit der Güter (die angebotenen Güter müssen zumindest von allen Nachfragern als gleichartig angesehen werden) sowie von fehlenden persönlichen (z. B. keine Stammkundschaft), räumlichen (kein begünstigter Standort) und zeitlichen (keine unterschiedlichen Liefertermine) Präferenzen; hinzu kommt, dass die als unterschiedslos angesehenen Wirtschaftssubjekte über Markttransparenz, also über alle relevanten Marktinformationen, verfügen und dass die Marktteilnehmer auf veränderte Marktdaten

sofort (Anpassungszeit 0 bzw. Anpassungsgeschwindigkeit von der Größe ∞) reagieren
(= *vollkommener Markt);*

gelegentlich wird als weiteres Kriterium die beliebige Teilbarkeit der Produktionsfaktoren (=
Mobilität) genannt.

In der Wirklichkeit sind die meisten dieser Bedingungen nur in Ausnahmefällen erfüllt, z. B.
an den Waren-, Wertpapier- und Devisenbörsen. Diese Märkte zeichnen sich tatsächlich
durch Interdependenz, Offenheit, gleichartige Güter, kaum vorhandene Präferenzen, weitgehende Markttransparenz und hohe Reaktionsgeschwindigkeit aus. Aber solche Märkte stellen
eher die Ausnahme dar, wie man generell feststellen kann, dass die im Modell existierende
Marktform des Polypols leicht den Blick auf reale Machtpositionen verstellt.

An- bieter ╲ Nach- frager	viele	wenige	einer
viele	Polypol („vollständige Konkurrenz")	Nachfrageoligopol	Nachfragemonopol
wenige	Angebotsoligopol	zweiseitiges Oligopol	beschränktes Nachfragemonopol
einer	Angebotsmonopol	beschränktes Angebotsmonopol	zweiseitiges Monopol

Abb. 19: Marktformenschema nach *v. Stackelberg*

An dieser Stelle wird darauf verzichtet, die insbesondere für die Markt- bzw. Preistheorie
relevante Lehre von den **Marktformen** im Detail auszubreiten (bezüglich neuerer Publikationen zur Frage der Preisbildung bei den einzelnen Marktformen sowie zu den Verhaltensweisen der Marktteilnehmer sei verwiesen z. B. auf *Franke 1988, Herdzina* 1989 und *Ott* 1986).
Die Thematik der **Morphologie des Marktes** soll hier nur insoweit angerissen werden, als
wir das von *Heinrich v. Stackelberg* entwickelte Formenschema vorstellen. Als Bauelemente
dienen Anzahl (viele, wenige, einer) und Größe der Marktteilnehmer, wobei unter Größe
eines Anbieters oder eines Nachfragers der. Anteil verstanden wird, der ihm am Gesamtum-
satz des Marktes zufällt (klein, mittel, groß). Dabei beschränkt sich das Marktformenschema
auf die sogenannten „reinen Formen", die aus den Verbindungen „viele Kleine", „wenige
Mittlere" und „ein Großer" resultieren (1951, S. 234 f.).

Freilich werden mit dieser Eingrenzung auf symmetrische Formen nicht alle für die Preisbildung relevanten Fälle erfasst. Bei Berücksichtigung der asymmetrischen Formen des Teil-
monopols (ein Großer neben vielen, wenigen oder einem Kleinen) und des Teiloligopols
(wenige Mittlere neben vielen, wenigen oder einem Kleinen) erweitern sich die neun *Stackelberg*schen Marktformen bei *Eucken* unter Zugrundelegung von jeweils fünf Formen des
Angebots und der Nachfrage, nämlich Konkurrenz, Teiloligopol, Oligopol, Teilmonopol und
Monopol, auf insgesamt 25 (1965, S. 111).

Wir haben bereits oben auf das in der Marktwirtschaft existierende **Problem der Instabilität,** der Herausbildung von Konjunkturschwankungen, hingewiesen. Darüber hinaus haften

dem Marktmodell aber noch weitere **Funktionsschwächen** an, die als Defizite bei der Bedürfniserfassung und der Erfassung von externen Effekten bezeichnet werden können.

Bei den **Defiziten der Bedürfniserfassung** ist zwischen Individual- und Kollek-
tivbedürfnissen zu unterscheiden, wobei erstere dadurch charakterisiert sind, dass sie mit
Mitteln finanziert werden, für deren Bereitstellung der einzelne – im Regelfall – selbst zu
sorgen in der Lage ist, dagegen werden Kollektivbedürfnisse durch die Gemeinschaft (mit
Hilfe von Kollektivhaushalten) befriedigt; es geht also um die Versorgung mit privaten und
öffentlichen Gütern.

Da der Selbststeuerungsmechanismus des Marktes auf die in den Preisen signalisierten An-
gebots-Nachfrage-Relationen reagiert, werden *Individualbedürfnisse* erst dann registriert,
wenn sie als kaufkräftige Nachfrage in Erscheinung treten. Insofern werden bei ungleicher
Einkommens- und Vermögensverteilung die wirklichen Knappheitsverhältnisse bei *privaten
Gütern* nur unvollkommen wiedergegeben. Der Marktmechanismus ist sozial blind und bedarf der Ergänzung durch verteilungspolitische Korrekturen.

Hinzu kommt, dass die klassisch-liberalökonomische Vorstellung von der Konsumentensouveränität im Sinne einer die Produktion lenkenden Kraft des Verbrauchers bzw. der Nachfrage nur im Modell der vollständigen Konkurrenz gegeben ist. In Wirklichkeit ergreift in der
sogenannten Konsumgesellschaft weithin die Angebotsseite die Initiative, um mittels einer
oftmals eher suggestiven als informativen Werbung Bedürfnisse zu wecken, zu wandeln und
zu steigern.

Bei der Frage, nach welchen Grundsätzen die Produktionsfaktoren auf den privaten und den
öffentlichen Bereich aufgeteilt werden sollen und welcher Rang den einzelnen *Kollektivbe-
dürfnissen* zukommt, ergibt sich das Problem, dass die Wirtschaftssubjekte wegen des bei
öffentlichen Gütern fehlenden Ausschlussprinzips (öffentliche Güter stehen allen in gleichen
Mengen zur Verfügung) keine in Marktpreisen zum Ausdruck kommenden Präferenzen anzeigen. Es bleibt m. a. W. offen, wie hoch die Nutzenschätzungen bei öffentlichen Gütern
sind. Erschwerend kommt hinzu, dass es neben genuin-öffentlichen Gütern (bei denen kein
Ausschluss möglich ist, z.B. äußere und innere Sicherheit) auch meritorisch-öffentliche Güter gibt, die zwar auch privat angeboten werden können, deren öffentliche Bereitstellung
jedoch als gesamtgesellschaftlich „verdienstvoll" anzusehen ist (z. B. Bildung).

Übrigens machte schon *Adam Smith,* der ja häufig als Vater der Freien Marktwirtschaft bezeichnet
wird, deutlich, dass die Befriedigung der Kollektivbedürfnisse keineswegs dem freien Spiel der Kräfte
überlassen werden kann. So wies er dem Staat „according to the system of natural liberty" die folgenden Aufgaben zu: 1. Sicherheit nach außen („the duty of protecting the society from the violence and
invasion of other independent societies"), 2. Schutz im Innern („the duty of protecting, as far as possi-
ble, every member of the society from the injustice or oppression of eveiy other member of it, or the
duty of establishing an exact administration of justice") und 3. öffentliche Einrichtungen, für welche
aus Kostengründen kein privates Engagement besteht („the duty of erecting and maintaining certain
public works and certain public institutions, which it can never be for the interest of any individual, or
small number of individuals, to erect and maintain; because the profit could never repay the expence to
any individual or small number of individuals") ([1776], 1961, Vol. 2, S.208 f.).

Funktionsdefizite des Marktmechanismus zeigen sich schließlich bei der **Erfassung der
externen Effekte**. Es geht dabei um negative oder auch positive Einwirkungen, welche im
Rahmen der Wirtschaftätigkeit – am Markt vorbei – andere Wirtschaftssubjekte bzw. die
Allgemeinheit belasten (externe Kosten) oder entlasten (externe Ersparnisse). Bei den *externen Kosten* (auch soziale Kosten genannt), die ja nicht in der Kalkulation der Verursacher in

Erscheinung treten, handelt es sich z.B. um Belastungen der Umwelt; unter *externen Erspar-nissen* (auch als soziale Nutzen bezeichnet) versteht man Vorteile, die sich z. B. im Zuge der Nachahmung von Produkt- oder Verfahrensinnovationen für andere Betriebe bzw. für die Konsumenten ergeben. Durch die Überwälzung der sozialen Kosten auf Dritte oder die All-gemeinheit wird eine optimale Faktorallokation insofern verhindert, als Güter relativ zu billig angeboten werden und es infolge einer daraus resultierenden stärkeren Nachfrage zu einer Veränderung der Produktionsstruktur kommt. Diskutiert werden diese Externalitäten unter dem Stichwort „**Marktversagen**". Damit soll die Verfehlung einer effizienten oder pareto-optimalen Allokation (benannt nach *Vilfredo Pareto,* der sich u. a. um die Weiterent-wicklung der allgemeinen Gleichgewichtstheorie verdient gemacht hat; die Verteilung der knappen Güter auf alternative Verwendungszwecke gilt dann als pareto-optimal, wenn es nicht mehr möglich ist, die Wohlfahrt bzw. den Nutzen eines Wirtschaftssubjektes zu verbes-sern, ohne die Lage eines anderen zu verschlechtern. (Zur Internalisierung von Externalitäten vgl. S. 100 ff.)

3.3.3.2   Vereinbarungsmechanismus

Wenn wir den „dritten Weg" der Koordination hier an zweiter Stelle abhandeln, so nicht etwa deswegen, weil wir der **Gruppenvereinbarung** eine höhere Priorität als dem Anweisungs-mechanismus zuweisen wollen, sondern weil wir im „**organisierten Interessenausgleich**" *(Jöhr)* eher eine Enklave im Marktmechanismus zu erkennen glauben. Nun ist es zwar nicht abwegig, die Verhandlung, die Verabredung, die Absprache auch als ergänzendes Ordnungs-prinzip einer Zentralplanwirtschaft zu sehen, allerdings wird sich hier die Frage der System-konformität entschiedener stellen als beim gleichermaßen durch gegenseitige Steuerung wirkenden Marktmechanismus, zumal sich auch eine Übereinstimmung in den Wesens-merkmalen einer freiheitlichen Rechtsordnung (z. B. Vertragsfreiheit) ergibt. Anzumerken bleibt jedoch allemal, dass die Vereinbarung zwischen Interessengruppen insofern eine Be-einträchtigung des Wettbewerbs zur Folge hat, als damit die im Modell der vollständigen Konkurrenz angenommene atomistische Marktstruktur aufgegeben wird.

Nun sind es gerade die durch Zusammenschlüsse zu Verbänden, Ständen, Genossenschaften, Kartellen usw. entstehenden monopolistischen Marktformen – insbesondere ist an das bilate-rale Monopol zu denken, durchaus aber auch an ein Angebots- oder Nachfragemonopol, an ein Teilmonopol, ein Oligopol etc. –, welche, die Vereinbarung als „Unterfall" der Markt-wirtschaft *(Neuhauser)* einordnen lassen. Demgegenüber hebt *Weippert* auf die „gestaltver-ändernde, modifizierende Rolle" der Absprache ab und bezeichnet sie als „ein drittes, logisch selbständiges Koordinationsprinzip" (1967, S. 368). Während in der Wirtschaftswissenschaft mehrheitlich die Auffassung vertreten wird, dass es in einer hochgradig arbeitsteiligen Volks-wirtschaft nicht möglich sei, die Koordination allein auf dem Wege der Vereinbarung über Interessenverbände zu bewerkstelligen (vgl. z.B. *Jöhr/Singer* 1964, S. 178), bemüht sich *Weippert* – dabei *Euckens* Kleinform der Eigenwirtschaft aufgreifend –, die „Alleinherrschaft des Koordinationsprinzips Vereinbarung" in einer zu einer Wirtschaftsgemeinschaft zusam-mengeschlossenen begrenzten Zahl , von bisherigen Eigenwirtschaften als sehr wohl „denk-bar … bei Vorliegen einfacher Verhältnisse" darzustellen (1967, S. 370 f.). Gewissermaßen einschränkend heißt es dann allerdings zu dieser fiktiven Wirtschaftsgestalt: „Da sich das Handeln weder an Preisen orientiert noch durch einen Zentralplan geregelt ist, so liegt zu-nächst weitgehende Unbestimmtheit vor; durch die Vereinbarung, durch den ausgehandelten Kompromiß zwischen den beteiligten Einzelwirtschaften wird diese Unbestimmtheit behoben, kommt doch diesem Kompromiß, für den es freilich viele inhaltliche Möglichkeiten gibt, die Funktion der Koordination der Einzelpläne zu." (ebd., S. 371) Außerdem wird ergänzend vermerkt: „Eine epochale, zeitstilprägende Bedeutung kommt der Vereinbarung erst in der voll entfalteten Verkehrswirtschaft der industriellen, in hohem Maße, aber keineswegs ausschließlich verbandsstrukturierten, und insofern auch ‚pluralistischen' Gesellschaft zu." (ebd.)

Jedenfalls stellt das **Vereinbarungsprinzip** in Volkswirtschaften mit Tarifautonomie, so auch in der Bundesrepublik Deutschland, ein gar nicht mehr wegzudenkendes **Gestaltungskriterium des Arbeitsmarktes** dar. Gerade am Beispiel der **Tarifauseinandersetzungen**, wo es bekanntlich nicht nur um das Arbeitsentgelt geht, sondern um die Gesamtheit der Arbeitsbedingungen, welche unabhängig vom Staat in eigener Verantwortung zwischen den Tarifparteien, nämlich einer Gewerkschaft und einem Arbeitgeberverband (in Ausnahmefällen – sofern eine Gewerkschaft dazu bereit ist – kann allerdings auch ein einzelner Arbeitgeber Tarifpartei sein [Firmentarifvertrag]), vertraglich zu vereinbaren sind, kann das *Procedere des dritten Weges* sehr gut erkannt werden:

- Zuerst wird der geltende Tarifvertrag schriftlich gekündigt. Die Kündigung erfolgt normalerweise vonseiten der Gewerkschaften.
- Dann werden Verhandlungen vereinbart.
- Die Verhandlungskommissionen treffen sich zu einem ersten Gespräch: die Gewerkschaft trägt ihre Forderung vor, die Arbeitgeber machen ein Angebot. In der Regel klafft zwischen Forderung und Angebot eine oft nicht unerhebliche. Lücke. Die Tarifparteien versuchen, zwischen den unterschiedlichen Interessen einen Ausgleich zu finden; deshalb muss häufig mehrere Male verhandelt werden.

Sind die Verhandlungen erfolgreich verlaufen, so kommt dadurch ein neuer Tarifvertrag zustande (= *Lösung A)*.

- Bleiben die Verhandlungen dagegen ergebnislos und erklärt eine der beiden Seiten sie für gescheitert, dann wird meist ein Schlichtungsverfahren eingeleitet. Bei der *Schlichtung* durch eine neutrale Persönlichkeit oder einen Schlichtungsausschuss handelt es sich um ein Verfahren, dem sich beide Seiten freiwillig unterwerfen, damit möglichst doch noch eine Einigung zustandekommt und ein Arbeitskampf vermieden wird. In vielen Wirtschaftszweigen gibt es mittlerweile Schlichtungsvereinbarungen, die zunächst eingehalten werden müssen, bevor eine Partei einen Arbeitskampf beginnt. So lange besteht also „Friedenspflicht".

Bei erfolgreichem Verlauf des Schlichtungsverfahrens geht daraus ein neuer Tarifvertrag hervor (= *Lösung B)*.

- Wenn auch Schlichtungsverhandlungen keinen Erfolg bringen, bleibt als letztes Mittel der *Arbeitskampf.* (Beim *Streik* handelt es sich um die gemeinsame Arbeitsniederlegung einer größeren Zahl von Arbeitnehmern, jedoch ohne Kündigung des Arbeitsverhältnisses. Während der Arbeitsniederlegung entfällt der Anspruch auf Lohn, dafür zahlen die Gewerkschaften an ihre Mitglieder Streikgelder (Streikunterstützung). Ein Streik ist rechtmäßig, wenn er von einer Gewerkschaft organisiert wird. Nach den Richtlinien des Deutschen Gewerkschaftsbundes darf ein Streik jedoch nur dann beschlossen werden, wenn sich vorher mindestens 75 v. H. der gewerkschaftlich organisierten Arbeitnehmer in einer Urabstimmung dafür entschieden haben. Eine Gegenmaßnahme der Arbeitgeber ist die *Aussperrung,* wobei das Arbeitsverhältnis durch die Arbeitgeber fristlos gelöst wird, allerdings mit der Möglichkeit der späteren Wiedereinstellung.)

- Im Zuge des Arbeitskampfes kommt es zu neuen Verhandlungen.
- In der Regel schließt sich eine Urabstimmung über das Verhandlungsergebnis an.

Wird die satzungsmäßige Mehrheit für eine Zustimmung erreicht, resultiert daraus der neue Tarifvertrag (= *Lösung C*).

Ganz allgemein kommt es beim Vereinbarungsmechanismus zunächst darauf an, dass sich Wirtschaftssubjekte mit weitgehend homogenen Interessen zu Gruppen zusammenschließen und dass divergierende Auffassungen innerhalb einer Gruppe ausgeglichen werden (**interne Koordination**). Die von der Machtposition und vom Geschick der Interessenvertreter geprägten Verhandlungen – beginnend mit Höchstforderungen bzw. Niedrigstzugeständnissen (bei geheimgehaltenen Mindestforderungen bzw. Höchstzugeständnissen) der Vorgehensweise beim orientalischen Teppichhandel nicht gerade unähnlich – enden im Zuge schrittweiser Annäherung mit einer Übereinkunft über abzugebende und zu empfangende Leistungen (**externe Koordination**).

Als **Defizite des Vereinbarungsmechanismus** gelten gewisse Zufälligkeiten der Verhandlungsergebnisse, mögliche Kompromisse auf Kosten Dritter sowie die oft lange Zeitdauer des Einigungsprozesses, wobei es zudem fraglich erscheint, ob ein organisierter Interessenausgleich immer ohne eine staatliche Instanz, „die nicht nur koordiniert und schlichtet, sondern auch wirtschaftspolitisch eingreifen kann", zu erreichen ist *(Miiller/Pöhlmann* 1977, S. 97). Außerdem lassen sich offenbar nicht alle Einzelinteressen – am wenigsten wohl die der Verbraucher, denn Verbraucher sind wir alle! – zureichend organisieren. Schließlich bleibt auch bei dieser Form der Koordination das Problem, „daß spezifisch öffentliche Güter nicht in ausreichendem Umfang bereitgestellt werden, weil ihre Nutzung durch das Individuum auch ohne Verbandszugehörigkeit und entsprechende Mitgliedsbeiträge möglich ist" (ebd.).

3.3.3.3   Anweisungsmechanismus

Permanent wirksame Ex-post-Koordination der Einzelpläne mit Hilfe des Marktpreises im Zuge von Anpassungsreaktionen der Marktteilnehmer und Ex-ante-Abstimmung der ökonomischen Aktivitäten auf der Grundlage von Gruppenvereinbarungen stellen die beiden horizontal agierenden Koordinationsmechanismen dar; gegenseitige Steuerung also zwischen Anbietern und Nachfragern bzw. zwischen Interessengruppen. Um eine vor der jeweiligen Planperiode abzuschließende, also **Ex-ante-Koordination** handelt es sich auch bei der vertikalen, und zwar *von oben nach unten gerichteten einseitigen Steuerung,* die, sieht man vordergründig auf die staatlichen Direktiven, als **Anweisungsmechanismus** bezeichnet wird, zielt man mehr auf das mechanistisch vor sich Gehende in Bezug auf das Erkennen gesamtwirtschaftlicher Knappheitsgrade, dann wären **Bilanzierungsmechanismus** oder, noch treffender, **Saldenmechanismus** die dafür angemessenen Bezeichnungen. Dabei hat eine zentrale Planbehörde die Aufgabe, die von der politischen Führung für deckungswürdig erklärten Bedarfe mit den im allgemeinen defizitären Deckungsmöglichkeiten ' ex ante ins Gleichgewicht zu bringen. Dies geschieht – wie wir bereits wissen – auf mehreren Ebenen mit Hilfe der **Bilanzierung**, wobei **Güteraufkommen und Güterverwendung einander gegenübergestellt** werden; die sich daraus ergebenden **Salden der naturalen Planbilanzen** spiegeln dann die Knappheitsverhältnisse wider.

Wir erinnern zunächst an die im Abschnitt über zentrale Planung gegebenen Hinweise über die vonseiten der politischen Führung zu treffenden wirtschaftspolitischen Grundsatzentscheidungen über konkurrierende Wachstumsziele in Bezug auf Konsumtion und Investition, über den Stellenwert der jeweiligen Exporte usw. In der DDR war es die als Organ des Ministerrats fungierende Staatliche Plankommission, welche als zentrale Planungsinstanz die vorgegebenen Planziele zu konkretisieren und zu bilanzieren hatte. „Bilanzverantwortlichkeit" kam aber auch den ihr unterstellten Ebenen zu, wobei im Mittelpunkt die die zentralen materiellen Proportionen des volkswirtschaftlichen Gesamtprozesses erfassenden Material-, Ausrüstungs- und Konsumgüterbilanzen, die sogenannten *MAK-Bilanzen,* standen; sie bildeten die Grundlage für Entscheidungen über die Produktion einzelner Güter oder Gütergruppen (daneben wurden gesamtwirtschaftliche Bilanzen, z.B. den Außenhandel, die internationalen Valutabeziehungen oder den Transport betreffend, ausgearbeitet). Die Bilanzverantwortung stellte sich hierarchisch in Form einer „Bilanzpyramide" dar: oben die Staatsplanbilanzen *(S-Bilanzen),* ca. 425 zentrale MAK-Bilanzen umfassend, mit denen die „mengenmäßigen Hauptproportionen der Volkswirtschaft" festgelegt wurden (bilanzierendes Organ: die Staatliche Plankommission, bestätigendes Organ: der Ministerrat); gefolgt von etwa 665 Ministerbilanzen *(M-Bilanzen),* welche vor allem die zwischenzweiglichen Verflechtungen zum Inhalt hatten (verantwortlich zeichneten die zuständigen Ministerien, zur Bestätigung waren die M-Bilanzen der Staatlichen Plankommission vorzulegen); schließlich als Basis die von Kombinaten und Betrieben (in *K- und B-Bilanzen)* erfassten einzelnen Erzeugnisse und Erzeugnisgruppen, 1989 gab es ca. 4500 K- und B-Bilanzen, welche von den Fachministerien zu bestätigen waren (*Kinze* u.a. 1989, S. 198; *Meyer* 1987, S. 131). Das heißt aber nicht, dass tatsächlich für alle einzelnen Güter Bilanzen aufgestellt worden wären, ein wegen der Vielfalt der Güter und der Interdependenz der ökonomischen Beziehungen trotz allen Fortschritts der elektronischen Datenverarbeitung ohnehin aussichtsloses Unterfangen. Oftmals handelte es sich nur um aggregierte Größen, was für die Betriebe den Vorteil eines gewissen Entscheidungsspielraums hatte. So wurde etwa im Bekleidungssektor darauf verzichtet, die Farben, die Dessins, die Mode in die Planung einzubeziehen, hier musste erst zwischen Produzenten und den Handelsorganen vertraglich eine Übereinkunft hergestellt werden *(Götz* 1985, S. 15).

Im Gegensatz zur Definition einer Bilanz in nichtzentralplanwirtschaftlichen Ordnungen als Gegenüberstellung von Vermögen (mit den Positionen des Anlage- und des Umlaufvermögens) und Kapital (Eigen- und Fremdkapital) einer Unternehmung, wobei die Aktivseite die Verwendung der zur Verfügung gestellten finanziellen Mittel und die Passivseite die Herkunft der Mittel anzeigt, geht es bei der von zentralen Planungsorganen betriebenen güterwirtschaftlichen, also naturalen Bilanzierung, mit der Gegenüberstellung von Aufkommen und Verwendung einzelner Güterarten oder Gütergruppen, letztlich um die **Herstellung eines Gleichgewichts zwischen Aufkommen und Bedarf.** Daneben spielt für die Ex-ante-Koordination in Zentralplanwirtschaften die in der ehemaligen DDR als „Verflechtungsbilanzierung" bezeichnete Input-Output-Methode (welche ja auch für die Volkswirtschaftliche Gesamtrechnung der westlichen Länder von Bedeutung ist, hier allerdings zur Ex-post-Erfassung der Güterströme zwischen den Sektoren einer Volkswirtschaft) eine maßgebliche Rolle.

Beschränken wir uns auf die Bilanzierung einzelner Güter, dann ist zwischen **Versorgungs- und Produktionsbilanzen** zu unterscheiden.

Unter Zugrundelegung des von *Leipold* (1988, S. 214) im Anschluss an *Hensel* (1954, S. 115 ff.) entwickelten Grundschemas des Bilanzierungsprozesses am Beispiel Schuhe gehen wir in einem sehr einfach konstruierten Modell – vgl. im Folgenden Abb. 20 – davon aus, die zuständige Planbehörde (wir verzichten hier auf die Wiedergabe der Zuständigkeiten und Aktivitäten von vor- und nachgelagerten Planungsinstanzen) präzisiere eine Zielvorgabe in Bezug auf die Konsumgüterproduktion u.a. auf die inländische Versorgung mit 500 Paar Schuhen (diese unrealistische Größenordnung wird gewählt, damit die sich daraus ableitenden Zahlenbeispiele übersichtlich bleiben, selbstverständlich ist auch das „Aggregat" Schuhe unter diesem Aspekt zu sehen), darüber hinaus sollen 300 Paar exportiert werden, weitere 200 Paar sind als Bestand am Ende der Planungsperiode vorgesehen. In der zu erstellenden **Versorgungsbilanz** für Schuhe als Güter erster Ordnung erscheinen die drei Posten als *inländisches Versorgungssoll,* als *Exportsoll* und als *geplanter Schlussbestand* auf der rechten, der Verwendungsseite. Der Bilanzsumme von 1000 Paar Schuhen werden auf der linken, der Aufkommensseite gegenübergestellt der vorhandene *Bestand zu Beginn der Periode* (angenommen 50 Paar), die geplante Einfuhr als *Importsoll* (150 Paar), woraus sich ein *Produktionssoll* von 800 Paar ergibt.

Das von der Versorgungsabteilung Schuhe ermittelte *Produktionssoll* wird der mit der gleichen Güterkategorie befassten Produktionsabteilung übermittelt. In der hier zu erstellenden **Produktionsbilanz** erscheint es auf der rechten, der Outputseite, der Ertragsseite. Als für die Herstellung notwendiger Input werden auf der Aufwandsseite gegenübergestellt die dafür benötigten *betrieblichen Produktionsfaktoren,* also die Werkstoffe (Roh-, Hilfs- und Betriebsstoffe), die Betriebsmittel und die Arbeitsleistungen. Die **Umrechnung des Produktionssolls in den Bedarf an Produktionsfaktoren** erfolgt anhand von **technischen Koeffizienten,** definiert als Quotient aus den eingesetzten Mengen der jeweiligen Faktoren und der produzierten Menge eines Gutes, m. a.W.: sie geben an, wie viele Mengeneinheiten eines Produktions(teil)faktors für die Herstellung einer Einheit des zu produzierenden Gutes durchschnittlich in Anspruch genommen werden (in unserem Beispiel haben wir bezüglich des Rohstoffes Leder einen Koeffizienten von 0,25 zugrunde gelegt, beim Energiebedarf von 6, bei den Maschinenstunden von 0,75 und bei den Arbeitsstunden von 1). Die Produktionskoeffizienten beruhen auf branchenspezifischen Erfahrungswerten, dazu gehört eine Vielzahl von Normativen des Materialverbrauchs, von Arbeitsaufwandsnormen und Investitionskoeffizienten, die jeweils auch den nachgeordneten Planträgern von der Zentrale für die Bilanzierung vorgegeben werden *(Knauff* 1989, S. 80). Bezogen auf den in der Produktionsbilanz ausgewiesenen Bedarf an Leder (als Gut zweiter Ordnung), lässt sich feststellen, dass mit Hilfe der Produktionsbilanzierung die **Transformation eines Gutes niedrigerer Ordnung** (hier das Finalgut Schuhe) **in ein Gut höherer Ordnung** (Rohstoff Leder) erfolgt; nicht zu vergessen natürlich die gleichzeitigen Bedarfsanmeldungen von Leistungen (Energie, Maschinenstunden, Arbeitsstunden).

Versorgungsbilanz Schuhe
(Gut erster Ordnung)

Aufkommen		Verwendung	
Anfangsbestand	50 P.	inländ. Versorgungssoll	500 P.
Importsoll	150 P.	Exportsoll	300 P.
Produktionssoll	800 P.	Schlußbestand (gepl.)	200 P.
	1000 P.		1000 P.

Produktionsbilanz Schuhe

Input (Aufwand)		Output (Ertrag)	
Rohstoff Leder	200 qm	Produktionssoll	800 P.
Energie	4800 kWh		
Maschinennutzung	600 Std.		
Arbeitszeit	800 Std.		

Versorgungsbilanz Leder
(Gut zweiter Ordnung)

Aufkommen		Verwendung		
Anfangsbestand	80 qm	inländ. Versorgungs-		
Importsoll	120 qm	soll für		
Produktionssoll	600 qm	Schuhe	200 qm	
		Kleidung	180 qm	
		Taschen	160 qm	
		Möbelbezug	140 qm	680 qm
		Schlußbestand (gepl.)		120 qm
	800 qm			800 qm

Produktionsbilanz Leder

Input (Aufwand)		Output (Ertrag)	
Rinder	150 St.	Produktionssoll	600 qm
Energie	14 160 kWh		
Maschinennutzung	96 Std.		
Arbeitszeit	150 Std.		

Versorgungsbilanz Rinder
(Gut dritter Ordnung)

Aufkommen		Verwendung	
Anfangsbestand	540 St.	inländ. Versorgungs-	
Importsoll	60 St.	soll für	
Fehlmenge	50 St.	Leder (zugleich für Fleischversorgung)	150 St.
		Milchversorgung (zugleich Schlußbestand [gepl.])	500 St.
	650 St.		650 St.

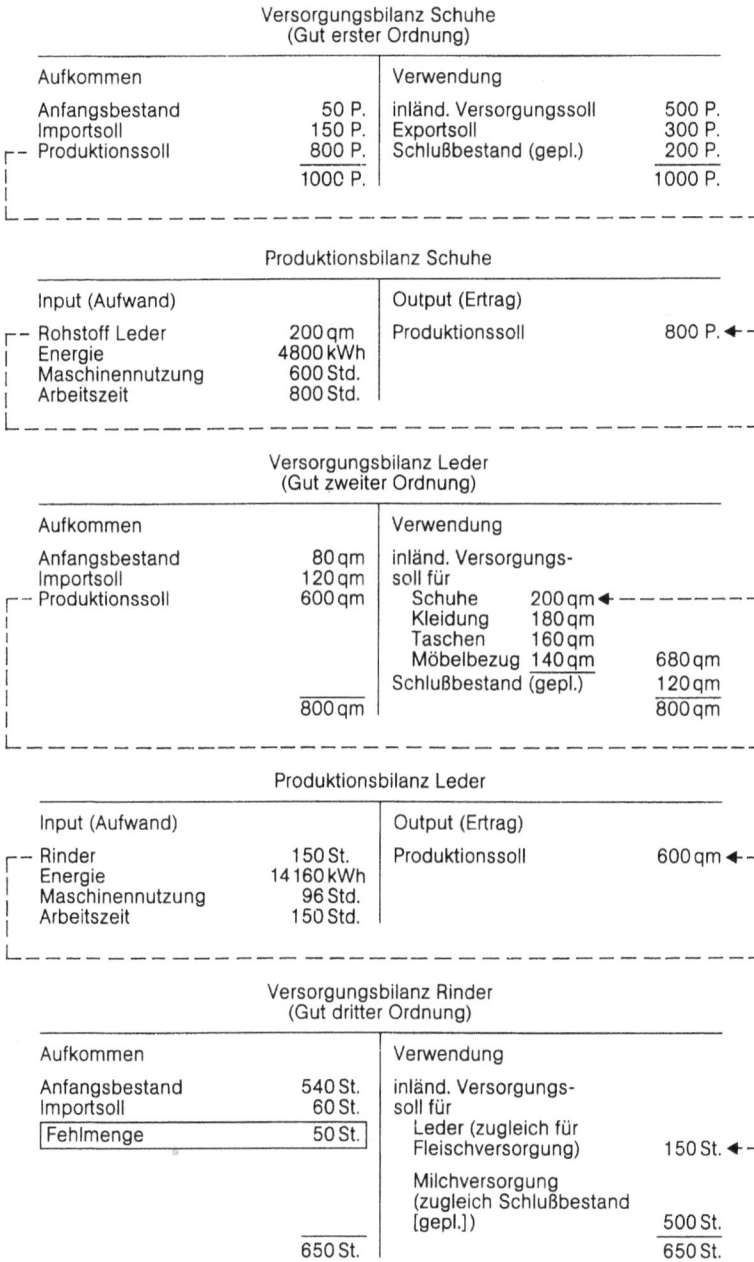

Abb. 20: Schematische Darstellung des naturalen Bilanzierungsprozesses

Im nächsten Planungsschritt sind nun auf der Grundlage der gesammelten Anforderungs-mengen **Versorgungsbilanzen für die einzelnen Inputs** zu erstellen, also **Material-, Energie-, Kapazitäts- und Arbeitskräftebilanzen**. Wir beschränken uns auf eine Darstellung der Versorgungsbilanz des Werkstoffs Leder: Die zuständige Abteilung erhält außer der Anforderungsmenge von 200 qm für Schuhe die Bedarfsmeldungen für die übrigen Verwendungen, annahmegemäß wird kein Exportsoll angestrebt, wohl aber ein Schlussbestand; die Gegenüberstellung mit Anfangsbestand und Importsoll ergibt ein Produktionssoll von 600 qm Leder.

Dieser **Output des Gutes zweiter Ordnung** wird in der **Produktionsbilanz** u.a. zu 150 Rindern als **Güter dritter Ordnung transformiert.** Hier handelt es sich aber zugleich um **Güter letzter Ordnung,** die in der betreffenden Planperiode aus technischen oder ökonomischen Gründen (z.B. aus Mangel an Devisen für ausreichende Importe) nicht im nötigen Umfang bereitgestellt werden können. In unserem Beispiel weist die „Versorgungsbilanz Rinder" bei einem inländischen Versorgungssoll von 150 Rindern für die Lederproduktion (identisch mit der Rindfleischversorgung) und 500 Rindern für die Milchversorgung (identisch mit dem Schlussbestand) sowie einem Anfangsbestand von 540 und einer begrenzten Importmöglichkeit von 60 Stück eine Fehlmenge von 50 Rindern aus. Da eine Überwälzung auf ein Gut noch höherer Ordnung definitiv nicht mehr möglich ist, wird mit dem Fehlmengensaldo des „Engpassgutes" Rind als Gut letzter Ordnung der diesbezügliche **gesamtwirtschaftliche Knappheitsgrad** angezeigt.

In der sich anschließenden **zweiten Stufe des naturalen Planungsverfahrens** geht es um die Beseitigung dieses Defizits, um die **Anpassung der Verwendung von Engpassgütern an das Aufkommen,** d.h., die mit dem Mengensaldo signalisierten notwendigen **Einschränkungen sind stufenweise von Bilanz zu Bilanz zurückzuwälzen,** zunächst bis zur Versorgungsbilanz Leder, auf deren Verwendungsseite eine Korrektur des inländischen Versorgungssolls vorzunehmen ist. Die jeweiligen Reduktionen sind dann über die Produktionsbilanz bis zur Versorgungsbilanz des betroffenen Gutes erster Ordnung „abzuwickeln", wobei zugleich die Vorläufigkeit der ursprünglich gesetzten ökonomischen Ziele deutlich wird. In der Praxis handelt es sich bei der zu treffenden Auslese letztlich um eine politische Entscheidung; zumindest theoretisch aber sollte der Vergleich der Grenznutzen der Güter maßgebend sein, danach „wäre das Bilanzsystem dann im Gleichgewicht, wenn keine Einheit eines Gutes auf Kosten einer wichtigeren Verwendung eingesetzt würde. Die Grenznutzen jedes einzelnen Gutes müssten also in allen Verwendungen gleich sein, und die zentralen Planträger keine Möglichkeit mehr sehen, durch eine Änderung der Verwendungsentscheidungen eine Nutzensteigerung zu erreichen." *(Knauff* 1989, S. 81) Nachzutragen bliebe, dass es natürlich auch bei der Planverwirklichung zu Disproportionen kommen kann, die entweder durch eingeplante Toleranzen oder aber – wegen der Interdependenz der Pläne ein äußerst zeitaufwendiges Unterfangen und mit ein Grund für die mit zentraler Koordination verbundene geringe Anpassungsfähigkeit – im Zuge von Planrevisionen ausgeglichen werden müssen. Es sind gerade die defizitären Anpassungsmöglichkeiten, die wiederum „ein außerplanmäßiges, informelles Versorgungssystem" zur Überwindung plötzlich auftretender Engpässe bei der Planrealisierung fördern; „vielfach ist es der Naturaltausch, der das offizielle, planmäßige Versorgungssystem ersetzt und zu einem weitverzweigten Netz von illegalen schwarzen Märkten führt, die als spontane Regulatoren in dem System zentraler Planung angesehen werden können" (ebd., S. 83).

Auf **Funktionsschwächen der zentralplanwirtschaftlichen Ordnung** wurde bereits bei der Darstellung der zentralen Planung eingegangen, auch in Bezug auf den Anweisungsmechanismus dürften die Defizite deutlich geworden sein. Wir erinnern an die **Probleme der Deckung von kurz- und längerfristiger Planung, von naturaler und monetärer Planung, an den schwerfälligen bürokratischen Apparat,** der sich aus den Aufgaben der Informationsbeschaffung und -verarbeitung ableitet (Informationsfunktion), und zwar auch dann,

wenn sich die Praxis – im Gegensatz zu modellmäßigen Vorstellungen – auf eine Schwerpunktplanung beschränkt; hervorgehoben wurde auch die **relative Starrheit der zentralen
Planung**, welche eine bis zu Illegalität reichende Versorgung begünstigt. Nicht zu vergessen
die mit der Motivationsfunktion einhergehenden Besonderheiten in Form immaterieller Stimulationen (Titel, Orden, öffentliche Belobigungen), wobei die mit der Mengenplanung
verbundene „**Tonnenideologie**" (Quantität auf Kosten von Qualität) als zusätzliches Problem
der Leistungsfunktion zu gelten hat. Weniger mit der Kostenfrage ist die nur **zögerliche
Bereitschaft zu technischen Neuerungen** zu erklären, eine wesentliche Rolle spielen vielmehr die befürchteten Anfangsfriktionen, welche die Erfüllung des Planauflagensolls in
Frage stellen könnten. Oft wird als Vorzug der Zentralplanwirtschaft die im Vergleich zur
marktwirtschaftlichen Ordnung bessere Versorgung mit Kollektivgütern (notfalls auch zu
Lasten des privaten Konsums) herausgestellt, allerdings sind die diesbezüglich mittlerweile
bekanntgewordenen Leistungen im real existierenden Sozialismus weit hinter den Erwartun-
gen zurückgeblieben, genauso wie sich die Vollbeschäftigungsgarantie als besonders
schwerwiegendes Effizienzproblem offenbart. Auf eine entscheidende Grenze zentraler Koordination, nämlich auf den Mindestbedarf an individueller Freiheit, hat *Tuchtfeldt* hingewiesen: „Wird dieser Mindestbedarf längere Zeit unterschritten, ist wirtschaftlich mit Leistungs-
rückgang und politisch mit Auflehnung zu rechnen." (1982, S. 335)

3.3.3.4   Wahlmechanismus

Da **Kollektivgüter**, zumindest *„geborene öffentliche Güter"*, bei denen definitionsgemäß
das **Ausschlussprinzip versagt** und keine Konsumrivalität vorliegt – Beispiele wären etwa
die Landesverteidigung, der Polizeischutz, das Justizwesen, das Licht des Leuchtturms-,
nicht über Märkte erworben werden können (um *„gekorene öffentliche Güter"* auch *meritori-
sche Güter* genannt, handelt es sich dagegen, wenn deren Bereitstellung durchaus marktwirt-
schaftlich über Angebot und Nachfrage zu bewerkstelligen wäre – wie Leistungen im Bereich des Bildungs- oder Gesundheitswesens –, aber aus vorwiegend sozialpolitischen
Gründen darauf verzichtet wird), stellt sich die Frage, auf welch andere Weise darüber entschieden wird, **was und wieviel für alle produziert werden soll**. Als Spiegelbild zum hierarchisch von oben nach unten gerichteten zentralverwaltungswirtschaftlichen/zentralplan-
wirtschaftlichen Verfahren existiert dazu als Einsprengsel in marktwirtschaftlichen
Ordnungen der „polyarchisch" *(Dahl/Lindblom)* **von unten nach oben wirkende Wahlmechanismus**. Es handelt sich dabei freilich in den seltensten Fällen um eine direkte Abstimmung über öffentliche Aktivitäten, so wie 1991 bei dem in Bayern stattgefundenen
Volksentscheid zwischen zwei Entwürfen eines Abfallwirtschaftsgesetzes, sondern um ein
über die Wahl einer Partei und ihr Programm abgegebenes **indirektes Votum über das
Ausmaß staatlicher Leistungen**. Bei den von den Wählern präferierten politischen Grund-
positionen geht es natürlich nicht allein um eine Entscheidung über mehr oder weniger Staat,
d. h. um den Anteil der Staatsausgaben am Sozialprodukt (Staatsquote), sondern um die infolge der Knappheit der Ressourcen auch hier vorhandene Konkurrenzsituation bei den Kol-
lektivzielen (mehr Geld für Bildungseinrichtungen oder für die Kranken- und Altenpflege,
für innere Sicherheit oder für Entwicklungshilfe usw.).

Den Anstoß zur Diskussion über Wahlen, als Koordinationsmechanismus gab 1951 der
amerikanische Nationalökonom und spätere Nobelpreisträger *Kenneth J. Arrow,* der sein
Buch „Social Choice and Individual Values" mit dem Satz einleitete: „In a capitalist democracy there are essentially two methods by which social choices can be made: voting, typically

used to make ‚political' decisions, and the market mechanism, typically used to make ‚economic' decisions." (S. 1) Das anfangs eher zögerliche Interesse der Wirtschaftstheoretiker am Wahlmechanismus hing wohl damit zusammen, daß hier eine Grenzüberschreitung zur Politikwissenschaft vorliegt und dass man die Thematik der Kollektivgüterversorgung schwerpunktmäßig bei der Finanzwissenschaft aufgehoben wähnte. Der Durchbruch gelang mit der wachsenden Bedeutung der Neuen Politischen Ökonomie, welche nach einer Definition von *Guy Kirsch* „den Versuch dar(stellt), durch die Anwendung des Begriffsinstrumentariums und der Denkweise der Wirtschafts-, insbesondere der Mikrotheorie, zu einem vertieften Verständnis der kollektiven Entscheidungsprozesse zu gelangen" (1983, S. 1). Diesem wissenschaftlichen Ansatz ist damit die Anerkennung der Vierteilung der Koordinationsmechanismen zu verdanken; im Blickfeld steht – um einen diesbezüglichen Buchtitel von *Herder-Dorneich* aufzugreifen – der „Markt und seine Alternativen in der freien Gesellschaft", wobei eben auch der gleichzeitigen Existenz, dem Zusammenwirken nachgegangen wird.

Nun handelt es sich bei einer zunächst einmal angenommenen „**direkten Wirtschaftsdemokratie bei der Kollektivgüterproduktion**" *(Müller/Pöhlmann)* in erster Linie darum, dass die entsprechenden Güterpräferenzen der Bürger erkennbar werden, d.h., der Wahlmechanismus soll letztlich vergleichbare Dienste leisten wie der uns aus dem Marktmodell bekannte, über den Preiswettbewerb ablaufende Koordinationsmechanismus von Angebot und Nachfrage (Orientierung der privaten Produktion an den Wünschen der Nachfrager). Keine Probleme würde eine Abstimmung über nur zwei Alternativen aufwerfen, eine Pattsituation bei exakt gleicher Stimmenzahl erschiene als konstruiert. Schwierigkeiten ergeben sich aber, wenn über eine **Rangordnung bei mehr als zwei Alternativen mittels binärer Vergleiche** zu entscheiden ist. Hier kann sich dann das nach *Arrow* benannte **Paradoxon** einstellen, was besagt, dass eine konsistente, eine widerspruchsfreie Aggregation der individuellen Präferenzen nicht garantiert werden kann, vielmehr muss mit paradoxen Ergebnissen gerechnet werden. Wir wollen dies in Anlehnung an *Frey* (1982, S. 494 ff.) unter Zugrundelegung der einfachen Mehrheitsregel am Beispiel einer aus drei Personen bestehenden Wählerschaft (I, II, III) darstellen, wobei folgende individuelle Präferenzen für die Alternativen (A, C) angenommen werden:

    für I: A vor B vor C;

    für II: B vor C vor A;

    für III: C vor A vor B.

Bei der Abstimmung zwischen A und B lautet das Ergebnis 2:1, ebenso zwischen B und C. Der logischen Konsistenz entsprechend wäre auch eine Bevorzugung von A gegenüber C zu erwarten. Tatsächlich erbringt eine direkte Abstimmung zwischen A und C jedoch mit 1:2 Stimmen einen Sieg von C. Demnach besteht ein Widerspruch, so dass ein eindeutiger Gewinner nicht zu ermitteln ist. „In der Realität ist meist unbekannt, ob es solche zyklische Mehrheiten gibt, weil der Abstimmungsprozess in der Regel abgebrochen wird, wenn ein (vermeintlicher) Gewinner ermittelt ist. Das so gewonnene Ergebnis ist willkürlich, denn die Reihenfolge der Abstimmungen und nicht die individuellen Präferenzen und das Abstimmungsverfahren entscheiden." (ebd., S. 495) Außerdem wurde nachgewiesen, dass die Wahrscheinlichkeit für das Auftreten des Abstimmungsparadoxons mit der Zahl der Wähler und der Alternativen zunimmt.

Ein besonderes Problem bei der Aggregation individueller Präferenzen bildet der **Minderheitenschutz**. Ohne Zweifel wäre dem bei der Einstimmigkeitsregel Genüge getan, handelt es sich doch bei einem solchen Ergebnis offenbar um einen in Bezug auf die Bereitstellung öffentlicher Güter pareto-optimalen Zustand, bei dem kein Wähler bessergestellt werden kann, ohne dass sich die Position zumindest eines anderen verschlechtern würde. Es liegt aber auf der Hand, dass bei einer Verpflichtung zur Einstimmigkeit beim kollektiven Handeln eine Weiterentwicklung der Gesellschaft schier unmöglich erschiene. Insofern lässt sich das Minderheitenproblem zwar nicht eliminieren, wohl aber durch eine Reihe von in der Literatur diskutierten Maßnahmen (vgl. z.B. *Lampert* 1985, S.52f.) entschärfen. (Zu alternativen Abstimmungsverfahren – neben Einstimmigkeit kommen einfache, qualifizierte, absolute und relative Mehrheiten, aber auch Rangsummen- und Punktwahlverfahren sowie neuartige Abstimmungsregeln wie Zufallswahlen und Abstimmungen mittels Veto, mittels Versicherung, mittels Steuer in Betracht – und zur Frage der jeweiligen Strategieanfälligkeit s. *Frey* 1982, S. 497 ff.)

Wenden wir uns nun der in der Realität wichtigeren, nämlich indirekten, also über die Wahl einer Partei bzw. ihres Programms erfolgenden Abstimmung über die Kollektivgüterproduktion zu („**indirekte Wirtschaftsdemokratie**"). Hier steht der **Wählerstimmenmarkt** im Mittelpunkt des Interesses. Wegweisend dafür war die 1957 von *Anthony Downs* vorgelegte Schrift „An Economic Theory of Democracy" (deutsch 1968), deren geistige Wurzel bei *Schumpeter* („Kapitalismus, Sozialismus und Demokratie") unverkennbar ist. *Downs* geht von einer Analogie zwischen Markt- und Wahlmechanismus, zwischen Güter- und Wählerstimmenmarkt, zwischen Gewinnorientierung/-maximierung und Wählerstimmenorientierung/-maximierung aus. So lautet seine Hauptthese, „daß die Parteien in der demokratischen Politik den Unternehmern in einer auf Gewinn abgestellten Wirtschaft ähnlich sind. Um ihre privaten Ziele zu erreichen, treten sie mit jenen politischen Programmen hervor, von denen sie sich den größten Gewinn an Stimmen versprechen, so wie die Unternehmer aus dem entsprechenden Beweggrund diejenigen Waren produzieren, von denen sie sich den höchsten Gewinn versprechen." (1968, S. 289) Mit Blick auf die Wähler lässt sich feststellen, dass sie (ähnlich wie die Konsumenten als Marktteilnehmer) bei der Stimmabgabe als „Demokratieteilnehmer" eine Nutzenmaximierung anstreben, freilich mit dem Unterschied, dass der diversifizierten Verausgabung des Einkommens im Privatbereich nur eine einzige Wahlentscheidung für die Gesamtdauer einer Legislaturperiode über „politische Kollektivgüterpakete" entspricht. Es würde zu weit führen, die sich aus den *Downs*schen Hypothesen über Parteimotivationen und über die Rationalität der Bürger abgeleiteten Deduktionen hier auszubreiten, auch dem an sich wichtigen Informationsproblem soll nicht weiter nachgegangen werden. Auf jeden Fall ist die Annahme, die Parteien würden pareto-optimale Programme vorlegen, welche möglichst vielen Wählern eine Besserstellung bringen, und zwar eben ohne eine Schädigung für andere, wenig realitätsbezogen. In Wirklichkeit verhalten sich die politischen Parteien nicht notwendigerweise als Stimmenmaximierer, weil bereits die Stimmenmehrheit zum Regieren genügt. „Schließlich gehorchen Parteien nicht passiv dem Wählerwillen, sondern beeinflussen ihn nachhaltig. Die Zielfindung wird nur formal durch die Wahlen, tatsächlich jedoch von oben nach unten (autoritär) durch die Parteien (Politiker) gesteuert." *(Müller/Pöhlmann* 1977, S. 101)

Würden *alle* Einzelpläne ausschließlich mittels demokratischer Wahlen ex ante aufeinander abgestimmt, läge der „**Typus der reinen Wirtschaftsdemokratie**" *(Gäfgen)* vor. Die Basis einer, solchen „Rätedemokratie" bilden Betriebe („Betriebsdemokratie"), Wohneinheiten, Vereine und ähnliche Gruppierungen. Dieser „Urwahlkörper", zuständig für alle wichtigen politischen, ökonomischen und sozialen Entscheidungen, delegiert „Repräsentanten in die

Räte höherer Stufen, die allerdings nur ein Mindestmaß an eigenem Entscheidungsspielraum besitzen, weil sie dem imperativen Mandat unterliegen" (*Müller/Pöhlmann* 1977, S. 98). Unter Bezugnahme auf *Huffschmid* und *Wirth* wird der von unten nach oben verlaufende Planungsprozess wie folgt beschrieben: „In Diskussionen mit allen unteren Stufen ermittelt der Generalrat den erforderlichen Bedarf an Kollektiv- und Individualgütern und arbeitet mit Hilfe der technischen Koeffizienten einen ersten Planentwurf aus, der auf allen Ebenen diskutiert wird. Korrekturwünsche, die von einzelnen Gruppen angemeldet werden, haben den Weg durch die Instanzen zu nehmen. Nach der allgemeinen Diskussion des Planentwurfes wird unter Berücksichtigung von Korrekturen ein endgültiger und verbindlicher Gesamtplan verabschiedet, aus dem von den zuständigen Räten Produktions- und Finanzsollziffern für die einzelnen Betriebe abgeleitet werden." (ebd.) Die Hauptschwierigkeiten für die Umsetzung eines solchen Modells der Rätewirtschaft in die Praxis werden im imperativen Mandat gesehen, denn letztlich müßten alle Entscheidungen der übergeordneten Instanzen, so auch die Festlegung einer Rangfolge der Bedarfe, von den „Basiswahlkörpern" gebilligt werden: Langwierige Verhandlungen um die Zustimmung von benachteiligten Basisgruppen würden den Entscheidungsprozeß belasten, dies gilt auch in bezug auf den Abbau von Salden in den übergeordneten Planbilanzen. Erhebliche Probleme ergäben sich aber wohl auch bei der Planrealisierung, denn „im Gegensatz zur Zentralverwaltungswirtschaft soll die Einhaltung des gesamtwirtschaftlichen Plans nicht durch Anweisungen und Sanktionen positiver und negativer Art sichergestellt werden, sondern durch das hochentwickelte gesellschaftliche Bewußtsein der Produzenten." (ebd., S. 99)

3.3.4   Akzessorische Formen

Wir wählen die Bezeichnung **„akzessorisch"**, also zu den als konstitutiv eingeschätzten Planungs-, Eigentums- und Koordinationsformen hinzutretend, nicht deswegen, weil wir die Formen im monetären, sozialen und ökologischen/umweltökonomischen Aufgabenbereich für unwichtig erachten, etwa in der die möglichen Geldwirkungen verkennenden Auffassung der englischen Klassik vom Geldschleier, den es nur wegzuziehen gelte, um das reale güterwirtschaftliche Geschehen zu erkennen (so wie *John Stuart Mill* meinte, dass es für die wirtschaftlichen Verhältnisse „nichts Unwesentlicheres" gebe als das Geld). Akzessorisch also nur in der Bedeutung der **gradual geringeren Relevanz** in Bezug auf die Prägung einer Wirtschaftsordnung durch die entsprechenden Formelemente. Außerdem muss darauf hingewiesen werden, dass eingedenk des oben erwähnten Navigierens zwischen Oberflächlichkeit und dem Aufspüren von immer mehr Bauelementen darauf verzichtet wird, die unterschiedliche Struktur von Bankensystemen herauszuarbeiten sowie die Formelemente der Außenwirtschaftsverfassung und der Finanzverfassung vorzustellen. Nur soviel sei zum öffentlichen Finanzsystem gesagt, dass ihm in Zentralplanwirtschaften weniger als in marktwirtschaftlichen Ordnungen die Aufgabe zukommt, dem Staat die zur Erfüllung seiner Aufgaben erforderlichen Mittel zu verschaffen (Steuer- bzw. Abgabensystem), sondern vielmehr die gesamte Volkswirtschaft zu steuern und zu kontrollieren. Deshalb erschien der Begriff des Finanzsystems in der DDR in einer weit umfänglicheren Bedeutung, nämlich den Staatshaushalt, das gesamte Geld- und Kreditwesen, die Sozialversicherung und die finanziellen außenwirtschaftlichen Beziehungen umfassend (vgl. *Müssener* 1990, S. 55 ff.).

3.3.4.1   Formen im monetären Aufgabenbereich (Geldordnung)

Unter **Geldordnung** versteht man mit *Werner Ehrlicher* „die institutionelle Regelung des monetären Sektors, insbesondere die Festlegung der monetären Zielsetzung und die dementsprechende Organisation der Geldversorgung, d.h. also die jeweilige Mechanik der Geldschöpfung und Geldvernichtung" (1981, S. 424). Nun haben wir auf die in sozialistischen Konzeptionen oftmals umstrittenen Ware-Geld-Beziehungen bzw. auf die Vorstellungen einer geldlosen Wirtschaft bereits an anderer Stelle aufmerksam gemacht. Tatsächlich kann das Modell einer Zentralverwaltungswirtschaft rein güterwirtschaftlich konzipiert werden; dies trifft allemal zu für die „total zentralgeleitete Wirtschaft". Aber schon in der Variante der „zentralgeleiteten Wirtschaft mit freiem Konsumguttausch" wird die zu Vergleichszwecken wichtige Geldfunktion der Recheneinheit erkennbar. Je mehr sich in der immer noch als Idealtyp verstandenen „zentralgeleiteten Wirtschaft mit freier Konsumwahl" Marktmomente Geltung verschaffen, um so deutlicher treten auch Funktionen des Geldes in Erscheinung. Wir verweisen zudem auf die Rolle des Geldes als Mittel der Leistungskontrolle in den bisher realisierten sozialistischen Planwirtschaften. Für eine marktwirtschaftliche Ordnung dagegen stellt Geld, jedenfalls sobald ein gewisser Grad an Arbeitsteilung erreicht ist, geradezu die Voraussetzung für eine effiziente Güterallokation und -distribution dar.

Welches sind nun die **Funktionen des Geldes**, die idealerweise gleichzeitig zum Tragen kommen, in der Realität aber gelegentlich auch Defizite aufweisen?

- Als historisch wohl älteste Geldfunktion ist die der **Recheneinheit** zu nennen, denn bereits in einer Naturaltauschwirtschaft kam es darauf an, Güter mit Hilfe eines Wertmessers vergleichbar zu machen, um die Tauschrelationen zu erkennen. Es ging also noch nicht um konkretes, sondern um abstraktes Geld, um eine Messlatte. M. a. W.: Der Marktwert der Güter wurde in einem „Standardgut" ausgedrückt. Dadurch wird nicht nur der Wert der Güter vergleichbar und addierbar, zugleich reduziert sich bei Akzeptanz einer allgemeinen Recheneinheit die Zahl der möglichen Preise. Ohne die Geldeinheit ergäbe sich die Notwendigkeit, den Wert der zu tauschenden Ware in Einheiten der Güter auszudrücken, gegen die sie abgegeben werden soll. So wären schon bei 100 (200) Gütern gemäß der Formel $\frac{n^2 - n}{2}$, wobei n die Zahl der Güter, bezeichnet, 4950 (19900) Wertrelationen der einzelnen Güter zueinander zu gewärtigen; bei Einführung eines Standardguts unter den 100 (200) Gütern als Recheneinheit reduziert sich dagegen die Menge der Austauschverhältnisse, der Preise, auf 99 (199). Es ist offenkundig, dass dadurch der Umfang der für den Marktverkehr erforderlichen Informationen ganz erheblich eingeschränkt wird.

- Die Funktion des **allgemeinen Tauschmittels** beinhaltet die Zerlegung des direkten Tausches Ware gegen Ware, in zwei zeitlich getrennte Teile, woraus ein indirekter Tausch Ware A gegen Geld und Geld gegen Ware B hervorgeht. Erst dadurch wurde die oft langwierige Suche nach einem Tauschpartner, der ausgerechnet die erübrigte Ware nachfragt und dafür die gewünschte Ware anbietet (manchmal nur über Ringtausch erfolgreich zu bewerkstelligen), überwunden. Damit aber Geld wirklich zu einem allgemein akzeptierten Tauschmittel wird, welches als Zwischengut jederzeit wieder gegen jedes andere Gut eingetauscht werden kann *(Schumpeter* sprach vom „Eintrittsbillett zum Sozialprodukt"), muss Vertrauen in die gleichbleibende Wertschätzung vorhanden sein. Hierfür ist nicht notwendigerweise entscheidend, dass das allgemeine Tauschmittel zugleich das gesetzliche Zahlungsmittel darstellt, denn wichtiger als die juristische Relevanz ist offenbar die ökonomische Akzeptanz.

- Die dritte Funktion in der „Triade des Geldes" *(Hicks)* wird im **Wertaufbewahrungsmittel** gesehen. Wertspeicherung bedeutet, dass es möglich ist, zu einem beliebigen späteren Zeitpunkt noch über die gleichen Werte verfügen zu können.

Funktionsmängel und Funktionsausfälle sind gerade auch in Deutschland wiederholt aufgetreten. Das krasseste Beispiel bietet die Inflation Anfang der 1920er Jahre: War die Geldwertstabilität schon im Zuge der Kriegsfinanzierung nicht mehr voll gewährleistet, so wurde die Wertaufbewahrungsfunktion mit der einsetzenden Hyperinflation vollends verfehlt (Zunahme des Banknotenumlaufs von knapp zwei Billionen Mark im Januar 1923 auf über 400 Trillionen im November!); zugleich verlor die Mark ihre Eignung als Recheneinheit (diese Funktion wurde an den Dollar oder an die „Goldmark" abgetreten); außerdem kam es teilweise zu einer „Repudiation", einer Annahmeverweigerung der Mark, so dass auch nicht mehr von einem allgemein anerkannten Tauschmittel ausgegangen werden konnte. Ähnliche Funktionsausfälle wurden in der Zeit von 1945 bis zur Währungsreform 1948 registriert. Defizite bei der Thesaurierungsfunktion beobachten wir seither – nur wenige Jahre waren davon ausgenommen – auch hinsichtlich des Binnenwertes der D-Mark.

Als wesentliches Unterscheidungskriterium für eine Geldordnung wird im Zusammenhang mit der Art des Geldes dessen **Schöpfung und Vernichtung** angesehen, wobei freilich die realisierten Geldordnungen nicht in Gestalt der „reinen Form" der **Geldsysteme**, sondern als Mischsysteme auftreten. (Demgegenüber stellt man herkömmlicherweise zur Unterscheidung der Geldsysteme auf die Erscheinungsformen des Geldes ab, wobei den Formen der an ein bestimmtes Medium gebundenen Währung die freie, ungebundene, manipulierbare [Papier-] Währung entgegengesetzt wird. Allerdings ist es eher von historischem Interesse, dass neben den monometallistischen Währungen, also Gold- *oder* Silberwährung, auch bimetallistische Geldsysteme existierten, wobei bei der Doppelwährung eine Koppelung der beiden Edelmetalle durch ein gesetzlich festgelegtes Wertverhältnis, z.B. 15:1, vorlag, während die Parallelwährung ohne vorgegebene Wertrelation auskam.)

- Beim **Warengeldsystem** übernimmt eine Ware die Geldfunktion. Wir verzichten hier auf eine Wiedergabe der geldhistorischen Forschungsergebnisse, die sehr unterschiedliche Güter ausweisen, welche irgendeinmal in irgendeinem Land als Geld dienten (eine besondere Rolle spielte als Tauschmittel und/oder Recheneinheit das Vieh, darauf deuten auch vielfältige etymologische Ableitungen hin). Die hohe Wertschätzung, die den Edelmetallen als Geldstoff entgegengebracht wurde, ist u. a. auf deren Fungibilität, Teilbarkeit, Haltbarkeit und Seltenheit zurückzuführen. Eine solcherart an einen Stoff gebundene Währung erkennen wir in den verschiedenen Arten der Goldwährung, nämlich in der *reinen Goldwährung oder Goldumlaufswährung, der gemischten Goldumlaufswährung, der Goldkernwährung* und – als Sonderfall – in der *Golddevisenwährung.* Als Grundprinzip des Warengeldsystems stellt *Ehrlicher* die **internationale Wertstabilität** heraus, welche eine freie Austauschbarkeit der Währungen bei stabilen Kursen sichert. Werfen wir unser Augenmerk auf die im Vordergrund stehende **außenwirtschaftliche Komponente der Geldschöpfungsmechanik** der Goldwährung, so lässt sich feststellen, dass Zahlungsbilanzsalden automatisch zu einer entsprechenden Veränderung der binnenwirtschaftlichen Geldversorgung führen **(Goldautomatismus)**: Wenn in einem Land die Preise aufgrund von Produktivitätssteigerungen sinken, zieht dies eine Exportbelebung nach sich; ein Exportüberschuss bewirkt über den Goldzustrom eine Ausweitung der umlaufenden Geldmenge, die über Einkommens- und Vermögenseffekte eine Anhebung der inländischen Güterpreise zur Folge hat; ein daraus resultierender Importüberschuss bewirkt einen Goldabfluss mit entsprechenden Preissenkungstendenzen (im Ausland ergeben sich jeweils gegenläufige Bewegungen). Eine **binnenwirtschaftliche Komponente der Geldversorgung** ist von der heimischen Möglichkeit der Goldproduktion abhängig, die wir hier jedoch vernachlässigen wollen. Eine gewisse Aktualität kommt dem Warengeldsystem wegen der weitgehend parallelen Mechanik in modernen Leitwährungssystemen zu (1981, S. 425 f.).

- Das **Kreditgeldsystem** ist dem Prinzip der **Neutralität des Geldes** verpflichtet, d. h., es sollen keine Wirkungen auf den Wirtschaftsablauf, also auf die güterwirtschaftliche Allokation und Distribution, ausgehen. Voraussetzung dafür ist u. a., dass die Geldversorgung genau an die Güter- und Einkommensentstehung gebunden wird. Kennzeichnend auch, dass Kreditgeld – egal ob als Notenbankgeld oder als Geschäftsbankendepositen – auf Initiative von privaten Kreditnehmern entsteht. Die **Geldschöpfungsmechanik** wird am *Fullartonschen* Rückströmungsprinzip der Handelswechsel festgemacht (bei Fälligkeit der Wechsel wird das Geld automatisch wieder „vernichtet"). Was die **außenwirtschaftliche Komponente der Geldversorgung** angeht, so dürfen Exportüberschüsse nicht – wie beim Warengeldsystem – zu einer Vergrößerung der Geldmenge führen und ebensowenig Importüberschüsse zu einer Verminderung. Genau das Gegenteil müsste eintreten: Weil Exportüberschüsse ein geringeres Güterangebot im Inland zur Folge haben, wäre im Interesse der Neutralität des Geldes eine Geldvernichtung angezeigt, umgekehrt bei Importüberschüssen eine Geldschöpfung. Außenwirtschaftlich müsste dem Kreditgeldsystem ein Ausgleichsmechanismus der flexiblen Wechselkurse zur Seite stehen (vgl. dazu im Einzelnen *Ehrlicher* 1975, S. 371). Das Kreditgeldsystem bleibt „mehr ein theoretisches Konzept, das die Bedingungen aufzeigt, unter denen die Neutralität des Geldes gewahrt wäre. Es läßt sich kaum eine Geldschöpfungsmechanik entwickeln, die diese Bedingungen in der Realität automatisch herstellen würde." (*Ehrlicher* 1981, S. 425)

- Das **interventionistische Geldsystem** begnügt sich nicht mehr mit der Setzung eines geldwirtschaftlichen Rahmens, es existiert auch keine Mechanik, „die die Geldversorgung mit einer gewissen Automatik im Interesse vorgegebener Zielsetzungen steuert" (ebd., S. 427), vielmehr ist die **Geldpolitik auf unterschiedliche wirtschaftspolitische Ziele ausgerichtet.** Nach dem Grad der Interventionen unterscheidet *Ehrlicher*

    - (1) einen engeren geldwirtschaftlichen Bereich mit dem Ziel der inneren Preisstabilität (z.B. Konstanz des Lebenshaltungskostenindex; Steigerung des Nominaleinkommens im Ausmaß des technischen Fortschritts),
    - (2) einen höheren Grad, wenn die geldpolitischen Maßnahmen in den Dienst der Konjunktur- oder Beschäftigungspolitik gestellt werden und
    - (3) einen höchsten Grad, wenn die Geldschöpfung als Finanzierungsinstrument für staatliche Aufgaben dient (ebd., S. 424).

Die insgesamt pluralistische Geldordnung der Bundesrepublik Deutschland trägt vorwiegend interventionistische Züge. Bei der Geldschöpfung und Geldvernichtung von Zentralbankgeld kommen über eine Refinanzierungskomponente Elemente des Kreditgeldsystems zum Tragen. Der Vollständigkeit halber sei auch auf die Bedeutung der multiplen Giralgeldschöpfung durch die Geschäftsbanken hingewiesen.

3.3.4.2   Formen im sozialen Aufgabenbereich (Sozialordnung)

Es ist einsichtig, dass wir **Sozialordnung** nicht im weiteren Sinn als die die politische, wirtschaftliche und kulturelle Ordnung umfassende Gesellschaftsordnung verstehen, sondern **im engeren Sinn als Subsystem der Wirtschaftsordnung**, welches aber zugleich Systemelemente des politischen und des kulturellen Bereichs einbezieht. (Freilich besteht in der Wissenschaft keine Übereinstimmung bezüglich der Abgrenzung der Sozialordnung im engeren Sinn, so existiert auch die Auffassung einer Parallelposition von Wirtschafts- und Sozialordnung.)

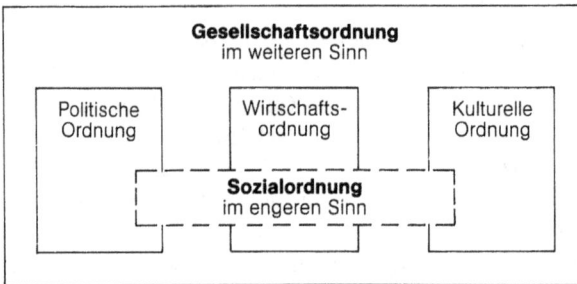

Abb. 21: Gesellschaftsordnung im weiteren und Sozialordnung im engeren Sinn

Dass es uns hier nur um die. **ökonomisch relevanten sozialen Merkmale** gehen kann, bedarf wohl kaum einer weiteren Begründung. Dennoch fällt eine Abgrenzung nicht gerade leicht, weil letztlich alle sozialen Sicherungen „auch ökonomisch irgendwie relevant" sind *(Thalheim* 1969, S. 339). Zudem gibt es **divergierende Auffassungen über die der Sozialordnung zuzurechnenden Elemente**. Schon bei der Festlegung der eine Sozialordnung kennzeichnenden Determinanten zeigt sich eine gewisse Unschärfe, sobald der Kernbereich der sozialpolitischen Aufgabe überschritten ist. *Nettmann/Schaper,* die zu Recht darauf aufmerksam machen, dass im Rahmen der Sozialordnung mehr verteilt wird als Geldeinkommen und Produktivvermögen, verweisen im Anschluss an *Gerhard Weisser* auf die Distribution von Lebenslagen, auf die Zuteilung von Chancen, Risiken und Machteinfluss (1990, S. 13). Bezogen auf die Sozialordnung der Bundesrepublik Deutschland, werden den fünf Determinanten Eigenvorsorge, Gestaltung der Arbeitswelt und Struktur der Arbeitnehmer-Arbeitgeber-beziehungen, System der sozialen Sicherung, Verbraucherschutz und Umweltschutz sowie Aus- und Fortbildungssystem gemäß dem „Lebenslagekonzept" sogenannte Lebenslagemerkmale zugeordnet. Sie lauten z.B. für die Determinante Gestaltung der Arbeitswelt: Arbeitsplatzbedingungen, Mit- und Selbstbestimmung, Erwerbschancen, sozialökonomischer Status, (primäre) Einkommensverteilung/Lohnhöhe, Vereinigungsfreiheit/ Streikrecht und Erfahrung von Diskriminierung; für das System der sozialen Sicherung: Schutz bzw. Kompensation bei typischen Lebens- und Erwerbsrisiken, soziales und kulturelles Existenzminimum, (sekundäre) Einkommensverteilung/Sozialtransfers, Familie/Kinderzahl und Wohnbedingungen (ebd., S. 15). Demgegenüber konzentriert sich *Lampert,* der auf die in den entwickelten Industriegesellschaften zu beobachtende Ausweitung des „klassischen" sozialpolitischen Schutzes über zusätzliche „Schutzobjekte" (Gruppen wie Mittelständler, Jugendliche, ältere Menschen und sogenannte „Rand"gruppen) zur Ausgleichspolitik (u. a. mittels gleichmäßigerer Verteilung der Chancen für den Erwerb von Bildung, Einkommen und Vermögen) abhebt, auf die unbestritten eine staatliche Sozialpolitik bestimmenden Bereiche. Dabei handelt es sich 1. um Schutzpolitik (auch Entwicklungsstadien spiegeln sich wider in der Gliederung nach Arbeitnehmerschutzpolitik, Sozialversicherungspolitik [soziale Sicherung i.e.S.], Arbeitsmarktpolitik und sozialer Ausgestaltung der Betriebsverfassung), 2. um Ausgleichspolitik (sozialpolitisch orientierte Wohnungspolitik, Familienpolitik, Bildungspolitik, Vermögenspolitik, gruppenorientierte Sozialpolitik) und 3. um die Sozialfürsorge bzw. Sozialhilfe (1977, S. 64 ff.). Eine Gliederung in die vier „Problembereiche" soziale Sicherung, sozialer Ausgleich, Chancengleichheit und Gleichberechtigung sowie Schutz der Arbeitnehmer und Konsumenten nimmt *van Suntum* vor (1991, S. 20 f.). Unseres Erachtens sind die beiden aus dem **Sozialstaatsprinzip** abgeleiteten Ziele soziale Sicherheit (i. w. S.) und sozialer Ausgleich (soziale Gerechtigkeit) hervorragend geeignet, alle relevanten sozialpolitischen Aktivitäten zu subsumieren. Nur nebenbei sei an dieser Stelle auf die beiden anderen, eine nicht-sozialistische Sozialordnung mitgestaltenden Grundprinzipien hingewiesen, auf das **Subsidiaritätsprinzip** (Problemlösung möglichst auf situationsnaher Ebene: Hilfe in der Familie vor der der Wohlfahrtsverbände, diese wiederum vor der des Staates) und das **Solidaritätsprinzip** (gegenseitige Hilfe aufgrund gruppenbildender Interessenkonvergenzen, neuerdings auch zur Begründung von sozialen Gruppen auferlegten Sonderopfern für die Staats-Solidargemeinschaft herangezogen).

Wir hielten es für notwendig, zunächst auf die verschiedenen **Arten** der sozialpolitischen Aufgaben und ihre mögliche Gliederung einzugehen, einmal, um eine Vorstellung von der Vielfalt der sozialen Verantwortung im Rahmen freiheitlicher Gesamtordnungen zu vermitteln, zum anderen, um die beinahe generelle ökonomische Relevanz deutlich werden zu lassen. Obwohl nun unser Interesse primär den **Formen** im sozialen Aufgabenbereich gilt, würde es wegen der bereits deutlich gewordenen Auffächerung sozialpolitischer Aktivitäten zu weit führen, für alle Teilbereiche die jeweils potentiell zur Verfügung stehenden Instrumente aufzulisten. Mit *Lampert* sei hingewiesen auf rechtspolitische Mittel (z.B. Gebote bzw. Verbote beim Arbeitnehmerschutz, Normen der Betriebsverfassung), allgemeinere wirtschaftspolitische Instrumente (z. B. Mittel der Vollbeschäftigungs- und der Konjunkturpolitik), speziellere wirtschaftspolitische Instrumente (etwa der Preis-, der Lohn- und der Wettbewerbspolitik) sowie auf das reichhaltige Arsenal an finanzpolitischen Mitteln (z. B. Steuern, Beiträge, Prämien, Subventionen, Einkommensübertragungen). „Die Sozialpolitik kennt sowohl zwingende Mittel (Verbote, Gebote wie z. B. Pflichtbeiträge) als auch führende (Ausbildungs- und Mobilitätsbeihilfen, Prämien), sowohl qualitative (Beeinflussung der Betriebs- und der Arbeitsmarktverfassung) als auch quantitative (Geld- und Sachleistungen)." (1977, S. 72)

Dennoch sollen wenigstens am Beispiel der **Determinante „Soziale Sicherung"** die möglichen Gestaltungsformen aufgezeigt werden. Es geht dabei um den für eine Sozialordnung zentralen Bereich von Vorsorgeeinrichtungen gegen die Wechselfälle des Lebens, wie Krankheit, Unfall, Berufs- oder Erwerbsunfähigkeit, Arbeitslosigkeit, Alter und Tod (des Ernährers).

Diesen Problemfällen kann im Prinzip auch auf privatwirtschaftlicher Ebene in Form **privater Versicherungen/Risikogemeinschaften** begegnet werden. *Van Suntum* verweist in diesem Zusammenhang auf den Ursprung bei den Römern, die bereits private Krankenkassen (collegia tenuionum) und Sterbekassenvereine (collegia funeraticia) kannten (1991, S. 20). Demgegenüber dominiert in der Bundesrepublik Deutschland die **(staatliche) Sozialversicherung**, welche zurückgeht auf die 1881 von *Bismarck* angeregte „Kaiserliche Botschaft", auf deren Grundlage u.a. 1883 die gesetzliche Krankenversicherung der Arbeiter, 1884 die

Unfallversicherung, 1889 die Alters- und Invalidenversicherung der Arbeiter (Rentenversicherung), 1911 die Angestelltenversicherung und 1927 die Arbeitslosenversicherung geschaffen wurden. Selbstverständlich erfuhr das Sozialversicherungsrecht eine ständige Weiterentwicklung, so geht es – im Gegensatz zu früher – auch nicht mehr so sehr darum, Not zu lindern, sondern den Versicherten die erworbene Stellung im Sozialgefüge zu erhalten. – Wir verzichten hier auf die Darstellung der bei uns geltenden Regelungen der Versicherungspflicht, der Aufteilung der Versicherungsbeiträge zwischen Arbeitgebern und Arbeitnehmern, der Zuständigkeiten der Versicherungsträger; denkbar wären durchaus auch andere Realisierungsformen. Erinnert sei an zwei alternative Organisationsformen der gesetzlichen Rentenversicherung, an das früher praktizierte *Kapitaldeckungsverfahren* (Anwartschaftsdeckungsverfahren) und an das jetzige *Umlageverfahren* („Generationenvertrag": die jeweils Aktiven zahlen für die nicht mehr und die noch nicht Aktiven). Hinzuweisen ist auch noch auf die *Selbstverwaltung* (weitgehend paritätische Vertretung der Versicherten und der Arbeitgeber) der staatlich installierten Sozialversicherungseinrichtungen, und zwar im Gegensatz zur *Staatsverwaltung* während der nationalsozialistischen Zeit.

	Versicherungsprinzip	Versorgungsprinzip	Fürsorgeprinzip
Leistungsvoraussetzung	Versicherungsmitglied	besonderer Rechtsanspruch	individuelle Notlage
Leistungsanspruch	bei Eintritt des Versicherungsfalls	bei Vorliegen gesetzlich festgelegter Merkmale	bei Bedürftigkeit
erbrachte Vorleistungen	Versicherungsbeiträge	außerökonomische Opfer für die Allgemeinheit oder Dienstleistungen im öffentlichen Bereich	keine
Finanzierungsmittel	Versicherungsbeiträge und Zuschüsse des Staates	öffentliche Haushaltsmittel	öffentliche Haushaltsmittel
Beispiele	Sozialversicherung (gesetzliche Kranken-, Unfall-, Renten- und Arbeitslosenversicherung)	Kriegsopferversorgung, Beamtenversorgung	Sozialhilfe, Wohngeld

Abb. 22: Gestaltungsprinzipien der sozialen Sicherung

Mehr als um diese, dem **Versicherungsprinzip** verpflichteten Detailformen geht es uns um mögliche Gestaltungsgrundsätze, um Prinzipien der sozialen Sicherung. Denken wir etwa an den staatlichen Gesundheitsdienst in Großbritannien oder an die Volksrente in Schweden, dann erkennen wir darin das **Versorgungsprinzip**. Hier erfolgt die Finanzierung ausschließlich aus Mitteln der öffentlichen Haushalte. Diesem Prinzip wird in der Bundesrepublik Deutschland z. B. bei der Kriegsopferversorgung und bei der Beamtenversorgung gefolgt; bei ersterer handelt es sich um die Entschädigung für ein der Allgemeinheit erbrachtes Opfer, bei letzterer um ein Teil-Äquivalent für erbrachte Dienstleistungen im öffentlichen Bereich. Als dritter Gestaltungsgrundsatz existiert jenseits von finanziellen Vorleistungen oder Opfern bzw. Dienstleistungen für die Allgemeinheit das **Fürsorgeprinzip**. Als ehemalige „Armenpflege" in der früheren Sozialfürsorge und der jetzigen Sozialhilfe (Hartz-IV) realisiert, leitet sich aus diesem Prinzip ein Anspruch auf Hilfe ab, sofern – gemäß der individuellen Lebenslage – Bedürftigkeit vorliegt. So gehört es zur Aufgabe der aus Steuermitteln aufgebrachten Sozialhilfe, dem Empfänger die Führung eines Lebens zu ermöglichen, das der Würde des Menschen entspricht.

3.3.4.3 Formen im ökologischen/umweltökonomischen Aufgabenbereich (Umweltordnung)

Die Ökologie, eigentlich ein Teilgebiet der Biologie, befasst sich als Lehre vom (Stoff- und Energie-)Haushalt der Natur mit den Wechselwirkungen zwischen Lebewesen untereinander und den Beziehungen zu ihrer Umwelt. Der Begriff Umwelt wird allerdings sehr unterschiedlich verwendet. In einer weiten Fassung meint er die Gesamtheit der die Existenz von Lebewesen bestimmenden Faktoren (Umweltfaktoren), in einem engeren Verständnis geht es um den Zustand von Boden, Wasser, Luft, Tier- und Pflanzenwelt. Die als Umweltökonomie verstandene volkswirtschaftliche Teildisziplin der (Theorie der) Wirtschaftspolitik befasst sich mit den Beziehungen zwischen den ökonomischen Aktivitäten und der Qualität der natürlichen Lebensgrundlagen; nach *Wicke* handelt es sich um eine wirtschaftswissenschaftliche Spezialdisziplin, „deren Aufgabe es ist, ökonomische Hilfestellung dabei zu leisten, den gesellschaftlichen Wohlstand unter Berücksichtigung der wichtigen Wohlstandskomponente ‚hohe Umweltqualität' zu maximieren" (1989, S. 11; im Original teilweise hervorgehoben).

Nicht primär das Problem der Umweltbelastung, wohl aber die Frage nach der Natur spielt in der volkswirtschaftlichen Dogmengeschichte eine durchaus beachtliche Rolle. Schon zu Beginn des (vorwissenschaftlichen) ökonomischen Denkens wird in den auf den „oikos" bezogenen, vorzugsweise *aristotelischen* Überlegungen auf die Naturproduktivität abgehoben. Ihren Höhepunkt findet die Auffassung einer **alleinigen Naturproduktivität** in der physiokratischen Lehre (Physiokratie = Naturherrschaft). Die Rolle des Bodens in der Gütererzeugung bzw. der nur aus der Bodenbewirtschaftung resultierende Reinertrag stehen im Mittelpunkt dieser ersten geschlossenen volkswirtschaftlichen Theorie der Produktion und der Verteilung. Rund 100 Jahre vor den Physiokraten verwies *William Petty* – mit seinem 1662 erschienenen Werk „A Treatise of Taxes and Contributions" der Übergangszeit zwischen Merkantilismus und Klassischem Liberalismus zuzurechnen – auf das Zusammenwirken von Arbeit und Boden bei der Güterherstellung; bereits Ende des 17. Jahrhunderts ging *John Locke* das Wertproblem im Sinne der Arbeitswerttheorie an, zudem wird die Einengung der Naturperspektive auf den Boden mit der Zuweisbarkeit von Eigentum erklärt. Die damit einhergehende „**Relativierung und Marginalisierung der Naturproduktivität**" *(Heller)* spiegeln sich wider in der freilich ambivalenten, auf zwei verschiedene Stadien der gesellschaftlich-ökonomischen Entwicklung ausgerichteten *Smith*schen Wertlehre (nur im hypothetischen Urzustand wird – im Gegensatz zu „zivilisierten" Gesellschaften – der Wert einer Ware allein von der Arbeit bestimmt), außerdem ergibt sich die Hintanstellung der „außergesellschaftlichen" Naturgüter Wasser und Luft aus dem „Wertparadoxon", dem widersprüchlichen Verhältnis von Gebrauchs- und Tauschwert: „The things which have the greatest value in use have frequently little or no value in exchange … Nothing is more useful than water; but it will purchase scarce any thing; scarce any thing can be had in exchange for it." (1961, Vol. 1, S. 23 f.) Marginalisierung der Naturproduktivität bis hin zur Negation folgt schließlich aus *Ricardos* Differentialrententheorie (vgl. oben S. 53), zugleich markiert „die ricardianisch-malthusianische Einsicht in die Grenzen, die die Verknappung der Naturgüter der ökonomisch-gesellschaftlichen Entwicklung setzt, … in der Dogmengeschichte den Beginn eines neuen Naturverständnisses." (*Heller* 1989, S. 35) Ganz im Gegensatz zu *Ricardo* kehrt *Malthus* die zentrale Rolle der Naturproduktivität heraus, hebt auf die **Knappheit der Natur** ab und behauptet, dass die Menschen die Tendenz hätten, sich in geometrischer Progression (1, 2, 4, 8, 16) zu vermehren, während die Nahrungsmittelproduktion nur in arithmetischer

Reihe (1, 2, 3, 4, 5) gesteigert werden könne. Ohne hier auf die ressourcenökonomischen Beiträge des 19. Jahrhunderts einzugehen, verweisen wir auf die im 20. Jahrhundert mit der neoklassischen Gleichgewichtsanalyse verbundenen Überlegungen, wonach die Natur als Problem der ökonomischen Optimierung in Erscheinung tritt. Bahnbrechend waren die von *Pigou* zur Theorie der externen Effekte gelieferten Beiträge; in seinen Schriften zur Welfare Economics beschrieb er sehr anschaulich Fälle von Umweltbelastungen, von sozialen Wohlfahrtsverlusten, die mit privater Produktion auftreten können. Das Problem der Externalitäten, also der Einwirkung eines Wirtschaftssubjekts auf andere bzw. auf die Natur, und zwar am Markt vorbei, hat u. a. mit *Knight* (1924), *Kahn* (1935), *Kapp* (1950), *Meade* (1952), *Scitovsky* (1954) und *Coase* (1960) eine Reihe von namhaften Fachvertretern auf den Plan gerufen. Allerdings können die im Rahmen der Theorie effizienter Allokation (bei dezentralen Entscheidungen) den externen Effekten gewidmeten Bemühungen nicht darüber hinwegtäuschen, dass das eigentliche umweltökonomische Problem von der Wirtschaftswissenschaft erst seit Ende der 60er Jahre gezielt angegangen wird.

Noch einmal und zugleich umfassender: Unter **externen Effekten** versteht man *negative, aber auch positive Einwirkungen, welche durch die ökonomische Aktivität von Produzenten oder Konsumenten – ohne Auswirkungen im Preismechanismus – andere Wirtschaftssubjekte bzw. die Allgemeinheit (via Umwelt) belasten oder entlasten.* Bei **negativen Externalitäten** entstehen **externe Kosten** (auch soziale Kosten genannt), bei positiven ergeben sich umgekehrt **externe Ersparnisse** (auch als soziale Nutzen bezeichnet); in beiden Fällen treten sie nicht in Form von Ausgleichsentgelten in Erscheinung, sondern führen zu Be- oder Entlastungen Dritter. Bei den so definierten externen Effekten handelt es sich um **technologische Externalitäten**, weil die Einflussnahme auf andere Wirtschaftseinheiten auf direktem, auf technologischem Weg erfolgt. Davon zu unterscheiden sind **pekuniäre externe Effekte**, bei denen die Einflussnahme über das Preissystem erfolgt; ein Beispiel wäre etwa eine verbesserte Produktionstechnik, die zu einer Preissenkung und einer entsprechend höheren Nachfrage führt, wohingegen die Nachfrage nach anderen Produkten sinkt, so dass die Hersteller dieser Güter Einkommenseinbußen hinnehmen müssen. Es ist offensichtlich, dass es in einem „interdependenten System" stets pekuniäre externe Effekte gibt, *(Schlieper* 1987, S. 141).

Wenden wir uns speziell dem ökologischen Aufgabenbereich zu, dann müssen wir davon ausgehen, dass der Kern des Umweltproblems identisch ist mit dem **Problem öffentlicher Güter**; es handelt sich zwar um an sich knappe Güter, aber sie stehen wegen der fehlenden Ausschlussmöglichkeit allen in gleichen Mengen zur Verfügung, die Umweltressourcen jedenfalls in ihren Nutzungen als öffentliches Konsumgut und als „Empfangsmedium für Schadstoffe" *(Siebert)*, sie haben auf dem Markt keinen Preis. „Als Lenkungssignal bedeutet ein Preis von Null jedoch, daß die betreffenden Ressourcen im Überfluss vorhanden und damit ökonomisch wertlos seien. Da der Markt durch Preise nicht nur relative Knappheiten signalisiert, sondern zugleich auch lenkt, belegt er den schonenden Umgang mit Umweltgütern mit Sanktionen: wer freiwillig die Umwelt schützt, etwa durch den Einbau von Filtern oder von Kläranlagen, hat höhere Kosten als die Konkurrenz und kann sich auf die Dauer nicht auf dem Markt halten." *(Bonus* 1987, S. 1) Worauf es demnach zuallererst ankommt, das ist, sich von der Vorstellung zu verabschieden, als seien an die Umwelt abgegebene Emissionen, also Luft-, Wasser- oder Bodenverunreinigungen, auch Lärm, Wärme, Strahlen usw., kostenfreie Nutzungen. Tatsächlich führen sie in der Umwelt zu Immissionen, zu Einwirkungen auf unbeteiligte Dritte, eben zu externen Effekten und damit zu **Diskrepanzen zwischen privaten und sozialen Kosten**.

Fragen wir konkret nach möglichen Ausgestaltungen einer **Umweltordnung** – letztere verstanden als Gesamtheit der Zielsetzungen, Institutionen und Instrumente zur Regelung des ökologischen/umweltökonomischen Aufgabenbereichs, dann bietet sich zunächst eine Gliederung nach den Prinzipien der **Verursachung** und der **Gemeinlast** an (nicht zu vergessen dabei die generelle Bedeutung einer sich der gleichen Instrumente bedienenden *vorsorgenden* Umweltpolitik, die gemäß dem **Vorsorgeprinzip** darum bemüht sein muss, dass Umweltbelastungen nach Möglichkeit gar nicht erst auftreten). **Gemeinlastprinzip** bedeutet, dass die Kosten der Umweltnutzung der Allgemeinheit, der öffentlichen Hand aufgebürdet werden. Nur nebenbei sei angedeutet, dass das **Verursacherprinzip**, der Grundsatz also, dass die Kosten von denjenigen zu tragen sind, die sie verursachen, oftmals Zurechnungsprobleme aufwirft; auch auf die von *Bonus* in die Diskussion gebrachte Differenzierung zwischen Urhebern im physischen Sinn und Verursachern volkswirtschaftlicher Kosten soll zumindest aufmerksam gemacht werden. Eine weitere Untergliederung innerhalb des Verursacherprinzips hebt ab auf die Kriterien der **Freiwilligkeit** und der **staatlichen Intervention**.

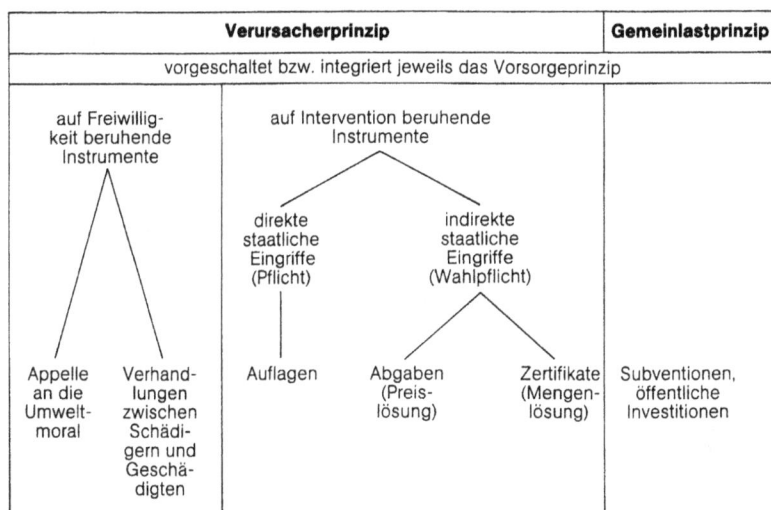

Verursacherprinzip		Gemeinlastprinzip
vorgeschaltet bzw. integriert jeweils das Vorsorgeprinzip		
auf Freiwilligkeit beruhende Instrumente	auf Intervention beruhende Instrumente	
	direkte staatliche Eingriffe (Pflicht) / indirekte staatliche Eingriffe (Wahlpflicht)	
Appelle an die Umweltmoral / Verhandlungen zwischen Schädigern und Geschädigten	Auflagen / Abgaben (Preislösung) / Zertifikate (Mengenlösung)	Subventionen, öffentliche Investitionen

Abb. 23: Gestaltungsprinzipien und Instrumente im ökologischen/umweltökonomischen Aufgabenbereich

Bei den **auf Freiwilligkeit beruhenden Instrumenten** stehen obenan, jedoch nur beschränkt wirksam, die auf Änderungen des individuellen Verhaltens abzielenden **Appelle an die Umweltmoral**. Die auch als „Seelenmassage" in der Konjunkturpolitik („Maßhalteappelle") bekannte, aber auch dort insgesamt wenig effiziente Methode der „moral suasion" hat im Lauf der letzten Jahre insofern zunehmendes Interesse auf sich gezogen, als ein tatsächlich wachsendes Umweltbewusstsein – vorzugsweise in den privaten Haushalten – dazu beigetragen hat, dass partiell auf die Wahrnehmung persönlicher Vorteile verzichtet wird.

Die zweite Möglichkeit, auf freiwilliger Basis zu einer Internalisierung von externen Effekten zu kommen, wird in (privaten) **Verhandlungen zwischen Schädigern und Geschädigten** gesehen. Dieser freilich gegenwärtig eher theoretische als von praktischer Relevanz geprägte Ansatz gründet auf dem sogenannten *Coase-Theorem*. *Ronald Coase* reklamierte 1960 eine eindeutige Zuordnung der Eigentums- und Nutzungsrechte. Bei „wohldefinierten" Rechtstiteln hat entweder der Verursacher das Recht auf Abgabe des negativen externen

Effektes oder der davon Belastete einen Anspruch auf Unterlassung. Liegt ein Rechtstitel zugunsten des Schädigers vor, dann kann der Geschädigte in Verhandlungen über eine von ihm zu leistende Ausgleichszahlung eine Beendigung der Beeinträchtigung erreichen, im umgekehrten Fall müsste über die Höhe einer Kompensationszahlung vonseiten des Schädigers verhandelt werden. Die damit erreichbare Internalisierung der externen Effekte ist allerdings auch eine Frage der Transaktionskosten, welche für Verhandlungen, für Vertragsabschlüsse, für Kontrollen usw. anfallen. Als wohl eleganteste, aber im Fall von Unternehmen wettbewerbspolitisch nicht unbedenkliche Lösung zur Neutralisierung von Externalitäten wird der Zusammenschluss, die Fusion der beiden Kontrahenten, betrachtet.

Auflagen, Abgaben und Zertifikate sind die drei **auf Intervention beruhenden Formen** im ökologischen Aufgabenbereich.

Um **direkte staatliche Eingriffe** handelt es sich bei der mit Geboten und Verboten arbeitenden **Auflagenlösung**. Solche Verhaltensvorschriften – in der Bundesrepublik Deutschland u. a. praktiziert auf dem Sektor der Luftreinhaltung mit der Technischen Anleitung Luft (TA-Luft) – stellen gegenwärtig die verbreitetste Form angewandter Umweltpolitik dar. Gegen die Auflagenlösung werden jedoch sowohl ökonomische als auch ökologische Vorbehalte geltend gemacht: Wenn der Emittent umweltbelastender Stoffe zum Einbau von Kontrolltechnologien gezwungen werden soll, ist darauf zu achten, dass dabei dem aktuellen Stand der Technik entsprochen wird. Es liegt aber „im Interesse der Schadstoffemittenten, die Kontrolltechnologien nicht gar zu rasch fortzuentwickeln, um nicht selbst zur weiteren Verschärfung der Umweltauflagen beizutragen. Und wenn man den Emittenten bis ins Detail vorschreibt, was sie zu tun haben, so schaltet man ihr unternehmerisches Know-how, ihren Einfallsreichtum aus dem Umweltschutz aus – Aktivposten also, die wir gerade hier besonders dringend brauchen." *(Bonus* 1987, S. 1) Außerdem wird angeführt, dass die Kosten einer allein auf Auflagen beruhenden Umweltpolitik unangemessen hoch seien, weil „buchstäblich ohne Rücksicht auf die Kosten" vorgegangen würde (ebd.). *Frey,* der die Vielzahl von Ansatzpunkten für Gebote und Verbote herausstellt: Emissionsnormen/Standards bezüglich der höchstzulässigen Schadstoffabgabe, Verpflichtungen zur Reduzierung von einzelnen oder allen Schadstoffen, Produktionsmengenbeschränkungen, Verfahrens- und Produktnormen sowie Vorschriften über die anzuwendende Technik, bemängelt den fehlenden Anreiz zu umweltfreundlichem Verhalten unterhalb des durch Standards gesetzten Limits, hebt aber die ökologisch rasche Wirkung hervor, wenn eine Regulierung tatsächlich durchgesetzt wird (1980, S. 55). *Siebert* kritisiert bei dem als „Politik des individuellen Schornsteins" charakterisierten Genehmigungsverfahren zur Abgabe von Schadstoffen die mögliche Nichtzulassung von Neuankömmlingen mit vielleicht umweltfreundlicheren Technologien; wenn die Zielwerte der Immissionen in einer Region durch die Alteinsitzer schon überschritten sind („Wer zuerst kommt, verschmutzt zuerst"), vor allem aber, dass staatliche Stellen den realisierbaren Stand der Technik nachweisen müssen (1983, S. 2). Dennoch dürfen Auflagen als wirkungsvollste Maßnahme zur gezielten Gefahrenabwehr gegenüber besonders umweltschädlichen Stoffen bzw. Verfahren angesehen werden.

Auf einen Vorschlag von *Pigou* geht die erste der beiden, den **indirekten staatlichen Eingriffen** zuzurechnenden Formen zurück: die **Abgabenlösung**. Es handelt sich um die Besteuerung der an die Umwelt abgegebenen Emissionen, um eine Preislösung also, bei der die Nutzung von Umweltressourcen mit einem für alle Emittenten gleichen Abgabesatz belegt wird. Bei diesem marktwirtschaftlichen Lenkungsinstrument bleibt demnach die nachgefragte Menge an Umweltnutzungen dem Markt überlassen, fixiert wird lediglich der Preis. Das

Problem freilich ist der festzusetzende Steuersatz; dieser müsste dem – allerdings unbekannten – „Schattenpreis" der Umweltnutzung entsprechen und innerhalb eines vertretbaren Zeitraumes an geänderte Knappheitsbedingungen angepasst werden können. Schadstoffmindernde Investitionen werden bei gegebener Höhe des Abgabesatzes dort getätigt, wo sich dies kostenmäßig günstiger rechnet als die Zahlung einer jährlichen Umweltabgabe bzw. Ökosteuer; es existiert demnach eine Wahlpflicht zwischen den Kosten für emissionsreduzierende Maßnahmen und den Kosten für die Emissionssteuer, verbunden mit dem Anreiz, sich zum eigenen Vorteil umweltfreundlich zu entscheiden. (Zu den ökologischen Schwachstellen, insbesondere zur mangelnden Treffsicherheit, vgl. *Bonus* 1991, S. 40 ff.)

Eine entsprechende Wahlpflicht besteht auch bei der zumindest diskutierten **Zertifikatslösung**, bei der der Staat jährlich (für jeden Schadstoff) regionale Emissionskontingente festlegt. Lizenzen, welche insgesamt zur höchstzulässigen Schadstoffabgabe berechtigen, werden dann – in kleinere Einheiten gestückelt und in Zertifikaten (Berechtigungsscheine zur Emission einer bestimmten Schadstoffmenge) verbrieft – auf einem Markt für Umweltnutzungsrechte angeboten, wobei sich Knappheitspreise ergeben. Es handelt sich bei einer solchen Mengenlösung wiederum um eine ausgesprochen marktwirtschaftliche Umweltsteuerung, und zwar mit ökologischer Treffsicherheit (vgl. im Einzelnen *Bonus* i991, S. 42 ff.).

Die Begründung für **Subventionen** und **öffentliche Investitionen** erfolgt nach dem **Gemeinlastprinzip**. Aber gegen eine Reihe von Subventionen (z. B. Zuschüsse für die Abfallbeseitigung) wird eingewandt, dass sie das umweltschädigend hergestellte Gut letztlich sogar noch fördern, indem es zu billig angeboten werden kann. Außerdem wird auf unerwünschte „Ankündigungseffekte" (vor Inkrafttreten einer Subventionierung unterbleiben Engagements zum Schutz der Umwelt) und auf das Problem der „Ausgabengerechtigkeit" aufmerksam gemacht *(Sichert* 1976, S. 14 f.). *Frey* gibt zu bedenken, dass durch Subventionen neue Betriebe in dem betreffenden Wirtschaftszweig angezogen werden; „die Verschmutzung pro Firma vermindert sich, kann aber für die Gesamtheit zunehmen" (1980, S. 55). In etwa die gleichen Argumente lassen sich auch gegen die staatlichen Investitionen im Umweltschutz vorbringen.

Besonders wichtig erscheint uns schließlich der Hinweis, dass der Gebrauch der Umwelt zum Nulltarif **systemindifferent** zu Externalitäten, zu Übernutzungen, zu Fehlentwicklungen führt. Obwohl vonseiten der marxistischen Ökonomie oder der ihr nahestehenden Vertreter gelegentlich behauptet wird, die Umweltzerstörung liege letztlich im Interesse des Kapitals, wobei die Entsorgungsindustrien als neue Möglichkeiten der Kapitalverwertung interpretiert werden (vgl. *Ronge* 1972, S. 114 f.), zeigen sich gerade umgekehrt in sozialistischen Ländern mit zentraler Planwirtschaft Zerstörungen der natürlichen Lebensgrundlagen von weit größerem Ausmaß. Als Gründe für das diesbezügliche „Planversagen" werden von *Leipold* angeführt das bürokratische Eigeninteresse an einem hohen Budgetvolumen mit möglichst periodisch steigenden Zuwachsraten und damit einhergehendem verschwenderischen Ressourceneinsatz, die Produktion prämiengünstiger, aber nicht notwendigerweise bedarfsgerechter Gütersortimente (mengenmäßige Planerfüllung oder -übererfüllung bei mangelhaften Produktqualitäten) und die einer materiellen und rechtlichen Zurechnung der Verantwortung weitgehend entzogenen zentralen Planinstanzen (1989a, S. 124ff.).

4   Typologie von Wirtschaftsordnungen

Es ist durchaus richtig, in Typologien „die Grundlage der Morphologie der wirtschaftlichen Gebilde" *(Weisser* 1965, S. 274) zu sehen. Wir haben dem insofern Rechnung getragen, als wir vorzugsweise in der dem 3. Kapitel vorangestellten dogmengeschichtlichen Einführung (Denken in Ordnungen versus Denken in Entwicklungen) auf typologische Merkmale eingegangen sind. Dennoch schätzen wir den Stellenwert der Typologie von Wirtschaftsordnungen so hoch ein, dass es angezeigt erscheint, ihr ein eigenes Kapitel zu widmen, wenngleich wir uns hier, mit Bezugnahme auf bereits gemachte Aussagen, an einigen Stellen kürzer fassen können. Jedenfalls ergibt sich die Bedeutung einer in gewisser Beziehung immer auch klassifikatorischen Wirtschaftsordnungstheorie – abgesehen von der Ordnungsbedingtheit allen Wirtschaftens – zunächst einmal ganz allgemein aus dem wissenschaftlichen Bestreben, über die Komplexität der Erscheinungen einen **Überblick** zu erhalten. „Wo immer in wissenschaftlichen Bereichen dieses Ziel angestrebt wird, läßt sich nachweisen, daß ... in erster Linie der Versuch besteht, Einteilungen, Ordnungen oder Systeme mit entsprechend entwickelten Begründungen vorzulegen, die letztlich in instrumenteller Bedeutung sowohl der fundierten Erklärung als auch dem praktischen Handeln dienen." *(Schachtschabel* 1971c, S. 314) So stellen auch *Schönwitz/Weber* die **Erleichterung der Informationsaufbereitung und Informationsauswertung** an den Anfang ihres Begründungskatalogs bezüglich einer Klassifizierung von Wirtschaftsordnungen; sie vermuten sicher zu Recht, dass „ohne die Bestimmung von Wirtschaftsordnungen ... die Fülle der Informationen über die einzelnen nationalen Wirtschaftssysteme kaum effizient ausgewertet und vergleichbar gemacht werden können" (1983, S. 31). Damit ist auch schon auf die **Aufgabe des Vergleichs von Wirtschaftsordnungen bzw. Wirtschaftssystemen** verwiesen, wobei der klassifikatorischen Wirtschaftsordnungstheorie eine heuristische Funktion zukommt: „Bei gleicher oder ähnlicher Ausprägung der konstitutiven Wirtschaftsordnungsmerkmale können für andere Volkswirtschaften entwickelte Hypothesen und wirtschaftspolitische Problemlösungen begründet auf das eigene Wirtschaftssystem übertragen werden." (ebd., S. 32) Darüber hinaus ermöglicht die Typologie aber nicht nur eine vergleichende Analyse von historisch konkretisierten Ordnungen, sondern bringt auch **zukünftige bzw. ideell mögliche „sinnvolle" Gestaltungen** ins Blickfeld; zu denken wäre etwa an das *Sombartsche* Merkmalschema, an die „Gestaltidee" des Wirtschaftssystems.

Da bei den verschiedenen Ansätzen zur Unterscheidung von Wirtschaftsordnungen die ideal- und die realtypische Betrachtungsweise eine zentrale Rolle spielen, gilt es, noch entschiedener als oben (vgl. S. 5 u. 33), auf die **Charakteristika von Modell und (Real-)Typus** einzugehen. Unter einem **Modell** verstehen wir mit *Pütz* „eine Bedingungskonstellation, eine Anzahl von Hypothesen (Bedingungen, Annahmen), die in einem formallogisch einheitlichen Zusammenhang stehen und aus denen eindeutige Folgerungen (Aussagen) deduziert werden", demgegenüber wird der **Typus (im Sinne des Realtypus)** als „Kombination von wesentlichen Merkmalen der individuellen Gestalt (Form) geschichtlicher Kulturwirklichkeiten" interpretiert. „Der Typus dient dem Verstehen von Sinnzusammenhängen. Im Unterschied zur Natur sind gesellschaftliche Wirklichkeiten (z. B. Recht, Politik, Wirtschaft) insofern Sinnzusammenhänge, als sie wesentlich durch Wertideen und Zielsetzungen bestimmt sind." (1964, S. 133) Nach *Gertrud Neuhauser* ist der Ausgangspunkt einer **modelltheoretischen Betrachtung** ein gedachter, ein „konstruierter Prämissensatz, dessen Komponenten graduell (durch Verallgemeinerung von Komponenten, die sich in der Wirklichkeit vorfinden – z. B. rationales Verhalten) oder essentiell (durch Einführung einer Bedingung, die es in der Wirklichkeit überhaupt nicht gibt – z. B. Zeitlosigkeit der Anpassung der Produktion) von der Realität abweichen" (1964, S. 167). Also gelten auch die „Modellergebnisse" immer nur „bedingungsweise", es besteht ein Bedingungs- bzw. Funktionalzusammenhang (ebd.). Im Gegensatz dazu werden – jedenfalls nach Auffassung von Vertretern der verstehenden, der hermeneutischen Position – im **Realtypus** „die jeweils sinnhaft zusammengehörenden Züge einer konkreten raum-zeitlich begrenzten Wirtschaftswirklichkeit, d. h. ihre wesentlichen Bestandteile, ihre Systemelemente, herausgehoben. Ein Typus ist gleichsam Sinnträger, weil in seinen Sätzen eine sinnhafte Ordnung zum Ausdruck kommt, die verstanden werden kann." (ebd., S. 170) Allerdings ist ein Typus „keine möglichst umfassende Beschreibung, keine Totalitätsbetrachtung der Wirtschaft oder des jeweilig betrachteten wirtschaftlichen Teilbereiches in einem bestimmten Raum-Zeit-Bereich. Im Typus sind aber auch nicht etwa nur einzelne Merkmale hervorgehoben, die unter beliebigen Aspekten als die jeweils charakteristischen erscheinen. Die Typus-Aussagen haben vielmehr immer nur jene Merkmale zum Gegenstand, die miteinander kombiniert den sinnvollen Zusammenhang ergeben ... Ein Typus enthält niemals erdachte Aussagen. Alle Aussagen beziehen sich auf Komponenten der jeweils betrachteten Wirklichkeit." (ebd.) Der von *Max Weber* für den Idealtypus hergestellte Bezug zu „stellenweise gar nicht vorhandenen Einzelerscheinungen" ([1904] 1973, S. 191; im Original teilweise hervorgehoben) ist dem Realtypus fremd. Abschließend und als Quintessenz noch einmal *Gertrud Neuhauser:* „Typen unterscheiden sich von Modellen im Hinblick auf den Erkenntniswert grundsätzlich dadurch, daß sie bereits Aussagen über – allgemeine – Zusammenhänge der Wirklichkeit sind, Modelle dagegen nur die Rolle von Instrumenten zur Gewinnung von solchen Aussagen (Hypothesen) spielen." (1964, S. 177)

4.1   Typisierungsansätze/Typologien

4.1.1   Stufentheoretische Ansätze

Es gehörte zu den Anliegen der Historischen Schule der Nationalökonomie, im Zuge eines von der Evolutionsidee des 19. Jahrhunderts geprägten Denkens in Entwicklungen, in Stufenfolgen, in „Fortschrittsketten" *(Hedtkamp),* sogenannte **Wirtschaftsstufentheorien** zu erarbeiten. Lassen wir einmal die bei einer evolutionären Stufenvorstellung doch irgendwie mitschwingende contradictio in adjecto beiseite, dann können wir bereits eine **Orientierung am Realtypus** erkennen. Mit dieser Eingrenzung auf eine „Orientierung" setzen wir uns graduell von der eindeutigeren Zuordnung ab, die *Kellenbenz* vornimmt, der feststellt, das wichtigste Ergebnis der durch die Stufentheorien ausgelösten Diskussionen sei für die Nationalökonomie „die Erkenntnis, daß der Begriff Stufe einen Typus darstellt, der ... als Realtypus aufgefaßt wird und die für den Gesichtspunkt der Betrachtung ‚typischen Merkmale einer bestimmten Wirklichkeit' enthält" (1965, S. 267). Wir empfinden diese Einschätzung deshalb als zu wohlwollend, weil es immer nur einzelne Merkmale sind (statt der zu fordernden „Kombination von wesentlichen Merkmalen"), die der Konstruktion von Wirtschaftsstufentheorien zugrunde liegen und weil zusätzlich der Bezug zur geschichtlichen Kulturwirklichkeit teilweise erhebliche Defizite aufweist. Zu erinnern ist an das von *Friedrich List* – dem Vorläufer der Historischen Schule – verwendete Kriterium **„Stand der Entfaltung der produktiven Kräfte bei der Gütererzeugung"** (mit der Stufenfolge: wilder Zustand, Hirtenstand, Agrikulturstand, Agrikultur-Manufakturstand, Agrikultur-Manufaktur-Handelsstand), an das von *Bruno Hildebrand* – einem Vertreter der älteren Historischen Schule – herangezogene Merkmal **„Art der Tauschmittel"** (Stufenfolge: Naturalwirtschaft, Geldwirtschaft, Kreditwirtschaft) und an das Kennzeichen **„Länge der Absatzwege"**, welches *Karl Bücher* – als Vertreter der jüngeren Historischen Schule – seiner Stufenfolge (Geschlossene Hauswirtschaft, Stadtwirtschaft, Volkswirtschaft) zuordnete (vgl. oben S. 29 f.). Nur im Vorübergehen sei noch auf die entsprechenden Bemühungen von *Karl Knies, Gustav Schönberg, Gustav Schmoller* – um wenigstens die wichtigsten zu nennen – und auf die **Stadienlehren des 20. Jahrhunderts** hingewiesen.

Kritisiert werden an den Wirtschaftsstufentheorien vor allem die optimistische **Annahme eines Fortschritts im Sinne einer ständigen Höherentwicklung** und damit das **Verkennen von zyklischen Bewegungen** mit entsprechenden Rückbildungen, die meist fehlenden Hinweise, auf die in der Wirklichkeit zu beobachtenden **Überschneidungen** und die oftmals – keineswegs aber generelle – **globale Interpretation**. Wir haben schon oben darauf aufmerksam gemacht, dass die Defizite von den Autoren zumindest teilweise selbst gesehen wurden, wenn etwa *Bücher* die Dominanz einer Stufe bei durchaus erkannten Überlappungen herausstellte und seine Dreistufentheorie ausdrücklich auf den europäischen Kulturraum bezog. Andererseits sollte gerade die *Bücher*sche Stufenlehre als Methode zur Aufstellung von Entwicklungsgesetzen verstanden werden. Dagegen wurde zu Recht eingewandt, dass es sich keinesfalls um Kausalgesetze handeln könne, sondern allenfalls um empirische Regelmäßigkeiten, „die höchstens Wahrscheinlichkeiten, Tendenzen, aber keine Notwendigkeiten aufzeigen" (*Kalveram* 1933, S. 139). Darüber hinaus wurde auch die Möglichkeit der Erfassung von organischen Entwicklungen in Frage gestellt, weil „es den Stufenbildnern in erster Linie um die Herausarbeitung typischer Zustände oder Grundformen bzw. die äußeren Wandlungen einzelner Elemente ging und nicht um die neuen treibenden Kräfte, die man am ehesten bei den Übergängen hätte erfassen können" (*Kellenbenz* 1965, S. 266). *Hedtkamp* betont, dass Übereinstimmungen mit der Geschichte begreiflicherweise „nicht strikt am historischen Befund nachgewiesen werden (können), sondern ... bestenfalls an willkürlich herausgegriffenen Beispielen demonstriert (werden), wobei der historische Ablauf in das Prokrustesbett der jeweiligen Stufenlehre gezwängt wird" (1974, S. 124).

Trotz all dieser Einschränkungen darf aber festgehalten werden, dass es sich bei den Wirtschaftstheorien um einen anerkennenswerten **Versuch** handelt, **die übersichtliche Vielfalt der ökonomischen Erscheinungen und Entwicklungen zu ordnen**. Jedenfalls war es ein durchaus zu respektierendes Bemühen, das wenn auch möglicherweise nur vermeintlich Typische im Werdegang der Wirtschaft in den Griff zu bekommen. So waren es ja gerade die aus dem evolutionären, dem stufentheoretischen Ansatz abgeleiteten Defizite, welche zu einem neuen wissenschaftlichen Aufbruch, diesmal in Richtung auf ein durch die Phänomene der inneren Einheit und Sinnbezogenheit charakterisiertes „gestalthaftes Denken" *(Weippert)*, Anlass gaben.

4.1.2   Gestalttheoretische Ansätze

4.1.2.1   Gestaltidee des Wirtschaftssystems

Der mit dem Namen von *Werner Sombart* untrennbar verbundene **Begriff des Wirtschafts-systems** wurde als Entgegensetzung zum Wirtschaftsstufenbegriff zwar schon 1902 (in der 1. Auflage von Sombarts Hauptwerk „Der moderne Kapitalismus") konzipiert, dennoch resultiert die *Sombart*sche „Idee" (Gedankenbild), auch die spätere **„Gestaltidee" des Wirtschaftssystems** erst aus der Auseinandersetzung mit dem von *Max Weber* eingebrachten Begriff des Idealtypus. *Sombart,* dem es zuvörderst darum ging, *alle wesentlichen wirtschaftlichen Einzelerscheinungen gemäß ihrer Zusammengehörigkeit, ihrer „Sinnadäquanz", zu einer Einheit zusammenzufassen,* versteht unter einem **Wirtschaftssystem** eine als **„sinnvolle Einheit" erscheinende Wirtschaftsweise**, bei welcher die **Grundbestandteile** der Wirtschaft, nämlich **Geist (Wirtschaftsgesinnung)**, **Form (Ordnung)** und **Technik**, jeweils eine bestimmte Gestaltung aufweisen; d.h., „es ist die als geistige Einheit gedachte Wirtschaftsweise, die (1.) von einem bestimmten Geiste beherrscht; (2.) eine bestimmte Ordnung und Organisation hat und (3.) eine bestimmte Technik anwendet" (1925, S. 14).

Welches sind , nun die den drei Grundbestandteilen zugeordneten **Strukturelemente**, deren sinnvolle Vereinigung ein Wirtschaftssystem ausmacht? *Sombart* nennt insgesamt zwölf Gegensatzpaare, die wir mit den diesbezüglichen Kriterien (letztere in partieller Anlehnung an *Hedtkamp)* in Abb. 24 wiedergeben.

Die Anzahl der denkbaren Wirtschaftssysteme wird in Abhängigkeit von den „sinnvolle(n) Möglichkeiten der Gestaltung des Wirtschaftslebens" (*Sombart* 1925, S. 15), der sinnvollen Zuordnung der Strukturelemente, gesehen. Wichtig sind also **Sinnverwandtschaften, Strukturverwandtschaften, Sinnadäquanz**, wobei „das konkrete historische Wirtschaftssystem zunächst lediglich als idealtypische Sinneinheit erfaßt wird" *(Weippert* 1953, S. 159), d.h., der Begriff des Wirtschaftssystems stellt sich vorzugsweise als Idealtypus dar.

In einer Würdigung der Gestaltidee des Wirtschaftssystems kommt *Weippert* zu folgender Einschätzung: „Ihre Eigenart besteht in der Erfassung der Kulturwirklichkeit Wirtschaft als einer Sinneinheit. Die Grundbestandteile Geist, Ordnung, Technik, die für alle Kulturwirklichkeit Wirtschaft konstitutiv sind, bieten die Möglichkeit (indem man ihren Wandel in der Zeit verfolgt und den Sinnzusammenhang erarbeitet, in dem sie jeweils stehen), den Sinngehalt konkret historischer Wirtschaftsgestalten zu bestimmen" (ebd., S. 155). Kritisch wird aber auch vermerkt, dass *Sombart* „sehr wesentliche Strukturelemente entgehen", was im Zusammenhang gesehen wird „mit seiner Tendenz, ökonomische Kategorien in soziale Kategorien aufzulösen". Erst auf dem Umweg über die sozialen Kategorien „gelangen die spezifisch ökonomischen Kategorien aber dann gleichwohl, wenn auch nicht scharf ausgeprägt, in das theoretische System; es sind vor allem die beiden ‚Elementar-Formen' der Wirtschaft und die ‚Marktformen', die auf diese Weise nicht voll zum Zuge kommen" (ebd.).

Kriterien ◄── Grundbestandteile ──► Strukturelemente

A. Geist (Wirtschaftsgesinnung)	
I. Zweckeinstellung zum Wirtschaften	Bedarfsdeckungsprinzip – Erwerbsprinzip
II. Verhalten bei der Mittelwahl	Traditionalismus – Rationalismus
III. Verhalten der Wirtschaftssubjekte zueinander	Solidarismus – Individualismus

B. Form (Regelung und Organisation)	
I. Grad normativer Bindung der Wirtschaftssubjekte	Gebundenheit – Freiheit
II. Träger der wirtschaftlichen Initiative	Privatwirtschaft – Gemeinwirtschaft
III. Art der Entscheidung und Willensbildung	Demokratie – Aristokratie
IV. Grad der Arbeitsteilung	Geschlossenheit – Aufgelöstheit
V. Ausrichtung der Produktion auf unmittelbare Bedarfe oder auf den Markt	Bedarfsdeckungswirtschaft – Verkehrswirtschaft
VI. Gestaltung der Betriebs„organisation"	Individualbetriebe – gesellschaftliche Betriebe

C. Technik (Verfahren)	
I. Geistige Struktur	empirisch – wissenschaftlich
II. Dynamische Struktur	stationär – revolutionär
III. Stoffliche Struktur	organisch – nichtorganisch

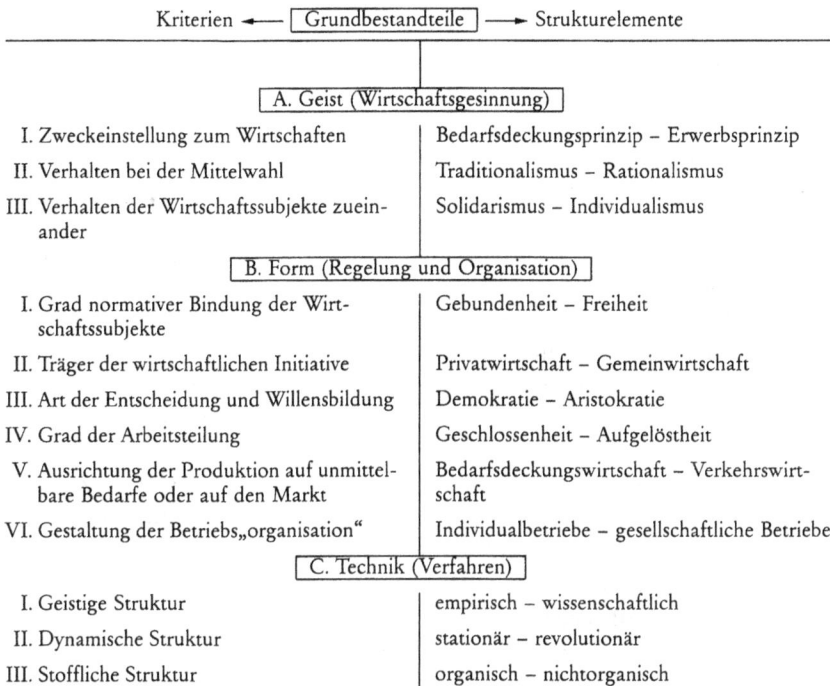

Abb. 24: Kriterien und Strukturelemente von *Sombarts* Grundbestandteilen der Wirtschaft (Quellen: *Sombart* 1925, S. 14ff.; *Hedtkamp* 1974, S. 120)

Es soll nicht unerwähnt bleiben, dass *Hans Ritschl* – obwohl er die Wirtschaftsordnung als Oberbegriff setzt, also die Wirtschaftssysteme als Teilsysteme zum Gesamtsystem Wirtschaftsordnung begreift – in ähnlicher, aber weniger fruchtbarer Weise dem jeweiligen „Sinngefüge" nachspürt. Aus der Gestaltidee des Wirtschaftssystems wird bei ihm eine **Strukturanalyse der Wirtschaftsordnung**. *Ritschl* stellt fest, die strukturanalytische Theorie habe erstens die Aufgabe, „Prinzipien aufzustellen, die in einem Wirtschaftssystem herrschen" (genannt werden der Geist der Gesellschaft [soziales Bewußtsein und sozialer Wille], der Geist der Wirtschaft [Wirtschaftsmotive, Wirtschaftsethik, Wirtschaftsprinzipien] und der Technik), und zweitens „Gestaltungsweisen und Gestaltungsformen zu bestimmen, in denen die Elemente der gesellschaftlichen Wirtschaft eben Gestalt gewinnen" (1965, S. 193). Den drei genannten Prinzipien der Wirtschaftsordnung entsprechen jeweils Gestaltungsformen in den Bereichen Gesellschaft, Wirtschaft und Technik. *Ritschl* unterscheidet nicht weniger als 20 Gestaltungsformen der Wirtschaft (darunter auch so wenig systemprägende Formen wie die des Güter- und Personenverkehrs, des Nachrichtenverkehrs, dann Kreditformen, Versicherungsformen etc.), die wiederum sehr subtil untergliedert werden (vgl. ebd., S. 194 ff.). Ganz ohne Zweifel geht damit die Gefahr einer, dass das Relevanzproblem ad absurdum geführt wird bzw. der subjektiven Interpretation alle Türen offenstehen. So meint denn auch *Ritschl,* dass es des „geübte(n) Auge(s) des Forschers" bedürfe, „der bereits weiß, was ein Wirtschaftssystem ist und der eine anschauliche Vorstellung der Gestaltungsformen besitzt" (ebd.).

4.1.2.2   Wirtschaftsstile

Eine zweite auf **gestalttheoretisches Denken** ausgerichtete Vorgehensweise zum Zwecke der Typisierung liegt in der **Wirtschaftsstilbetrachtung** von *Arthur Spiethoff* vor. Weit mehr als *Sombart*, „auf dem allein weiter gebaut werden kann" *(Spiethoff* 1932, S. 915), ist er – mit Distanz zu nur denkbaren Ordnungen – an der historischen Realität orientiert. Zudem gibt *Spiethoff* seiner **„geschichtlichen Theorie"**, der das Ziel gesetzt wird, mittels der Wirtschaftsstile **Denkgebilde in Form von „Abbildern der Wirklichkeit"** vorzulegen, ein ausgesprochen relativistisches Gepräge. Er behauptet, den von Veränderungen begleiteten wirtschaftlichen Erscheinungen könne die Theorie nur nahekommen, wenn sie die Verschiedenheiten in „Musterbeispielen" einfange. Damit entstehe die Aufgabe, „so viele Musterbeispiele wirtschaftlichen Zusammenlebens aufzustellen, daß sie in ihrer Gesamtheit die Verschiedenartigkeiten gesellschaftlich wirtschaftlicher Gestaltung widerspiegeln". Für jedes Musterbeispiel, für jeden Wirtschaftsstil, sei eine Allgemeine Volkswirtschaftslehre möglich. Sie gelte aber immer „nur für ihren eignen Stil, nicht darüber hinaus, nicht für alles Wirtschaftsleben, nicht für das aller Zeiten". Demnach bestehe eine umfassende Allgemeine Volkswirtschaftslehre „aus einer Reihe von Teillehren mit beschränkter Gültigkeit. Wir bedürfen ihrer so vieler, wie wir Wirtschaftsstile unterscheiden." (ebd., S. 893)

Zur Bestimmung eines Wirtschaftsstils, verstanden als „Inbegriff der Merkmale, die eine arteigne Gestaltung des Wirtschaftslebens zur Verkörperung bringen" (ebd., S. 896; im Original teilweise hervorgehoben), werden von *Spiethoff* fünf Merkmale, unterteilt in insgesamt 16 Strukturelemente, benannt: **Wirtschaftsgeist, natürliche und technische Grundlagen, Gesellschaftsverfassung, Wirtschaftsverfassung** sowie **Wirtschaftslauf** (ebd., S. 916 f.). Mit dem Verfahren zur Schaffung von Wirtschaftsstilen geht bei *Spiethoff* aber zugleich ein ausgesprochen **subjektives Moment** einher: „Was ‚wichtig' und ‚wesentlich' war, wird sich nie zwingend erweisen lassen, die Zahl der notwendigen Stile und die Bestimmung jedes einzelnen wird immer weitgehend vom Urteil des Forschers abhängen" (ebd., S. 897). Auch der mit dem Terminus „Stil" angedeutete künstlerische Aspekt ist nicht zufällig. Genauso wie zwei Maler von demselben Gegenstand verschiedene Bilder liefern, so „entscheidet der Forscher nach einer sinnvollen Vorstellung, die er sich vom Zusammenspiel der Erscheinungen, von der. Verwertbarkeit des einzelnen zur Erklärung des Ganzen, macht" (ebd., S. 900). Aber anders als der Maler darf der Forscher „nicht einer ‚einheitlichen' Schau zuliebe Störendes weglassen, soweit es sich um Wesentliches handelt. Das würde zum Idealtyp führen." *(Clausing* [1958] 1967, S. 253) Das Abbild wird ja gerade „durch die Aufnahme auch von wesentlichen störenden Erscheinungen und durch Erfassung aller wesentlichen Regelmäßigkeiten zum Realtyp" (ebd., S. 254).

Kritisch muß angemerkt werden, dass das Projekt Wirtschaftsstile weitgehend Programm geblieben ist; man sucht bei *Spiethoff* vergebens nach der detaillierten Bestimmung eines konkreten Wirtschaftsstiles (zumindest ist darüber nichts zur Veröffentlichung gelangt), und selbst in Bezug auf die Bezeichnung möglicher Wirtschaftsstile existieren nur sporadische Hinweise. Allerdings bekam die Wirtschaftsstilforschung in den 40er Jahren u. a. durch *Müller-Armack* mit seiner (im Anschluss an *Max Weber)* auch religiöse Grundhaltungen einbeziehenden „Genealogie der Wirtschaftsstile" noch zusätzliche Impulse. Diese Feststellung ändert freilich nichts am insgesamt programmatisch gebliebenen Ansatz des Wirtschaftsstilvorhabens.

4.1.2.3   Wirtschaftliche Grundgestalten

Auf gestalttheoretisch orientierte Arbeiten, die *Waldemar Mitscherlich* Anfang der 1920er Jahre vorlegte, stützt sich die ansatzweise schon 1939, definitiv dann in den 1950er Jahren von *Hans-Jürgen Seraphim* entwickelte Lehre von den „**Wirtschaftlichen Grundgestalten**". Ähnlich wie *Sombart* das Wirtschaftssystem, definiert *Seraphim* die Wirtschaftliche Grundgestalt als „sinnvolle Kombination und Zusammenordnung von Grundelementen, die die entscheidenden Ausprägungen sozialökonomischen Lebens bestimmen, zu einem Ganzen" (1963, S. 118), wobei zwischen konstanten (naturgegebenen) und variablen (menschbedingten) Elementen unterschieden wird. *Seraphim* stellt heraus, „im Menschen die gestaltende Kraft der wirtschaftlichen Grundgestalten und damit innerhalb derselben auch der Wirtschaftsordnungen zu sehen", und er fährt fort: „Es sind die obersten Ziele, die die Menschen sich setzen, und die Mittel, die zu ihrer Erreichung vom Menschen eingesetzt werden, die die Grundgestalten der Wirtschaft formen." (ebd., S. 120)

Zentrale Bedeutung erlangen bei *Seraphim* zwei in allen Wirtschaftsgrundgestalten wiederkehrende Beziehungen: die **Mitwelt- und die Umweltbeziehungen**. Die **Mitweltverhältnisse** sind durch das „Miteinander im weitesten Wortsinn (das freilich auch ein Gegeneinander mit einschließt)" gegeben. Inhaltlich sehen die Mitweltverhältnisse „sehr verschieden aus, je nach dem Grad der Abhängigkeit des einzelnen von den Mitmenschen und seiner Einordnung in die von ihnen geschaffenen Sozialgebilde" (ebd., S. 121). Dabei wird das Augenmerk auf die jeweiligen Bedingungen sozialökonomischer Macht gelenkt. Demgegenüber sind die **Umweltverhältnisse** dadurch gekennzeichnet, „daß die Individuen in ein irgendwie geartetes Verhältnis zu den sie umgebenden konstanten Elementen ... treten: zu den sachlichen Gegebenheiten der Natur und zu den Gegenständen, die sich die Menschen schaffen, um sich die Natur dienstbar machen zu können" (ebd.) *Seraphim* räumt den das soziale Moment repräsentierenden Mitweltverhältnissen Vorrang vor den die eigentlich ökonomische Seite des menschlichen Daseins widerspiegelnden Umweltverhältnissen ein, weil „die Art der Beziehung der wirtschaftlichen Subjekte zueinander, ihre Einordnung in die von ihnen selbst geschaffenen sozialen Gebilde und deren Lebensbedarfe, auch der Gestaltung der Umweltverhältnisse, die in bestimmten ökonomischen Zweckgebilden erfolgt, die Ziele weist" (ebd., S. 122).

Mit den *wechselnden Zielsetzungen,* den *sich wandelnden Gesinnungen,* dem *Wechsel des Mitteleinsatzes* kommt es zu **neuen Kombinationen der Gestaltelemente**, zur **Veränderung der Wirtschaftlichen Grundgestalten**, von denen *Seraphim* die folgenden fünf **Realtypen** ermittelte:

1. die sippen- und familiengebundene,

2. die ständisch-korporativgebundene,

3. die staatsgebundene,

4. die einzelwirtschaftlich ausgerichtete und

5. die klassenausgerichtete kollektivistische Grundgestalt.

Es soll nicht unerwähnt bleiben, dass *Schachtschabel* dem einzelwirtschaftlich ausgerichteten Typus eine den gegenwärtigen Verhältnissen entsprechende „sozialgeordnete Grundgestalt" hinzufügte, in der sich „ein ungefähres Gleichgewicht zwischen dem Individual- und dem Sozialgedanken äußert" ([1964] 1971c, S. 331). Dies wird einmal im Zusammenhang gesehen mit den aus zunehmenden sozialen und ökonomischen Unsicherheiten resultierenden interventionistischen Zugeständnissen gegenüber Staat und internationalen Organisationen und zum anderen in den auf freiwilliger Basis erfolgenden gesellschaftlich-gruppenweisen Zusammenschlüssen zu Organisationen bzw. Verbänden, in denen – zwecks gemeinsamen Handelns – auch eine Wiederbelebung des Sozialgedankens erblickt wird (ebd., S. 334 ff.).

Es liegt dem Bemühen um eine Herausarbeitung einer Wirtschaftlichen Grundgestalt ganz offensichtlich die Intention zugrunde, die **außerökonomischen, aber ökonomisch relevanten Faktoren des Sozialen im weitesten Sinn** zu erfassen. Eine Abgrenzung des Theoriebereiches im Verständnis eines Datenkranzes – dies gilt selbstverständlich auch für den *Spiethoff*schen Wirtschaftsstil – ist bei diesem zwar sehr differenzierten, zugleich zielorientierten, aber eben doch auch „globalen" Gestaltbegriff kaum zu erkennen. *Lampert* verweist darauf, dass mit den auf den Sinn-, Ziel- und Systemzusammenhang der Wirtschaft ausgerichteten Wirtschaftlichen Grundgestalten eine Leistung vorliegt, die in der wissenschaftlichen Auseinandersetzung um eine Theorie und Typologie der Wirtschaftsordnungen zuwenig beachtet wurde (1973, S. 397). Fragen wir nach den Gründen, so spielt sicher auch eine Rolle, dass wegen der schon existierenden Vielzahl von Begriffen, wie Idealtypus, Realtypus, Wirtschaftssystem, Wirtschaftsordnung, Wirtschaftsstil, Modell, zu ergänzen wären „rationales Schema" und Konstruktion, die zusätzliche Kreation der Wirtschaftlichen Grundgestalt auf eine „Begriffssättigung" stieß. Zudem darf auch bezweifelt werden, ob die „Wirtschaftliche Grundgestalt" als eine gelungene Sprachschöpfung bezeichnet werden kann, zumindest die Verständigung über die Fachgrenzen hinaus wurde damit nicht gerade erleichtert. Jedenfalls war die immer weitergehende begriffliche Diversifikation dem gestalttheoretischen Anliegen der verstehenden Nationalökonomie nur begrenzt förderlich.

4.1.3   Ordnungstheoretische Ansätze

4.1.3.1   Idealtypisch orientierte Betrachtungsweise

Ganz ohne Zweifel hat das Werk von *Walter Eucken,* besonders seine 1940 in erster Auflage erschienenen „Grundlagen der Nationalökonomie", die nach Breite und Tiefe nachhaltigste Diskussion in Bezug auf Fragen der Wirtschaftsordnung ausgelöst. War es doch *Eucken,* der das **Denken in Ordnungen** einforderte, der die Überwindung der „großen Antinomie" zwischen historisch-empirischer und theoretisch-analytischer Betrachtungsweise reklamierte, mit seiner Lehre von den Ordnungsformen die „Ökonomorphologie" ungemein befruchtete, aber mit seiner modelltheoretisch-ahistorischen Vorgehensweise zugleich vehement zum Widerspruch herausforderte. Zwar sind *Euckens* nationalökonomische Lehren in der Tat gespickt mit einer Vielzahl oft weit hergeholter raum-zeitlicher Exemplifikationen, bei den **als konstitutive Grundformen einer Ordnung verstandenen Wirtschaftssystemen** handelt es sich aber um **idealtypisch orientierte „reine Formen"**, um gedankliche **Modelle**, um geschichtsfreie (sinnfreie) Denkfiguren. „Kraft ‚pointierend hervorhebender Abstraktion' fanden wir … die idealtypischen Wirtschaftssysteme mit ihren vielen Formen zentralgeleiteter Wirtschaft, den Marktformen und Geldsystemen." (1965, S. 163) Obwohl auf die Entstehung „aus exakter Beobachtung der Wirklichkeit" hingewiesen wird, heißt es ausdrücklich, dass die einzelnen Formen keine Abbilder der Wirklichkeit darstellen: „Sie sind weder Photographien noch Gemälde und wollen es nicht sein. Sie sind auch nicht in einem historischen Milieu gedacht." (ebd.)

Nach der Herausarbeitung der idealtypischen Wirtschaftssysteme ergibt sich natürlich auch für *Eucken* die Frage nach der Erfassung der wirklichen Wirtschaft in der als Oberbegriff gesetzten **Wirtschaftsordnung**, letztere definiert als Gesamtheit der realisierten Formen, in denen der Wirtschaftsprozess alltäglich abläuft. *Eucken* behauptet einfach, „daß es in Anwendung des morphologischen Apparats gelingt, das Ordnungsgefüge und damit den Aufbau der Wirtschaftsordnung einer jeden Zeit und eines jeden Volkes zu erkennen" (ebd.; im Original hervorgehoben). Zum Verfahren führt er aus: „*Vorhin* arbeiteten wir mit ‚pointierend hervorhebender', *jetzt* arbeiten wir mit generalisierender Abstraktion." (ebd., S. 168) Erläuternd wird hinzugefügt: „Wir vergleichen die Morphologie mit dem Alphabet. Erst wenn es da ist, kann man ein Wort schreiben. Erst wenn man die reinen Formen und damit die Bauelemente der Wirtschaftsordnungen kennt, kann man die Ordnung der einzelnen konkreten Wirtschaft ganz erkennen. Und wie ein jedes Wort nur einige Buchstaben des Alphabets enthält, so braucht auch bei Bestimmung einer konkreten Wirtschaftsordnung nur ein Teil des Alphabets von reinen Formen angewandt zu werden." (ebd., S. 169) Es stellt sich allerdings die Frage, ob die realen Wirtschaftsordnungen durch eine Verbindung der reinen konstitutiven Grundformen überhaupt hinreichend gedeutet werden können (vgl. *Kloten* 1955, S. 126). Ziemlich eindeutig war die 1941 von *Erich Preiser* gegebene Antwort, der erklärte, „daß die gelenkte Marktwirtschaft mit den Kategorien *Euckens* nicht ausreichend zu fassen ist. Mit dem Hinweis auf eine ‚Mischung' von Elementen der zentralgeleiteten und der verkehrswirtschaftlichen Ordnung ist ihre Eigentümlichkeit jedenfalls nicht genügend gekennzeichnet." (1970, S. 269) Bemerkenswert ist sicher auch die von *Fritz Machlup* getroffene und von ihm ausführlich begründete Feststellung, dass es bei *Eucken* gar keinen klaren Trennungsstrich zwischen Ideal- und Realtypus geben könne, weil auch die Kombinationen der idealtypischen Formelemente, welche als Typen gemischter Wirtschaftsordnungen ausgebracht werden, genauso Idealtypen darstellten wie die „reinen Formen", die ihnen zugrunde lägen (1961, S. 47 f.).

Ein Hauptkritikpunkt an *Euckens* spezifischer Betrachtungsweise betrifft den **Merkmalmonismus**, mit dem die denkbaren „Wirtschaftssysteme" eruiert werden, nämlich die Zahl der Träger selbständiger Wirtschaftspläne bzw. – mit Blick auf die Funktion die Aufstellung und Koordination der Pläne. Die dialektische Sicht auf die beiden antipodischen bzw. kontradiktorischen Möglichkeiten – entweder plant einer (der Staat) oder alle (Wirtschaftssubjekte) – führt zwangsweise zu nur zwei Koordinationssystemen (Koordinationsmodellen), zu zwei „reinen konstitutiven Grundformen", zur „Zentralgeleiteten Wirtschaft" und zur „Verkehrswirtschaft". Innerhalb der Zentralgeleiteten Wirtschaft, in der „die Lenkung des gesamten wirtschaftlichen Alltags eines Gemeinwesens auf Grund der Pläne einer Zentralstelle erfolgt" (ebd., S. 79), unterschied *Eucken* je nach der von der Größenordnung abhängigen Notwendigkeit eines besonderen Verwaltungsapparates die Kleinform der „**Eigenwirtschaft**" und die „**Zentralverwaltungswirtschaft**". Nach dem Merkmal der Art der Verteilung der Konsumgüter werden jeweils drei Varianten genannt:

- die „*Total zentralgeleitete Wirtschaft*" in der nicht nur der Einsatz aller Produktionsfaktoren, sondern auch die Verteilung der Konsumgüter zentral erfolgen, aber mit der Maßgabe, dass kein Tausch der zugeteilten Güter erlaubt wird;

- die *„Zentralgeleitete Wirtschaft mit freiem Konsumguttausch"* in der zwar auch eine Zentralstelle „den Einsatz der produktiven Kräfte, den zeitlichen Aufbau der Produktion, die Verteilung der Produkte auf die Mitglieder des Gemeinwesens, die anzuwendende Technik und den Standort der Produktion bestimmt", jedoch ist „die Alleinherrschaft eines Planträgers ... dadurch abgemildert, daß auch die Bedürfnisse und Wirtschaftspläne der einzelnen Empfänger von Konsumgütern sich äußern können. Allerdings ist das nur in bescheidenem Ausmaß der Fall. Aber der reine ‚Monismus' ist beseitigt, und ein gewisser ‚Pluralismus' der Pläne macht sich geltend. Beim Tausch bilden sich ‚Tauschwerte'. ... Ist dieser Tausch von Konsumgütern nicht nur ein gelegentlicher, sondern ein dauernder, so bilden sich Märkte und Preise unter Gebrauch eines allgemein gültigen Tauschmittels, des Geldes. Die Märkte stehen zwar *ganz* im Schatten der zentralen Leitung und ihrer Entschließungen" (ebd., S. 82);

- die *„Zentralgeleitete Wirtschaft mit freier Konsumwahl"* in der nach wie vor eine Zentralstelle den Wirtschaftsprozess leitet, aber die Verbraucher erhalten ihre Konsumgüter weder unmittelbar noch mittelbar über Bezugsberechtigungen zugeteilt, sondern sie empfangen über eine Entlohnung in Geldform allgemeine Anweisungen auf Konsumgüter, wobei es freilich noch auf die Verfügbarkeit der Güter ankommt. *Eucken* weist darauf hin, dass hier die Nachfragenden ihre eigenen Wirtschaftspläne zur Geltung bringen können. Die Zentralstelle kann sich gegenüber den individuellen Wirtschaftsplänen in zweifacher Weise verhalten: Sie kann z.B. über die Höhe der Preisfestsetzungen Konsumlenkung betreiben, sie kann aber auch „den Umfang der Nachfrage als Index der Bedürfnisse der Bevölkerung ... verwenden. ... Dann also wäre die Zentralleitung bemüht, ihren Wirtschaftsplan in Ansehung der Wirtschaftspläne der Staatsangehörigen aufzustellen. Tut sie dies grundsätzlich, so ist ihr Wirtschaftsplan von den *vielen* Wirtschaftsplänen der Nachfragenden abhängig. Deshalb ist hier die Grenze der zentralgeleiteten Wirtschaft erreicht oder überschritten." (ebd., S. 85)

Wohlgemerkt: Auch die zuletzt genannten Varianten der Zentralgeleiteten Wirtschaft werden **idealtypisch gesehen**, ebenso natürlich auch die als Gegenpol sich ergebende **Verkehrswirtschaft**, bei der Betriebe und Haushalte (letztere verstanden als reine Konsumtionseinheiten) miteinander im Verkehr, im Tausch, stehen (ebd., S. 87). (Zu den nach den Merkmalen der *Marktform,* der *Geldwirtschaft* und der *Geldsysteme* sich ergebenden Varianten s. Abb. 25.)

Wirtschaftssysteme
(Modelle)

Merkmal: Zahl der selbständig planenden Wirtschaftseinheiten

einer (Staat) ─── alle Wirtschaftssubjekte

Zentralgeleitete Wirtschaft

Verkehrswirtschaft

Merkmal:
Besonderer Verwaltungsapparat

nicht ─── vorhanden
vorhanden

Eigenwirtschaft

Zentralverwaltungswirtschaft

Varianten nach dem Merkmal
Verteilung der Konsumgüter:

1. Total zentralgeleitete Wirtschaft

2. Zentralgeleitete Wirtschaft
   mit freiem Konsumguttausch

3. Zentralgeleitete Wirtschaft
   mit freier Konsumwahl

Varianten nach den Merkmalen
Marktformen und monetäre Formen:

1. Marktformen
   ● resultierend aus einer Matrix mit
     jeweils fünf Formen des Ange-
     bots und der Nachfrage:
     a) Konkurrenz
     b) Teiloligopol
     c) Oligopol
     d) Teilmonopol
     e) Monopol

   ● die 25 Marktformen, uftretend
     in vier Arten des Marktzugangs:
     a) Angebot offen, Nachfrage
        offen
     b) Angebot geschlossen
        Nachfrage geschlossen
     c) Angebot offen, Nachfrage
        geschlossen
     d) Angebot geschlossen,
        Nachfrage offen

   ● die 100 Ausprägungen, unter-
     schieden nach dem Vorhanden-
     sein oder Nichtvorhandensein
     einer staatlichen Preisfest-
     setzung

2. monetäre Formen
   ● Formen der Geldwirtschaft:
     a) Geldfunktion: Tauschmittel
     b) Geldfunktion: Tauschmittel
        und Recheneinheit

   ● Geldsysteme
     (Art der Geldschöpfung):
     a) Sachgut wird zu Geld
     b) Geld entsteht als Gegenwert
        für Leistung
     c) Kreditgeber schafft Geld

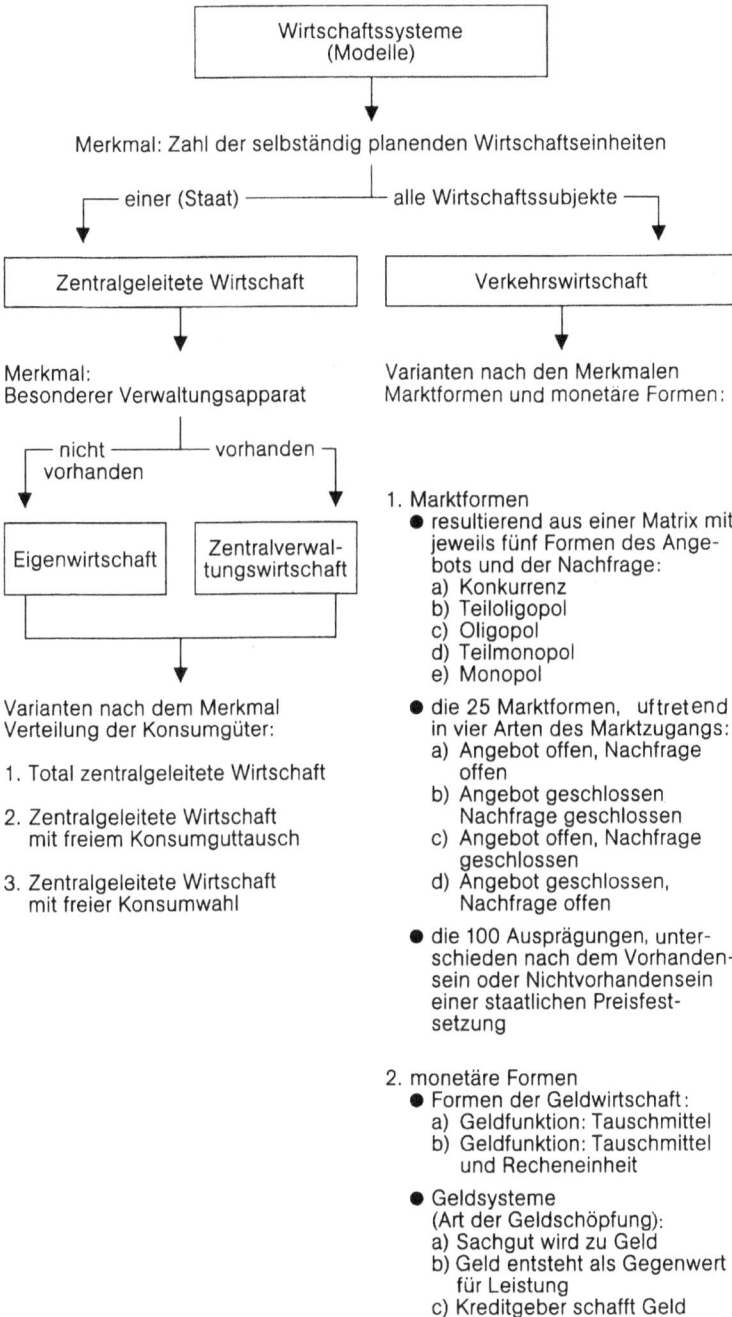

Abb. 25: Wirtschaftssysteme nach *Eucken* (Darstellung in Anlehnung an eine Synopse von *Schönwitz/Weber*)
(Quellen: *Eucken* 1965; *Schönwitz/Weber* 1983, S. 39)

Herauszustellen bleibt noch die mit dem ordnungstheoretischen Bemühen im *Eucken*schen Verständnis – dies ist gerade als Entgegensetzung zum gestalttheoretischen Anliegen zu sehen – einhergehende **Grenzziehung des Theoriebereiches** mit Hilfe der **Denomination**

von Daten bzw. des sogenannten Datenkranzes. *Eucken* benennt als Daten „Bedürfnisse", „Natur", „Arbeit", „technisches Wissen" sowie die „rechtliche und soziale Organisation", und er bestimmt kategorisch: „An den faktischen gesamtwirtschaftlichen Daten endigt die theoretische Erklärung. Aufgabe der Theorie ist es, die notwendigen Zusammenhänge bis zum Datenkranz zu verfolgen und umgekehrt zu zeigen, wie von den einzelnen Daten das wirtschaftliche Geschehen abhängt. Aber die ökonomische Theorie ist nicht fähig, ihr Zustandekommen zu erklären." (1965, S. 156) Tatsächlich hat *Eucken* die Datengrenze sehr eng gezogen; seine diesbezüglichen Einlassungen lesen sich manchmal – wie *Willy Meyer* formulierte – „wie Verbote, den Zusammenhang zwischen verschiedenen Daten zu untersuchen" (1989, S. 44), also Datenanalyse zu *betreiben*. *Meyer* kommt zum Ergebnis, dass die Entwicklung der Nationalökonomie die rigorose Grenzziehung teilweise überwunden hat, denn gerade da, wo *Eucken* glaubte, „man könnte keine – in seinem Sinne: exakten – Theorien entwickeln, hat die Phantasie der Ökonomen das Gegenteil gezeigt. Es gibt inzwischen Modelle des politischen Prozesses, die das erfüllen, was *Eucken* von theoretischen Sätzen forderte, nämlich daß ‚Bedingungskomplexe‘ vollständig erfaßt sind und somit der Modellzusammenhang exakt behandelt werden kann" (ebd., S.49); genannt werden dabei z.B. die Medianwählermodelle der Modernen Politischen Ökonomie. In diesem Zusammenhang verweist auch *Leipold* auf die **Renaissance der Ordnungstheorie**, und zwar im Zuge der **Neuen Ökonomischen Institutionentheorie** durch angloamerikanische Fachvertreter (vgl. dazu oben, S. 34), welche – im Gegensatz zu der von *Eucken* proklamierten These von der Datenkranzzugehörigkeit der rechtlichen und sozialen (einschließlich der politischen) Ordnung – demonstrieren, „daß sich sowohl Entstehung und Wandel von Institutionen als auch die politische Ordnung mit dem Instrumentarium der ökonomischen Theorie analysieren lassen" (1989b, S. 129; zu Einzelheiten vgl. ebd., S. 130 ff.).

Norbert Kloten überwand 1955 in einem Beitrag „Zur Typenlehre der Wirtschafts- und Gesellschaftsordnungen" zunächst den *Eucken*schen Merkmalmonismus, indem er einem als „Vorwalten (Dominanz) der öffentlichen oder der privaten Wirtschaftsführung" bezeichneten Primärkriterium die „Ordnung des Eigentums" als Subsidiärkriterium hinzufügte; zugleich stellte er – ausgehend von den beiden polaren Extremformen der idealtypischen Verkehrswirtschaft („totale Koordination") und der idealtypischen zentralgeleiteten Wirtschaft („totale Subordination") – ein **Schema von „gemischten" Wirtschaftsordnungen** vor, die er damals als Realtypen auffasste. Er gelangte zu drei Gruppen von Wirtschaftssystemen, zur **Verkehrswirtschaft**, zur **gelenkten Marktwirtschaft** und zur **zentralgeleiteten Wirtschaft**, die – *nach dem divergierenden Bedeutungsanteil der privaten und der öffentlichen Wirtschaftspläne* – wie folgt untergliedert wurden (S. 131 f.; komprimierte Wiedergabe):

I. Systeme der Verkehrswirtschaft (Primat der Koordination):

   1. Idealtypische Verkehrswirtschaft (keine Wirtschaftsbetätigung der öffentlichen Hand).

   2. Realtypische Verkehrswirtschaft
      a) mit Steuern und Wahrnehmung allgemeiner öffentlicher Aufgaben,
      b) mit Marktordnung durch öffentlichen Verband.

II. Systeme der gelenkten Marktwirtschaft:

   3. Marktwirtschaft mit Markteingriffen und Produktionslenkung.

   4. Marktwirtschaft mit Markteingriffen, Produktionslenkung und Preisregulierung.

III. Systeme der zentralgeleiteten Wirtschaft (Primat der Subordination)

    5.   Realtypische zentralgeleitete Wirtschaft
        a) mit geringen Sektoren privatwirtschaftlicher Güterherstellung in der konsumnahen Sphäre und mit freier Konsumwahl,
        b) mit freiem Konsumguttausch.
    6.   Idealtypische zentralgeleitete Wirtschaft (keine privatwirtschaftliche Betätigung).

Anläßlich des 1971 erfolgten Wiederabdrucks seines Beitrages in dem von *Schachtschabel* herausgegebenen Sammelband „Wirtschaftsstufen und Wirtschaftsordnungen" vermerkt *Kloten* in einem Nachtrag, dass die von ihm 1955 in Anlehnung an *Eucken* vorgenommene Unterscheidung von Ideal- und Realtypen („Wir bezeichnen die Wirtschaftssysteme, die rein gedankliche Kombinationen sind, als Idealtypen, solche, die in concreto vorstellbar sind, als Realtypen." [S. 130, Anm. 34]) – in Anbetracht der von *Machlup* gegenüber *Euckens* Kombinationen der idealtypischen Formelemente vorgebrachten Kritik (vgl. oben, S. 112) – revisionsbedürftig sei. *Machlup* schlug zum Zwecke der Rettung der Begriffe Ideal- und Realtypus als Kategorien sozialwissenschaftlicher Forschung vor, den Realtypus als eine „Kategorie des Beobachtens, des Ordnens, des Beschreibens und des Messens", dagegen den Idealtypus als eine „Kategorie des Nachdenkens" neu zu definieren (1961, S. 52; im Original hervorgehoben). *Kloten* schließt sich der Kritik *Machlups* an und konstatiert: „Die Unterscheidung Euckens zwischen Real- und Idealtypus ist – gemessen an heutigen wissenschaftslogischen Kriterien – nicht zu halten. Das gilt folglich auch für die von mir beschriebenen Systeme; sie sind ausnahmslos Idealtypen.". (1971, S. 474)

Zur Weiterentwicklung der Ordnungstheorie im Anschluß an *Eucken* durch *Hensel* und *Leipold* vgl. oben, S. 33.

4.1.3.2   Realtypisch orientierte Betrachtungsweise

Die 1987 von *Hans-Rudolf Peters* getroffene Feststellung, die Wirtschaftssystemtheorie habe sich lange Zeit zu sehr auf die beiden polaren Idealtypen konzentriert und somit die Erforschung der Realtypen ziemlich vernachlässigt, verdient Zustimmung. „Insofern reale Wirtschaftssysteme betrachtet wurden, sind deren Systemelemente in ihrer Vermischung meist mit idealtypischen Mustern verglichen worden, um letztlich den Charakter des untersuchten Mischsystems auf eines der beiden idealtypischen Grundmuster zurückzuführen. Dabei konnten kaum die Eigenständigkeit und die spezifischen Funktionsweisen der lenkungsmäßig komplexen Wirtschaftssysteme herausgearbeitet werden." (S. 132)

Peters hebt in seinem Typisierungsansatz – er interpretiert das Wirtschaftssystem freilich nur als das „ökonomisch zweckrationale Kernstück" einer Wirtschaftsordnung – ab auf die „**Verfügungsgewalt über Produktion und Verteilung**" und unterscheidet die *private,* die *genossenschaftliche* und die *staatliche Variante.* Bezogen auf das Kriterium der Dominanz der jeweiligen Verfügungsgewalt, „die aus dem Sachzwang heraus stets mit bestimmten Planungs- und Koordinierungssystemen verknüpft ist" (ebd., S. 134), ergeben sich **Marktwirtschaft**, **Arbeiterselbstverwaltung** und **zentralgeleitete Wirtschaft**, wobei letztere zum Zwecke der Abgrenzung vom Idealtypus als zentralgeleitete Produktionswirtschaft bezeichnet wird. Damit sind als weitere konstitutive Faktoren von Wirtschaftssystemen bereits die „**komplexen Planungs- und Koordinierungssysteme**" genannt; innerhalb des dezentralen Systems erscheinen neben der auf ordnungspolitische Rahmenbedingungen und auf Verhinderungsstrategien von Wettbewerbsbeschränkungen setzenden *ordoliberalen Ausrichtung* (so

vorzugsweise praktiziert in der Anfangsphase der Wirtschaftsordnung der Sozialen Marktwirtschaft in der Bundesrepublik Deutschland) die *indikativ-globale Wirtschaftsplanung* und
die *indikativ-strukturelle Planung*. Bei ersterer wird versucht, „anhand richtungsweisender
Zielprojektionen über die wünschenswerte Wirtschaftsentwicklung samt den darin enthaltenen globalen Orientierungsdaten auf prognostischem Fundament und mittels konzertierter
Aktionen die konjunkturrelevanten Verhaltensweisen von Staat, Wirtschaft und Gewerkschaften – quasi aufgrund besserer Einsicht und auf freiwilliger Basis – aufeinander abzu-
stimmen" (ebd., S. 135), bei der indikativen Strukturplanung geht es um die Vermeidung
oder Beseitigung struktureller Ungleichgewichte. Auch hier kommt es zur Anwendung des
Dominanz-Kriteriums, also „muß herausgefunden werden, ob und gegebenenfalls inwieweit
ein verfügungs-, planungs- und koordinierungsmäßiges Systemelement vorherrscht" (ebd.,
S. 136).

Vorwiegende Verfügungsgewalt über Produktion und Verteilung von privaten Gütern / Vorherrschendes Planungs- und Koordinierungssystem	privat	genossen-schaftlich	staatlich
Dezentrales Planungssystem / Ordnungsorientiertes marktwirtschaftliches Koordinierungssystem	Ordo-liberale Marktwirt-schaft		
Kombiniertes Planungssystem dezentraler und indikativ-globaler Planung / Konjunkturpolitisch beeinflußtes marktwirtschaftliches Koordinierungssystem	Global-gesteuerte Marktwirt-schaft		
Kombiniertes Planungssystem dezentraler und indikativ-struktureller Planung / Strukturpolitisch beeinflußtes marktwirtschaftliches Koordinierungssystem	Struktur-gesteuerte Marktwirt-schaft	Struktur-gesteuerte Arbeiter-selbstver-waltung	
Zentrales Planungssystem / Administratives Koordinierungssystem			Zentral-geleitete Produktions-wirtschaft

Abb. 26: Typologie realtypischer Wirtschaftssysteme nach *Peters* (Quelle: *Peters* 1987, S. 141)

Danach ergeben sich aufgrund der Typisierungskriterien

*   vorherrschende Verfügungsgewalt über Produktion und Verteilung bei privaten Gütern
    (Konsum-, Gebrauchs- und Investitionsgüter) und
*   vorherrschendes Planungs- und Koordinierungssystem in diesem Bereich

die folgenden als Realtypen verstandenen Wirtschaftssysteme:

*   Ordoliberale Marktwirtschaft
*   Globalgesteuerte Marktwirtschaft
*   Strukturgesteuerte Marktwirtschaft

- Strukturgesteuerte Arbeiterselbstverwaltung und
- Zentralgeleitete Produktionswirtschaft (ebd., S. 139 ff.).

(Peters bezieht in sein Typologie-Tableau auch die Bereitstellung öffentlicher Güter durch das Infrastruktursystem ein, worauf wir in Abb. 26 der besseren Übersichtlichkeit wegen verzichtet haben.)

4.1.3.3   Funktionenorientierte Betrachtungsweise

Etwa seit den 70er Jahren ist das Bemühen zu erkennen, die **Auswahl der konstitutiven Ordnungsmerkmale** – zum Zwecke der intersubjektiven Nachvollziehbarkeit – **aus den Funktionen der Wirtschaftsordnung abzuleiten**. Der bemerkenswerteste Versuch dieser Art stammt von *Dieter Lösch,* dem es darum geht, „das Ordnungsproblem zu strukturieren, d.h., die systemkonstitutiven Funktionen einer modernen Industriegesellschaft, ausgehend vom postulierten Systemzweck, zu deduzieren und von da her die Frage aufzuwerfen, wie diese Funktionen institutionalisiert werden können, welche Wirtschaftssysteme also denkbar sind". Er meint, damit entfalle „die willkürliche Wahl sogenannter ‚systemkonstitutiver' Ordnungsmerkmale" (1975, S. 103). *Lösch* bezieht sich zunächst auf die auf Minderung der Knappheit der Mittel ausgerichtete primäre Wirtschaftsfunktion „**ökonomisch rationale Güterproduktion**" und gelangt zur Aufspaltung in die Grundfunktionen **Produktion, Allokation, kurzfristige Makrosteuerung, langfristige Makrosteuerung** sowie **Verteilung**. Diese wiederum werden in Beziehung gesetzt zu insgesamt fünf **Organisationsalternativen**, so dass sich z.B. für die Funktion „langfristige Makrosteuerung" die folgenden Varianten ergeben: totale imperative Struktur- und Entwicklungsplanung, gesamtwirtschaftliche imperative Rahmenplanung und Investitionslenkung, gesamtwirtschaftliche indikative Rahmenplanung, indikative regionale und sektorale Planung und ex-post-Korrektur von Fehlentwicklungen, schließlich laissez-faire (ebd., S. 107).

Hingewiesen sei noch auf die von *Schönwitz/Weber* getroffene Auswahl von prägenden Wirtschaftsordnungsmerkmalen auf der Grundlage des **menschlichen Bedürfnissystems** nach *Maslow (Schönwitz/Weber* 1983, S. 17 ff.).

4.2   Zum Vergleich von Wirtschaftsordnungen bzw. Wirtschaftssystemen

Das volkswirtschaftliche Forschungs- und Lehrgebiet „**Comparative Economic Systems**" ist im Vergleich zu den typologischen Ansätzen zur Erfassung von Wirtschaftssystemen relativ jungen Datums. Es erlangte nach dem Zweiten Weltkrieg vor allem in den USA zunehmende Bedeutung und hat sich dort mittlerweile zu einem selbständigen Teilgebiet der Wirtschaftswissenschaft entwickelt, was möglicherweise auch dadurch begünstigt wurde, dass im englischsprachigen Raum der Begriff „**economic system**" weniger differenziert als bei uns verwendet wird, so dass man sich nicht erst mit terminologischen und inhaltlichen Diversifikationen auseinanderzusetzen hatte. Die üblichen Definitionen von „economic system" sind im Wesentlichen auf die **Formen des Zusammenwirkens der wirtschaftlichen Institutionen** bzw. auf die verschiedenen „**forms of economic organization**" ausgerichtet (vgl. dazu die von *Knirsch* in ausführlichen Anmerkungen aufgelisteten Beispiele [1970, S. 18 f.]).

Dennoch waren die **anfänglichen Defizite** im Bereich „Comparative Economic Systems" nicht unerheblich: Entweder es handelte sich um eine Sammlung von wirtschaftskundlichen Fakten, die einander – ohne zu einem eigentlichen Vergleich zu kommen – mehr oder weniger beziehungslos gegenübergestellt wurden (ein Problem des zu geringen Abstraktionsgrades), oder es wirkte sich – im Fall eines Modellvergleichs – „die Beschränktheit der komparativ verwandten Kriterien" (meist wurde als Vergleichsgrundlage die Eigentumsform oder das Allokationsverfahren herangezogen) hinderlich aus (ebd., S. 29). Obwohl diese Anfangsschwierigkeiten mittlerweile als überwunden angesehen werden können, bleibt nach wie vor das **Problem**, dass „die gleichen wirtschaftlichen Instrumente, Institutionen und Vorgänge ... unter den Bedingungen verschiedener Wirtschaftsordnungen sehr unterschiedlichen Charakter haben (können)" *(Thalheim* 1969, S. 332); erinnert sei an die divergierenden Funktionen der Preise, des Geldes, der öffentlichen Finanzwirtschaft usw. Außerdem sind die Merkmale von Wirtschaftsordnungen nur beschränkt quantifizierbar (ebd., S. 330). Zusätzliche Schwierigkeiten bereiten im Hinblick auf eine Gegenüberstellung und Bewertung von Strukturen und Leistungsergebnissen die der jeweiligen Statistik zugrundeliegenden und zum Teil erheblich voneinander abweichenden Konzepte (dies bezieht sich nicht nur auf die Berechnung des Sozialprodukts!). Auf einen besonders gravierenden, gleichwohl häufig anzutreffenden Fehler hat *Grossman* hingewiesen: „It is legitimate to compare ideal or pure systems, or actual economies, among themselves, or an actual system with *its own* ideal. It is not legitimate to compare an actual economy with an ideal model of a different kind (say, American reality with an abstract model of socialism, or Soviet reality with an ideal capitalism), though exactly this trick is often resorted to by none-too-scrupulous or simply careless politicians and propagandists." (1967, S. 4) In Abb. 27 haben wir Formen des Systemvergleichs dargestellt. Demnach sind zu unterscheiden:

1. Inter-Systemvergleich (verschiedene Systeme, gleicher Typus)

   – a) auf idealtypischer Ebene,
   – b) auf realtypischer Ebene.
2. Intra-Systemvergleich (gleiches System, verschiedener Typus).
3. Unzulässig: Inter-Systemvergleich typusverschiedener Ebenen (verschiedene Systeme, verschiedener Typus).

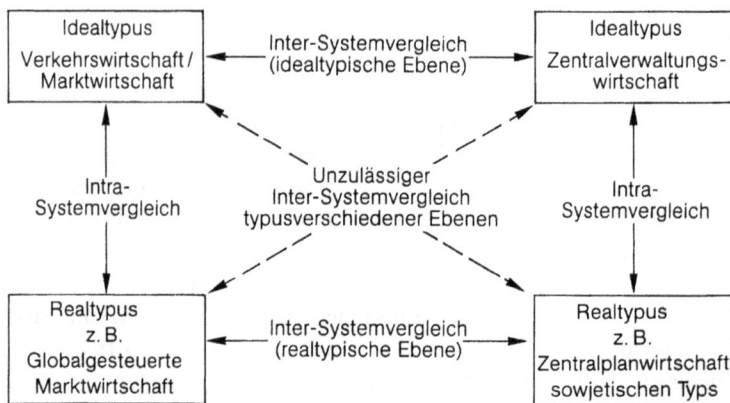

Abb. 27: Formen des Systemvergleichs (in Anlehnung an ein von *Leipold* entwickeltes Schema) (Quellen: *Leipold* 1988, S.70; *Peters* 1987, S. 208)

Ganz offensichtlich kommt beim Vergleich von Wirtschaftssystemen dem Inter-Systemvergleich auf realtypischer Ebene die höchste praktische Relevanz zu, weniger Bedeutung dürfte dagegen dem Inter-Systemvergleich auf idealtypischer Ebene beizumessen sein. Bleibt noch hinzuzufügen, dass sich der Systemvergleich selbstverständlich auch auf einzelne Teilordnungen (z.B. Eigentumsordnung, Geldordnung, Sozialordnung) beschränken kann.

5 Modern Economics is sick, Diagnose: Geschichtsblindheit

5.1 Einführung

„Die Art, wie eine Generation das geistige Erbe verwaltet, ist eins der wichtigsten Symptome der Kultur." (Hermann Hesse) Bezieht man diese These auf die in der modernen Volkswirtschaftslehre weitgehend abhandengekommene ideengeschichtliche Reminiszenz, dann kann man von geradezu pathologischen Erscheinungen ausgehen. Jedenfalls beobachten wir seit gut einem Vierteljahrhundert eine umsichgreifende *Geschichtsblindheit der Wirtschaftslehre*, vor allem im Sinne lehrgeschichtlicher, aber durchaus auch realgeschichtlicher Bezüge. Als Ergebnis kann eine ohne Erinnerung an ihre Herkunft konzipierte *„Kaspar-Hauser-Ökonomie"* konstatiert werden.

Es war zunächst die 68er-Bewegung, die mit ihrer Blickrichtung auf marxistische, neomarxistische und vulgärmarxistische „Heilslehren" (bis hin zum gerade auch im Rekurs auf Marx paradoxen Slogan „Trau keinem über 30!") den Konnex zur Diversifikation dogmenhistorischer Positionen in der Volkswirtschaftslehre hat schwinden lassen. So wurde die ehedem meist sogar von den renommiertesten Fachvertretern gelesene und als Teil der Allgemeinen Volkswirtschaftslehre zudem prüfungsrelevante Pflichtveranstaltung *„Geschichte der volkswirtschaftlichen Lehrmeinungen"*, *„Volkswirtschaftliche Dogmengeschichte"* bzw. *„Geschichte der Volkswirtschaftslehre"* – von wenigen Ausnahmen abgesehen – allmählich aus dem Hochschulcurriculum hinauskomplimentiert. Die Eliminierung historischer Bezüge – außer der ökonomischen Theoriegeschichte geriet auch die realgeschichtliche Perspektive und damit das Wahlfach Wirtschaftsgeschichte in die Defensive – wurde zusätzlich gefördert durch die sich bereits in den 70er Jahren abzeichnende Spezialisierung innerhalb der Wirtschaftswissenschaften, welche einherging mit einer gewissen Fokussierung auf vermeintliches „Gebrauchswissen".

Um es aber gleich vorweg zu sagen, zwei möglicherweise sich jetzt einstellende Befürchtungen kommen in diesem „Befund" nicht zum Tragen:

* Es wird nicht die Zeit herbeigesehnt, in der das Studium der Volkswirtschaftslehre zum großen Teil darin bestand zu lernen, wie früher über volkswirtschaftliche Probleme gedacht wurde.
* Außerdem besteht nicht die Absicht, die Defizite jener volkswirtschaftlichen Lehrrichtungen zu kaschieren, welche sich dezidiert der geschichtlichen Methode verschrieben hatte, der Historischen Schule der Nationalökonomie.
  (Allerdings erscheint es geboten, den gegenüber dieser dogmenhistorischen Position immer wieder erhobenen Pauschalvorwurf einer „Theoriefeindlichkeit" zu relativieren, zumal mit diesem Monitum nur allzu leicht der Eindruck entstehen kann, historisches Denken sei ausschließlich der Deskription zugewandt bzw. Geschichte und Theorie würden sich gegenseitig ausschließen. Auch wenn *Gustav von Schmoller* als Haupt der Jüngeren Historischen Schule auf die Notwendigkeit abhob, mittels Beobachtung und

Beschreibung von ökonomischen, insbesondere auch von wirtschaftshistorischen Einzel-tatbeständen und unter Verzicht auf vorschnelle Verallgemeinerungen „Bausteine" für die Volkswirtschaftslehre bereitzustellen, so war es doch zumindest nicht seine Absicht, das von ihm präferierte induktive Verfahren mit einer monographischen Detailforschung enden zu lassen. Es muss jedoch eingeräumt werden, dass das von *Schmoller* selbstgesteckte Ziel, „richtig beobachten, 2. gut definieren und klassifizieren, 3. typische Formen finden und kausal erklären" (1900, S. 100), partiell verfehlt wurde.[1] In diesem Zusammenhang erscheint es geboten, wenigstens auf die den Nachfolgephasen der His-torischen Schule zuzuordnenden gestalttheoretischen Ansätze („Gestaltidee des Wirt-schaftssystems", Wirtschaftsstile etc.) auf Bemühungen um eine Ontologie der Wirt-schaft (Theorie der zeitlosen Wirtschaft) hinzuweisen, welche nur noch selektiv – wenn überhaupt – zur Kenntnis genommen werden (vgl. dazu im Einzelnen *Kolb* 2004, S. 114–118).

Wenn wir im „mainstream" unserer Disziplin Geschichtsblindheit diagnostizieren, dann kann dies einmal bezogen werden auf die Tatsache, dass der Volkswirtschaftslehre das *Bewusstsein ihrer eigenen Geschichte (weitgehend) verlorengegangen ist*; zum anderen ist es das *Aus-blenden der Kategorie „Geschichtlichkeit", des Bewusstseins von Geschichtlichkeit inner-halb der volkswirtschaftlichen Theorie.* Die Metapher mag erlaubt sein: Volkswirtschaftsleh-re ist auf beiden Augen historisch erblindet. Dass die allseits evidente Geschichtsverges-senheit über den Bezug von Geschichte bzw. Geschichtlichkeit hinausweist auch auf *Defizite im Raum-, im Methoden- und im Sinnbezug der Wirtschaft*, dies wird im Folgenden aufzuzei-gen sein.

5.2   Mit fehlendem Geschichtsbewusstsein ging Orientierung verloren

Als der Verfasser dieses Buches in den an der Frankfurter Johann Wolfgang Goethe-Universität sehr unruhigen 1970er Jahren als Lehrbeauftragter die „Volkswirtschaftliche Dogmengeschichte" vertrat – es ist bezeichnend, dass das ehedem von dem renommierten *Fritz Neumark* mitbetreute Fachgebiet auf einen Lehrbeauftragten delegiert wurde –, da bekundeten Studenten trotz der modischen Abwertung des Geschichtsbezugs wiederholt, dass sie mittels der ökonomischen Ideengeschichte endlich (durch die *Vermittlung von Struk-turwissen*) den „roten Faden" der Volkswirtschaftslehre gefunden hätten. In Anlehnung an ein Bonmot des Namensgebers der Frankfurter Universität war die Rede vom „Erkennen, was das Fach im Innersten zusammenhält". Einige Jahre später drückte es *Galbraith* pointier-ter aus: „Wirtschaftswissenschaft läßt sich nicht verstehen, wenn das Bewußtsein ihrer Ge-schichte fehlt" (1988, S. 11).

---

[1]   Eher beschönigend charakterisierte Schumpeter die Vorgehensweise Schmollers: „Mit einer Minimalbelastung an Apriori an das Material herantreten, damit Zusammenhänge zu erfassen suchen, dabei das Apriori für die Zukunft vermehren und neue Auffassungsweisen erarbeiten, die weiterem Material gegenüber als (proviso-risch) vorhandenes Rüstzeug dienen und so weiter in steter Wechselwirkung zwischen Material und gedankli-cher Verarbeitung. Daß dieses Programm einmal als Spezifikum einer besonderen Schule betrachtet werden konnte, kennzeichnet die Aufgabe, die er vorfand, daß es das heute nicht mehr ist, sein Erfolg." (1926, S. 381 f.)

Ähnlich wie in der Medizin Gedächtnisverlust mit Identitätsverlust gleichzusetzen ist, beschwört die Verdrängung der ideen- und realgeschichtlichen Herkunft in der Wirtschaftslehre die *Gefahr der Verdrängung des Wirklichkeitsbezuges* herauf. Diese Entwicklung wird aber offensichtlich deshalb billigend in Kauf genommen, weil die gegenwärtigen „Reputationsmechanismen des Faches" (Reckling) kaum Anreize bieten, sich der Wirtschaftswirklichkeit und ihren Problemen zu widmen. Förderlich für eine Hochschulkarriere, so *Frey*, „ist vielmehr eine formal möglichst weit getriebene Auseinandersetzung mit den innerhalb des Faches selbst definierten Problemen." (2000, S. 12). Ähnlich urteilt *Blaug*, wenn er seinen pathologischen Befund „...modern economics is sick" durch die Feststellung ergänzt: „economics has increasingly become an intellectual game played for its own sake and not for its practical consequences" (1997, S. 2; zitiert nach Frey 2000, S. 7).

Nun muss zwar zugestanden werden, dass dem Therapeutikum Theoriegeschichte ein unmittelbares Nützlichkeitsdenken fremd ist. Die *Explikationen der volkswirtschaftlichen Ideengeschichte haben vorzugsweise einen bildenden, einen orientierenden Charakter*. Kenntnisse in volkswirtschaftlicher Dogmengeschichte produzieren eher die Fähigkeit zum Relativieren, auch zur Skepsis. Man erkennt leichter, dass das, was manchmal als „neuer Ansatz" daherkommt, in Wirklichkeit gar nicht so neu ist, man entgeht sozusagen der Gefahr, das Rad immer wieder neu zu erfinden.

Gerade im Kontext mit Bildung kommt der Theoriegeschichte ein hoher Stellenwert zu: Wenn unter Lernen heute nicht nur die Aneignung von Fachwissen, sondern gleichermaßen das Lernen von Lernprozessen verstanden wird, dann bietet sich unter den Teildisziplinen der Volkswirtschaftslehre zuallererst die Geschichte unseres Faches als Folie für genetische Prozesse an.

Die Tatsache, dass dogmengeschichtliche Inhalte aus den Lehrplänen für Wirtschaftslehre sowohl der allgemeinbildenden als auch der berufsbildenden Schulen inzwischen weitgehend verschwunden sind, zeigt folgende authentische Begebenheit, wenige Tage vor dem Millenniumswechsel. Es handelt sich um ein kurzes, aber nachdenklich stimmendes Gespräch am Kassenschalter der Commerzbank Nürnberg zwischen einem Bankangestellten (Kassierer, jüngeren Datums) mit Namensschild „List" und dem Autor (eher eine Generation älter):

Autor: „Sie tragen ja den Namen eines großen deutschen Nationalökonomen."
Bankangestellter: (mustert mich eher skeptisch, als ob ich eben von einem anderen Stern gelandet wäre)
Autor: „Na, den von Friedrich List."
Bankangestellter: „Hab ich noch nie gehört."
Autor: „Friedrich List gehört zu den bedeutendsten deutschen Volkswirten des 19. Jahrhunderts."
Bankangestellter: „Dann lebt der wohl nicht mehr?"
Autor: „Nein, der nahm sich 1846 in Kufstein das Leben."
Bankangestellter: „Ojeh."

Abgesehen von der in diesem Fall an sich eher unwahrscheinlichen Möglichkeit, den Bezug zum eigenen Namen zu vergessen, ergibt sich daraus die Feststellung, dass der Name Friedrich List weder in den allgemeinbildenden Schulen (vermutlich Realschule oder Gymnasium) noch in der kaufmännischen Berufsschule genannt wurde. Tatsächlich geht es uns hier aber nicht so sehr um den umtriebigen, aber auch unsteten Reutlinger Visionär, den Eisenbahnpionier und Promoter des Deutschen Zollvereins, der für die Politische Ökonomie den

Anspruch der politischen Gestaltung reklamierte, es geht uns vielmehr um die seit einem Vierteljahrhundert zu beobachtende Geschichtsblindheit der Wirtschaftslehre, um den Verlust der „Geschichtlichkeit" im Sinne ideengeschichtlicher Bezüge, um die ohne Erinnerung an ihre Herkunft konzipierte „Kaspar-Hauser-Ökonomie" in unseren Lehrplänen. Wirtschaftsgeschichte, verstanden als Realgeschichte, findet allenfalls punktuell im Geschichtsunterricht Berücksichtigung, die ökonomische Ideengeschichte wurde dagegen im Laufe der 70er Jahre allmählich aus dem Wirtschaftslehreunterricht verabschiedet. Während bis dahin die vorzugsweise an berufsbildenden Schulen verwendeten Standardlehrbücher der Volkswirtschaftslehre (etwa der Autoren Frisch/Surkau, Schmieder/Ramsegger und Siekaup) fast als unabdingbar ein eigenes Kapitel bzw. einen Anhang „Geschichte der Volkswirtschaftslehre" oder „Geschichte der volkswirtschaftlichen Lehrmeinungen" aufwiesen, sind diesbezüglich Annexe – der Neufassung der Lehrpläne entsprechend – seither weitgehend verschwunden.

Als eine zumindest maßgebliche Ursache dieser Entwicklung ist unschwer die 68er Bewegung auszumachen. Statt einer Rückbesinnung auf die unterschiedlichen dogmengeschichtlichen Positionen unseres Faches erschien manchen die marxistische bzw. neomarxistische Perspektive – auch im Kontext der Kritischen Theorie der Frankfurter Schule – als „Heilslehre" schlechthin. Mehrheitsfähig war diese Position freilich nicht, also verzichtete man generell auf tradierte multipositionale dogmengeschichtliche Lehrinhalte. Als weiterer wichtiger Faktor für die ins Abseits geratene volkswirtschaftliche Ideengeschichte ist – wie bereits angedeutet – die zunehmende Spezialisierung innerhalb der Wirtschaftswissenschaften zu nennen, mit einer gewissen Fokussierung auf vermeintliches „Gebrauchswissen". Was die Geschichte des ökonomischen Denkens in den Studiengängen der Wirtschaftswissenschaften angeht, ist seit den 1970er Jahren eine Eliminierung diesbezüglicher Lehrveranstaltungen feststellbar. Zwar zeigt sich auch hier seit einigen Jahren ein wachsendes Bewusstsein maßgeblicher Fachvertreter für die Notwendigkeit ideengeschichtlicher Reflexion, einen Niederschlag in revidierten Studienordnungen hat dies allerdings bisher kaum gefunden. (Nur nebenbei: Im englischsprachigen Raum wurden in den letzten Jahren sogar mehrere Zeitschriften zur „History of Economic Thought" gegründet und einschlägige Konferenzangebote, jüngst z.B. vom kanadischen Vancouver bis zum australischen Sydney – aber durchaus mit Schwerpunkt in europäischen Universitätsstädten – nehmen von Jahr zu Jahr zu.)

Während der Sozialkunde- bzw. Gemeinschaftskundelehrer gleichermaßen im Studium als auch im Unterricht mit der Ideengeschichte der politischen Theorie konfrontiert wird und ein Deutschlehrer ohne Kenntnisse der Literaturgeschichte gar nicht vorstellbar ist, erscheint die historische Dimension der Wirtschaftslehre vielen als „quantité négligeable". Ganz offensichtlich trifft es zu, was *Recktenwald* so formulierte: „Feldherrn und Staatsmänner, Dichter und Künstler, gelegentlich auch Naturwissenschaftler, sie alle haben es namentlich im deutschen Volke leichter als etwa Nationalökonomen …, ins Blickfeld allgemein Gebildeter oder einer breiten Öffentlichkeit zu treten oder gar in den Rang historischer Größen aufzurücken." (1971, S. 12)

Ein Überblick über Stile des ökonomischen Denkens in Vergangenheit und Gegenwart, über volkswirtschaftliche Schulen bzw. Lehreinrichtungen, vermittelt eine Art „roten Faden" durch die Wirtschaftslehre. Gleichgültig, ob es sich um akademische oder außerakademische Ausbildung in Wirtschaftslehre handelt oder ob es um politische bzw. ökonomische Bildung generell geht, die Beschäftigung mit der Geschichte des ökonomischen Denkens eröffnet einen Zugang zur Volkswirtschaftslehre, vermag Interesse an ökonomischen Zusammenhängen zu wecken, stärkt das Bewusstsein für Entwicklungen, schafft Transparenz im Wirrwarr sich bekämpfender Meinungen und wissenschaftlicher Positionen, gewährt eben Orientierung.

Die Beschäftigung mit Lehrgeschichte macht hellhörig, bescheiden und tolerant zugleich, auch sensibel gegenüber Ideologien mit ihren absoluten Geltungsansprüchen. Die ökonomische Ideengeschichte vermittelt z.B. die Erkenntnis, dass es einmal eine Oikonomia (bekanntlich abgeleitet vom Führen eines Oikos = Haus, Haushalt) gab, die sich besonders der zur Zeit wieder hochaktuell gewordenen Frage der Gerechtigkeit widmete. Angemahnt wurden „natürliche" Grenzen des Besitzstrebens, die Einengung auf das zum „guten Leben" Notwendige. „Das Umgrenzte gehört zur Natur des Guten", heißt es in der Nikomachischen Ethik des *Aristoteles*. Ethische Fragen waren ein zentrales Anliegen auch in der Historischen Schule der Nationalökonomie. Das Beschäftigungsproblem und entsprechende Lösungsansätze findet man beinahe in allen dogmenhistorischen Positionen des ökonomischen Denkens, vorzugsweise im Merkantilismus, im Klassischen Liberalismus, im Sozialismus und im Keynesianismus. Das „Grundphänomen der wirtschaftlichen Entwicklung" (*Schumpeter*) ist zwar schwerpunktmäßig der Evolutorischen Wirtschaftslehre zuzuordnen, baut aber auf einer Vielzahl von Vorläufern auf. Auch die Gegenüberstellung von angebots- und nachfrageorientierter Wirtschaftspolitik kann sehr anschaulich aus den ideengeschichtlichen Positionen von Neoklassik/Monetarismus, Keynesianismus und evolutorischer Wirtschaftstheorie abgeleitet werden (vgl. dazu im Einzelnen *Kolb* 2004).

Wir wollen an dieser Stelle nicht in die in den 1990er Jahren sehr kontrovers geführte (Allgemein-)Bildungsdiskussion bemühen. Wenn aber weitgehend Konsens darüber besteht, dass Bildung als Ausstattung mit Kenntnissen, Fähigkeiten, Einsichten und Werthaltungen zur Bewältigung von Lebenssituationen definiert wird, und als gebildet derjenige gilt, der angesichts der Flut von unsortierten Informationen diese zu bewerten bzw. zu gewichten versteht, dabei die ökonomischen Wirkungszusammenhänge zu durchschauen vermag und daraus Erkenntnisse für sein Handeln ableitet, dann steht dafür mit den vorzugsweise orientierenden Lehrinhalten der ökonomischen Ideengeschichte ein genuin bildungsrelevanter, aber eben kaum mehr beachteter Sektor der Wirtschaftslehre zur Verfügung. *Klafki* wies einmal darauf hin, dass universitär betriebene Wissenschaften „im Verständnis des Neuhumanismus und des deutschen Idealismus … keine Spezial- und Forschungsdisziplinen im modernen Verständnis, sondern Erkenntnis- und Reflexionsbereiche (waren), deren Studium vor allem ‚Bildung', Erweiterung und Vertiefung des Selbst- und Weltverständnisses vermittelte" (1976, S. 269). Eine zumindest partielle Wiedererweckung dieses Bildungsimpetus wäre unserem Fach wahrlich nicht abträglich.

Nun wird aber der „Geschichte der Volkswirtschaftslehre" gelegentlich entgegengehalten, sie befasse sich eben auch mit den Fehlern früherer Generationen, warum also antiquierte oder gar falsche Ansichten ausgraben? Demgegenüber kann auf die mögliche Produktivität auch des wissenschaftlichen Irrtums hingewiesen werden und auf die Mahnung des amerikanischen Philosophen *George Santayanas*, dass derjenige, der Irrwege nicht reflektiert, dazu verurteilt ist, sie erneut zu gehen. Zu respektieren ist ferner – darauf hat *Schumpeter* abgehoben –, dass auch der jüngste Stand der Wissenschaft immer historisch bedingt ist und „sich nur dann in befriedigender Form darstellen (läßt), wenn diese historische Bedingtheit zum Ausdruck gebracht wird" (1965, S. 33). Fortschritt vollzieht sich in unserer Disziplin eben oft auf Umwegen, „nicht nach dem Gebot der Logik, sondern unter dem Ansturm neuer Ideen, Beobachtungen und Temperamente neuer Persönlichkeiten" (ebd.). Da die Vergangenheit notwendigerweise die Gegenwart mitbestimmt, ist es eben falsch, in der Geschichte nur die Asche zu erkennen und die glimmende Glut zu übersehen; das heißt mit anderen Worten: *Wer das Heute der Volkswirtschaftslehre verstehen will, der sollte das Gestern zumindest nicht ignorieren.*

5.3 Die Kategorie „Geschichtlichkeit" blieb großenteils im Programmatischen stecken

Wie wir oben bereits angedeutet haben, bezieht sich das fehlende *Bewusstsein der Geschichte* auf die Defizite in der Wahrnehmung der volkswirtschaftlichen Theoriegeschichte. Wenn demgegenüber das *Bewusstsein der Geschichtlichkeit* innerhalb des Faches thematisiert wird, so hat dies mit Eifer die Historische Schule reklamiert und letztlich eine „geschichtliche Theorie" (*Spiethoff*) projektiert, allerdings ist dieses Vorhaben in wesentlichen Punkten in Absichtserklärungen hängengeblieben.

Das *Phänomen des Programmatischen* durchzieht eigentlich alle Phasen der *Historischen Schule*: Obwohl – um nur ein paar Beispiele anzuführen – *Wilhelm Roscher* mit der Absicht antrat, die von ihm dezidiert als politische Wissenschaft eingestufte Nationalökonomie „nach historischer Methode" umzugestalten, bewegt sich seine Theorie, abgesehen von der Suche nach Analogien in der ökonomischen Entwicklung der Völker, doch überwiegend in den Bahnen klassischer Provenienz. Mit Blick auf die Jüngere Historische Schule wäre es zwar allemal – wie oben bereits angedeutet – falsch, die wissenschaftliche Leistung *Gustav von Schmollers* auf die Bereitstellung und Deskription einer gewaltigen Materialfülle zu reduzieren, sein Konzept einer historisch-ethischen Volkswirtschaftslehre blieb jedoch unvollendet.

Was die Nachfolgephase des Historismus in unserer Disziplin angeht, so blieb auch das Projekt Wirtschaftsstile in Ansätzen stecken. Man sucht bei *Arthur Spiethoff* vergebens nach der detaillierten Bestimmung eines konkreten Wirtschaftsstiles (zumindest ist darüber nichts zur Veröffentlichung gelangt), selbst in Bezug auf die Bezeichnung möglicher Wirtschaftsstile existieren nur sporadische Hinweise. Zwar bekam die Wirtschaftsstilforschung in den 1949er Jahren u.a. durch Alfred Müller-Armack mit seiner (im Anschluss an *Max Weber*) auch religiöse Grundhaltungen einbeziehenden „Genealogie der Wirtschaftsstile" noch zusätzliche Impulse. Diese Feststellung ändert freilich nichts am insgesamt programmatisch gebliebenen Ansatz des Wirtschaftsstilvorhabens. Auch der auf eine kulturtheoretische Betrachtung der Wirtschaft abhebende Ansatz, der zunächst das Unwandelbare jeder Wirtschaft, das Sachgebiet Wirtschaft ins Visier nimmt und eine daraus resultierende Theorie der zeitlosen Wirtschaft (v. *Gottl-Otlilienfeld, Sombart, Weippert*) als Fundament für die Realisierungsfaktoren (Geist, Ordnung, Technik) der Kulturwirklichkeit Wirtschaft ansieht, blieb – zumal in Teilen widersprüchlich – eher Episode.

Trotz dieser Einschränkungen sollte aber an zwei wichtige Merkmale erinnert werden:

1. Historisches Denken meint mehr als bloßes geschichtsbezogenes Räsonieren, auch mehr als das Verstehen oder das Erklären der Gegenwart aus dem historisch Gewachsenen. Der Historismus misstraut allzu raschen Verallgemeinerungen und plädiert demnach für eine eher *relativierende Sicht*. Wenn gegenwärtig im Zuge der Globalisierungsängste von der „sozialen Entpflichtung" der Wirtschaft die Rede ist, eine „Zähmung des Kapitalismus" angemahnt wird, kulturelle Identitätsverluste beklagt werden, dann sind dies

immer vernehmlicher werdende Appelle an relativierende, eben auch regionale und lokale Besonderheiten einbeziehende Momente.

2. Der Stellenwert der Kategorie „Geschichtlichkeit" ist abhängig vom Standort der Volkswirtschaftslehre im System der Wissenschaften, wobei die Nationalökonomie bekanntlich von Anfang an eine ambivalente Stellung zwischen den Geistes- und den Naturwissenschaften einnahm. Dabei ist es nicht unwichtig, dass die Zugehörigkeit zu den Geisteswissenschaften sowohl vom Erkenntnisobjekt (gesehen als eine Mensch-Sache-Beziehung) als auch von den Methoden her begründet wird. Eine besondere Bedeutung erlangte in diesem Zusammenhang die von *Dilthey* herausgestellte *verstehende Methode*, welche das geschichtliche Denken in unserer Disziplin entscheidend geprägt hat. Die Nähe zu den Naturwissenschaften wird dagegen deutlich, sobald das Erklären von Kausalzusammenhängen, d.h. der Wirkungszusammenhang innerhalb bestimmter Daten, in den Mittelpunkt der Betrachtung rückt. Hier geht es dann um eine nomothetische Methode, um Konditionalaussagen, um Wenn-dann-Hypothesen, mit dem Ziel der Herausarbeitung allgemeingültiger Gesetze. Bereits *John Stuart Mill* unternahm übrigens den Versuch, die auf alte ontologische Denkformen zurückgehende Entgegensetzung von Natur und Geist durch eine methodologisch begründete relative Eigenständigkeit des Sozialen zu modifizieren, um so – mit Hilfe einer Methodenkombination – die Sozialwissenschaft zu konstituieren.

Wird Volkswirtschaftslehre als Geistes- bzw. Sozialwissenschaft aufgefasst, dann wird sich das Problem der Abgrenzung des umfassenden Erfahrungsobjekts einer Wissenschaft[2] von dem mittels eines Auswahlkriteriums – als Identitätskriterium gilt in der Wirtschaftslehre die Knappheit der Mittel[3] – enger gefassten Erkenntnisobjekt nicht mir der Schärfe stellen, wie dies bei einem naturwissenschaftlichen Zuschnitt zu gewärtigen ist. Für Ökonomen, die sich zum Zwecke der Erfassung des realen Wirtschaftslebens nicht auf das rein Ökonomische beschränken wollen, stellt die Berücksichtigung außerökonomischer, aber ökonomisch relevanter Aspekte anthropologischer, psychologischer, soziologischer Art etc. keinen Tabubruch dar. Bewusstsein für Geschichtlichkeit drängt notwendigerweise zum *grenzüberschreitenden Denken*.

Zugegeben: Früher nannte man dies „Erfassung der Wirtschaft als Sozialgebilde". Früher sprach man sehr zu Recht von „Wirtschaftlichen Staatswissenschaften"[4]. Früher, und zwar noch in den 1950er und 1960er Jahren, war der Zuspruch der Studierenden zur Volkswirtschaftslehre im Vergleich zur Betriebswirtschaftslehre aber auch wesentlich günstiger als sich dies in den darauf folgenden „geschichtsbewusstseinsfreien" Jahrzehnten an den Hochschulen in der Bundesrepublik Deutschland darstellte:

---

[2] „Das Erfahrungsobjekt der Wirtschaftswissenschaft ist ... die gesamte *Kulturwelt* des Menschen, in die das besondere ökonomische Geschehen eingebettet ist." (Kosiol 1961, S. 130)

[3] „Economics is the science which studies human behaviour as a relationship between ends and scarce means which have alternative uses" (Robbins 1932, S. 15)

[4] „Der Begriff der ‚Staatswissenschaft', der einst politologische, soziologische, juristische und ökonomische Erkenntnis bündelte, war lange aus dem wissenschaftlichen Verkehr gezogen. In Erfurt (an der Universität, Anm. GK) soll seine durch den Wissenschaftsrat angeregte Wiederverwendung nicht nur der dekorativen Erinnerung an Zeiten integraler Sozialwissenschaft dienen." (Kaube 1999, S. 51)

Tabelle 1:   Deutsche Studierende wirtschaftswissenschaftlicher Fächer an den Hochschulen der Bundesrepublik Deutschland *

	BWL	VWL	Wirtschaftswissen-schaften (WW)	Anteil der VWL-Studierenden an den in BWL und VWL – ohne WW – Immatrikulierten (in v.H.)
WS 54/55	10 120	6 024	95	37,3
WS 59/60	10 057	5 933	518	37,1
WS 69/70	17 556	11 037	3 679	38,6
WS 79/80	37 606	11 988	29 692	24,2
WS 89/90	109 769	19 622	58 263	15,2
WS 99/00	123 577	18 458	69 470	13,0
WS 05/06	140 512	19 739	63 067	12,3
WS 10/11	165 022	16 280	65 394	8,9

Quellen: Statistisches Bundesamt, 1956, S. 93; 1961, S. 108; 1971, S. 82; 1981, S. 62; 1991, S. 71; 2000, S. 151; 2006, S. 171 f; 2011, S. 172.

* In den für WS 79/80 ff ausgewiesenen Zahlen sind auch die Studierenden an den (meist) ab 1971 gegründeten Fachhochschulen enthalten. Die dort Immatrikulierten teilen sich beinahe ausschließlich auf BWL und WW auf. (VWL-Studiengänge an Fachhochschulen stellen eine Ausnahme dar.)

Mittlerweile hat sich die Zahl der Absolventen in Volkswirtschaftslehre selbst an renommierten wirtschaftswissenschaftlichen Fakultäten auf einem äußerst bescheidenen Niveau eingependelt. Zugleich wird die Abbrecherquote in den wirtschaftswissenschaftlichen Studiengängen gegenwärtig an Universitäten mit rund 60 % und an Fachhochschulen mit rund 40 % angegeben! Über die Gründe sollte durchaus spekuliert werden. Zur Frage „Wohin steuert die Volkswirtschaftslehre?" gab *Frey* zu bedenken, dass der *Anreiz des Faches verloren geht*, wenn sich „die Disziplin hauptsächlich oder ausschließlich mit internen Puzzles herumschlägt", dass die Gefahr besteht, die „Volkswirtschaftslehre könnte … zu einem (wohl unbedeutenden) Teil der angewandten Mathematik werden" und es ferner zu einem Bedeutungsverlust des Faches „vor allem in den Medien, in der wirtschaftspolitischen Diskussion, aber auch im allgemeinen gesellschaftlichen Diskurs" kommt (*Frey* 2000, S. 26).

Um hier aber nicht missverstanden zu werden: Mit diesem Beitrag soll keinesfalls der alte Streit zwischen narrativer und mathematischer Ausrichtung wiederbelebt werden; der Dreiklang verbal erklären, graphisch zeigen und mathematisch präzisieren steht außer Frage. Nachdenklich stimmt freilich immer noch die *Schumpeter*sche Feststellung: „Man gewinnt oft den Eindruck, daß es nur zwei Gruppen von Wirtschaftswissenschaftlern gibt: Solche, die eine Differenzgleichung nicht verstehen und solche, die außer ihr nichts anderes verstehen." (*Schumpeter* 1965, S. 1419). Mit demselben Autor darf man aber sogleich anmerken, „daß die meisten grundlegenden Fehler, die immer wieder in der Wirtschaftsanalyse gemacht werden, häufiger auf einen Mangel an geschichtlicher Erfahrung zurückzuführen sind als auf andere Lücken im Rüstzeug des Wirtschaftswissenschaftlers." (ebd., S. 43).

5.4 Defizite auch im Umfeld des Geschichtsbezugs

5.4.1 Mit fehlendem Geschichtsbezug geriet auch der Raumbezug ins Abseits

Es soll durchaus nicht gering geschätzt werden, dass der in der ersten Hälfte des 19. Jahrhunderts von Johann Heinrich von Thünen in die Volkswirtschaftslehre eingebrachte raumwirtschaftliche Aspekt – über die landwirtschaftliche Standortlehre mittlerweile ausgreifend zur generellen Existenz von Wirtschaft und Raum[5] – im Sonderzweig der modernen *Raumwirtschaftslehre* ihren Niederschlag findet. Allerdings hat dies an der *Sonderstellung innerhalb der Wirtschaftslehre* kaum etwas geändert. Wobei die im Anschluss an Paul Krugmans „Geography and Trade" (London 1991) auf Gemeinsamkeiten und Unterschiede im regionalen Wachstumsprozess abhebende und auf formal-mathematische Modellbildung („Kern-Rand-Modell") hinauslaufende Verbindung von Außenhandels- und regionaler Standorttheorie zur NEW ECONOMIC GEOGRAPHY durchaus Beachtung verdient.

Dabei steht außer Frage, dass der Raumbezug immer ein relativierendes Moment beinhaltet, und zwar unabhängig davon, ob er im engeren Verständnis der „spatial economics" oder weiter ausgreifend der „political economics" zugeordnet wird. Nun könnte es zwar scheinen, dass sich in der aktuellen Diskussion von Globalisierung versus Regionalisierung – mit der Fokussierung auf die erstgenannte Richtung – sowieso ein Geltungsverlust des raumwirtschaftlichen Aspekts abzeichnet. Dem steht jedoch gegenüber, dass in der Praxis die Regionen als Wirtschaftsräume und als Bezugspunkte der Politik sehr wohl an Bedeutung gewinnen.

5.4.2 Über Methodenfragen wird kaum noch nachgedacht

Betretenes Schweigen stellt sich regelmäßig ein, wenn ich meine Studenten – wohlgemerkt im Hauptstudium – mit der Frage konfrontiere „Was versteht man unter Wissenschaft?". Die nachgeschobene Frage „Was versteht man unter Wirtschaftswissenschaft?" – gestellt notabene nach dem vorherigen Besuch von x vorwiegend betriebswirtschaftlichen Lehrveranstaltungen – ändert kaum etwas an den gesenkten Blicken. Erst die Überleitung zur Unterscheidung eines Erfahrungsobjekts von einem Erkenntnisobjekt weckt dann gar nicht so selten aufkeimendes Interesse. Die Begegnung mit den *verschiedenen Wegen, zu wissenschaftlichen Erkenntnissen zu gelangen*, lässt gelegentlich sogar ein Aha-Erlebnis aufkommen, wobei die Vorstellung ganzheitlicher (hermeneutischer, dialektischer, systemtheoretischer) Positionen – bezeichnenderweise ist ja das Kriterium der Ganzheit sowohl bei der hermeneutischen als auch bei der dialektischen Position mit dem der Geschichtlichkeit gepaart – in Gegenüberstellung zur analytischen Position des Kritischen Rationalismus manchmal durchaus Sympathien für wissenschaftstheoretische Betrachtungen hervorruft.

Es sollte nicht übergangen werden, dass es in den 1960er und 70er Jahren einen geradezu modischen Methodologie-Boom gab. Ausgehend von der Philiosophie, erreichte er über die

---

[5] Richtungweisend war u.a. das 1940 von August Lösch publizierte Werk „Die räumliche Ordnung der Wirtschaft", welches sich u.a. der Bestimmung von Absatzgebieten und den davon abgeleiteten Wirtschaftsgebieten, verstanden als System der räumlichen Wirtschaftsstruktur, widmet.

Soziologie, die Politologie und die Erziehungswissenschaften abgeschwächt auch die Wirt-
schaftswissenschaften. Seit Anfang der 80er Jahre aber drehte die Methodologie-Konjunktur:
Dem Hochschwung folgte die Krise und den Niedergang kann man mittlerweile als tiefe
Depression interpretieren.

5.4.3   Weitgehend Fehlanzeige auch, was die Frage nach dem Sinn angeht

Es gibt Zeiten, die für gewisse Fragen blind werden, so hat es der Philosoph *Nicolai Hart-
mann* einmal ausgedrückt, und er fügte hinzu, dass dies nicht an den Problemen selbst liege,
sondern am Problembewusstsein der jeweiligen Zeit. Wir können hier als Beispiel beisteuern,
dass sich mit der Geschichtsblindheit der Volkswirtschaftslehre auch die Frage nach dem
Sinn weitgehend verabschiedet hat.
Sinn in philosophischer Sicht hat zu tun mit der Zweckdienlichkeit von geschichtlichen Pro-
zessen, wobei es aber weniger um das teleologische Prinzip der Sachrichtigkeit in Bezug auf
Aussagen über die Geeignetheit bestimmter Mittel zur Erreichung eines vorgegebenen Zieles
geht, sondern letzlich um das ontologische Urteil über Seinsrichtigkeit. Es handelt sich also
um Aussagen zu den Zielen selbst, hier insbesondere zum sogenannten Endzweck der Wirtschaft. Ausgangspunkt diesbezüglicher Reflexionen ist die Überzeugung, dass sich in den
Naturwissenschaften – angewiesen auf die äußere Erfahrung – die Frage nach dem Sinn gar
nicht stellt, wohingegen bei der vom Menschen geschaffenen Wirtschaft – mit Hilfe einer
letzlich für alle Menschen gleichen inneren Erfahrung – auf einen *allgemeinverbindlichen
Sinn der Wirtschaft* geschlossen werden könne.[6]
Zugegeben: Mit der Sinnfrage kommen immer auch Normen bzw. Wertungen ins Spiel. Es
drängt sich die Frage des Hinübergleitens in die Wirtschaftsphilosophie auf. Ganz offensichtlich haben aber andere Kulturgebiete, wie Recht, Politik, Dichtung bildende Kunst usw.,
weniger Probleme, mit Grenzfragen ihrer Disziplin umzugehen.

6   Zusammenfassung und Ausblick

Es dürfte deutlich geworden sein, dass die Geschichtsblindheit der modernen Volkswirtschaftslehre weit über den mangelnden Geschichtsbezug hinausweist auch auf raumwirtschaftliche, wissenschaftstheoretisch-methodologische und wirtschaftsphilosophische Defizite. Zugleich setzt sich unsere Disziplin der Gefahr aus, sich zu weit von der Wirtschaftswirklichkeit zu entfernen und für anstehende Problemlösungen kaum noch wahrgenommen
zu werden.
Das Ganze deckt sich mit der aktuellen hochschulpolitischen Entwicklung insgesamt: „Gewollt sind offenbar Spezialisten für Detailgebiete, nicht gewollt ist der Gelehrte, der sein

---

[6] Vgl. dazu im Einzelnen Weippert, 1966, insbes. S. 98 u. 107.

Fach auch in seiner historischen Tiefe vertreten kann…Was gewollt ist, ist zeitgeistkonform die Entsorgung von Reflexionsdimensionen, gewollt ist die Vernichtung der historischen Sensibilität, der Vernichtung der Geschichte." (Hogrebe, 2001, S. 131 f.) – Um zum Schluss wenigstens noch ein bisschen Hoffnung aufkeimem zu lassen, sei an Sören Kierkegaard erinnert, der einmal meinte: „Leben kann man nur vorwärts, das Leben verstehen nur rückwärts." Es drängt sich geradezu auf, dies auch auf die Ökonomie zu beziehen: *Wirtschaften kann man immer nur vorwärts, die Wirtschaft verstehen aber nur rückwärts.*

Literaturverzeichnis

HdSW = Handwörterbuch der Sozialwissenschaften. Stuttgart/Tübingen/Göttingen.

HdWW = Handwörterbuch der Wirtschaftswissenschaft. Stuttgart/Tübingen/Göttingen.

Ahrns, H.J./Feser, H.-D.: Wirtschaftspolitik. Problemorientierte Einführung. München/Wien [3]1985.

Albert, H.: Marktsoziologie und Entscheidungslogik, ökonomische Probleme in soziologischer Perspektive. Neuwied/Berlin 1967.

Albert, H.: Individuelles Handeln und soziale Steuerung. Die ökonomische Tradition und ihr Erkenntnisprogramm. In: *Lenk, H.* (Hrsg.): Handlungstheorien – interdisziplinär, Bd. 4. München 1977, S. 177–225.

Aldrup, D.: Art. Werturteilsstreit. In: HdWW, Bd. 8 (1980), S. 659–666.

Arrow, K.J.: Social Choice and Individual Values. New York/London 1951.

Bartling, H./Luzius, F.: Grundzüge der Volkswirtschaftslehre. München [8]1991.

Beckerath, E. v.: Art. Schmoller. In: Staatslexikon, Bd. 6. Freiburg [6]1961, Sp. 1146–1150.

Beckerath, E. v.: Art. Wirtschaftswissenschaft: Methodenlehre (Geschichte der Methodologie). In: HdSW, Bd. 12 (1965), S.288–304.

Bertalanffy, L. v.: Vorläufer und Begründer der Systemtheorie. In: *Kurzrock, R.* (Hrsg.): Systemtheorie. Berlin 1972, S. 17–28.

Blaug, M.: Ugly Currents in Modern Economics. Fact or Fiction? Conference on Realism in Economics. Rotterdam (1997), 14 – 15 November.

Bonus, H.: Marktwirtschaftliche Umweltsteuerung. Volkswirtschaftliche Korrespondenz der Adolf-Weber-Stiftung, 25. Jg., Nr. 8/1987.

Bonus, H.: Umweltpolitik in der Sozialen Marktwirtschaft. Aus Politik und Zeitgeschichte, B 10/91, S. 37–46.

Boulding, K. E.: Der Institutionalismus in neuer Sicht. In: *Montaner, A.* (Hrsg.): Geschichte der Volkswirtschaftslehre. Köln/Berlin 1967, S. 62–74.

Brunner, O.: Art. Hausväterliteratur. In: HdSW, Bd. 5 (1956), S.92 f.

Bücher, K.: Die Entstehung der Volkswirtschaft. Tübingen 1893.

Carl, E. L.: Traité de la richesse des princes et leurs états, et des moyens simples et naturels pour y parvenir (3 Bde.). Paris 1722/23.

Carlsson, G.: Betrachtungen zum Funktionalismus. In: *Topitsch, E.* (Hrsg.): Logik der Sozialwissenschaften. Köln [8]1972, S. 236–261.

Clark, J. B.: The Distribution of Wealth. A Theory of Wages, Interest and Profits. New York 1899.

Clausing, G.: Arthur Spiethoffs wissenschaftliches Lebenswerk (1958). In: *Montaner, A.* (Hrsg.): Geschichte der Volkswirtschaftslehre. Köln/Berlin 1967, S. 247–276.

Coase, R.H.: The Problem of Social Cost. The Journal of Law and Economics. Vol.3 (1960), S. 1–44.

Cobb, Ch. W./Douglas, P. H.: A Theory of Production. The American Economic Review. Vol. 18 (1928), S. 135–165.

Diemer, A.: Die Entwicklung der Wissenschaftssystematik. In: *Rombach, H.* (Hrsg.): Wissenschaftstheorie 2: Struktur und Methode der Wissenschaften. Freiburg i.Brsg. 1974a, S.123–127.

Diemer A.: Moderne Ansätze der Systematisierung. In: *Rombach, H.* (Hrsg.): Wissenschaftstheorie 2, a.a.O., 1974b, S. 128–133.

Downs, A.: An Economic Theory of Democracy. New York 1957. [ökonomische Theorie der Demokratie. Tübingen 1968.]

Egner, E.: Weippert's Vorstoß auf eine Ontologie der Wirtschaft. In: Jahrbücher für Nationalökonomie und Statistik, Bd. 183. Stuttgart 1969, S. 401–434.

Ehrlicher, W.: Geldtheorie. In: *ders.* u.a. (Hrsg.): Kompendium der Volkswirtschaftslehre, Bd. 1. Göttingen [5]1975, S. 352–420.

Ehrlicher, W.: Art. Geldtheorie und Geldpolitik VI: Geldpolitik. In: HdWW, Bd. 3 (1981), S. 423–451.

Erdmann, K.: Unterabschnitt: Arten der Pläne (aus Kapitel: Die Planung und Lenkung der Wirtschaftsprozesse in der DDR). In: Bundesministerium für innerdeutsche Beziehungen (Hrsg.): Materialien zur Lage der Nation im geteilten Deutschland 1987. Bonn 1987, S. 120–123.

Eucken, W.: Die Grundlagen der Nationalökonomie. Jena 1940 (Berlin/Heidelberg/New York [8]1965).

Eucken, W.: Grundsätze der Wirtschaftspolitik. Tübingen/Zürich [2]1955.

Fourastié, J.: Le grand espoir du XXe siècle. Paris 1949. [Die große Hoffnung des 20. Jahrhunderts. Köln-Deutz 1954.]

Franke, J.: Grundzüge.der Mikroökonomik. München/Wien [4]1988.

Frey, B. S.: Art. Umweltökonomik. In: HdWW, Bd. 8 (1980), S. 47–58.

Frey, B. S.: Art. Wohlfahrtsökonomik III: Wahlverfahren. In: HdWW, Bd. 9 (1982), S. 494–502.

Frey, B. S.: Was bewirkt die Volkswirtschaftslehre? Perspektiven der Wirtschaftspolitik 1, (2000), S. 5 – 33.

Fritsch, B.: Mensch-Natur-Gesellschaft. Evolutionsgeschichtliche Effekte des Energieproblems. Volkswirtschaftliche Korrespondenz der Adolf-Weber-Stiftung, 28. Jg., Nr. 3/1989.

Gäfgen, G.: Theorie der Wirtschaftspolitik. In: *Ehrlicher, W.* u.a. (Hrsg.): Kompendium der Volkswirtschaftslehre, Bd. 2. Göttingen [4]1975, S. 1–94.

Galbraith, J. K.: Die moderne Industriegesellschaft. München/Zürich 1968.

Galbraith, J. K.: Die Entmythologisierung der Wirtschaft. Grundvoraussetzungen ökonomischen Denkens, Wien, Darmstadt (1988).

Giersch, H.: Allgemeine Wirtschaftspolitik. Grundlagen. Wiesbaden 1961.

Götz, H.H.: Planwirtschaft – das unbekannte Wesen. Frankfurter Allgemeine Zeitung vom Febr. 1985, S. 15.

Gottl-Ottlilienfeld, F. v.: Wirtschaft und Wissenschaft, Bd. 2. Jena 1931.

Grossman, G.: Economic Systems. Englewood Cliffs/New Jersey 1967.

Gutmann, G.: Art. Marktwirtschaft. In: HdWW, Bd. 5 (1980), S. 140–153.

Gutmann, G.: Volkswirtschaftslehre. Eine ordnungstheoretische Einführung. Stuttgart²1987.

Habermas, J.: Erkenntnis und Interesse. In: *ders.:* Technik und Wissenschaft als „Ideologie". Frankfurt a. M. 1968, S. 146–168.

Habermas, J.: Analytische Wissenschaftstheorie und Dialektik. In: *Adorno, Th. W.* u.a.: Der Positivismusstreit in der deutschen Soziologie. Neuwied/Berlin 1969, S. 155–191.

Hardes, H.-D./Rahmeyer, F./Schmid, A.: Volkswirtschaftslehre. Eine problemorientierte Einführung. Tübingen ¹⁶1988.

Harrod, R. F.: Scope and Method of Economics. The Economic Journal, Vol.48 (1938), S. 383–412.

Hartwig, K.-H.: Ordnungstheorie und die Tradition ökonomischen Denkens. In: *Cassel, D./Ramb, B.-Th./Thieme, H.J.* (Hrsg.): Ordnungspolitik. München 1988, S. 31–51.

Hedtkamp, G.: Wirtschaftssysteme. Theorie und Vergleich. München 1974.

Heller, P. W.: Das Problem der Umweltbelastung in der ökonomischen Theorie. (Diss. Univ. Freiburg/Breisgau 1989) Frankfurt a. M./New York 1989.

Hensel, K. P.: Einführung in die Theorie der Zentralverwaltungswirtschaft. Stuttgart 1954.

Hensel, K. P.: Wirtschaftssysteme – Zwangsläufigkeit oder alternative Gestaltung? In: *Blaich, F./Bog, I.* u.a.: Wirtschaftssysteme zwischen Zwangsläufigkeit und Entscheidung. Schriften zum Vergleich von Wirtschaftsordnungen, Heft 18. Stuttgart 1971, S. 3–13.

Hensel, K. P.: Grundformen der Wirtschaftsordnung. Marktwirtschaft – Zentralverwaltungswirtschaft. München 1972.

Herder-Dorneich, Ph.: Der Markt und seine Alternativen in der freien Gesellschaft. Hannover/Wien 1968.

Herdzina, K.: Einführung in die Mikroökonomik. München 1989.

Hildebrand, B.: Naturalwirtschaft, Geldwirthschaft und Creditwirthschaft. In: Jahrbücher für Nationalökonomie und Statistik, Bd. 2. Jena 1864, S. 1–24.

Hoffmann, W. G.: Stadien und Typen der Industrialisierung. Jena 1931.

Hogrebe, W.: Die Republik leuchtet. Anmerkungen zum geplanten Menschenexperiment Hochschulreform, in Forschung und Lehre 8/2001, S. 131-132.

Immler, H.: Natur in der ökonomischen Theorie. Opladen 1985.

Issing, O.: Einführung in die Geldpolitik. München ³1990.

Jochimsen, R./Knobel, H.: Zum Gegenstand und zur Methodik der Nationalökonomie. In: *dies.* (Hrsg.): Gegenstand und Methoden der Nationalökonomie. Köln 1971, S. 11–66.

Jöhr, W.A./Singer, H. W.: Die Nationalökonomie im Dienste der Wirtschaftspolitik. Göttingen ²1964.

Kahn, R. F.: Some Notes on Ideal Output. The Economic Journal. Vol. 45 (1935), S. 1–35.

Kaldor, N.: Alternative Theories of Distribution. Review of Economic Studies. Vol.23 (1955/56), S. 83–100.

Kalecki, M.: The Determinants of Distribution of National lncome. Econometrica. Vol.6 (1938), S. 97–112.

Kalecki, M.: Theory of Economic Dynamics. An Essay on Cyclical and Long-Run Changes in Capitalist Economy. London 1954.

Kalveram, G.: Die Theorien von den Wirtschaftsstufen. Leipzig 1933 (= Frankfurter Wirtschaftswissenschaftliche Studien, 1).

Kapp, K.W.: The Social Costs of Private Enterprise. Cambridge (Mass.) 1950.

Kellenbenz, H.: Art. Wirtschaftsstufen. In: HdSW, Bd. 12 (1965), S. 260–269.

Kinze, H.-H./Knop, H./Seifert, E. (Hrsg.): Sozialistische Volkswirtschaft. Berlin (Ost) [2]1989.

Kirchgässner, G.: Art. Konstruktivismus. In: *Seiffert, H./Radnitzky, G.* (Hrsg.): Handlexikon zur Wissenschaftstheorie. München 1989, S. 164–168.

Kirsch, G.: Neue Politische Ökonomie. Düsseldorf [2]1983.

Kloten, N.: Zur Typenlehre der Wirtschafts- und Gesellschaftsordnungen. In: ORDO. Jahrbuch für die Ordnung von Wirtschaft und Gesellschaft, Bd. 7. Düsseldorf/München 1955, S. 123–143. (Wiederabgedruckt mit „Nachtrag" in: *Schachtschabel, H. G.* [Hrsg.] Wirtschaftsstufen und Wirtschaftsordnungen. Darmstadt 1971, S. 449–475.)

Knauff, R.: Die Funktionsmechanismen der Wirtschaftssysteme. In: *Hamel, H.* (Hrsg.): Soziale Marktwirtschaft – Sozialistische Planwirtschaft. München [5]1989, S. 61–110.

Knight, F. H.: Some Fallacies in the Interpretation of Social Cost. The Quarterly Journal of Economics. Vol. 36 (1924), S. 582–606.

Knirsch, P.: Bemerkungen zur Methodologie eines Vergleiches von Wirtschaftssystemen. In: Beiträge zum Vergleich der Wirtschaftssysteme (hg. v. *Erik Boettcher).* Schriften des Vereins für Socialpolitik, N. F. Bd. 57, Berlin 1970, S. 13–34.

Koch, H.: Planung. In: *Grochla, E.* (Hrsg.): Betriebswirtschaftslehre.Tl.I: Grundlagen. Stuttgart 1978, S.138–145.

Kosiol, E.: Erkenntnisgegenstand und methodologischer Standort der Betriebswirtschaftslehre. Zeitschrift für Betriebswirtschaft 31 (1961), S. 129–136.

Kaube, J.: Studieren, wie Max Weber forschte. Mit der Eröffnung der Universität Erfurt beginnt ein hochschulpolitisches Experiment, in Frankfurter Allgemeine Zeitung Nr. 238 v. 13.10.1999, S. 51.

Klafki, W.: Lehrerausbildung – Erziehungswissenschaft, Fachdidaktik, Fachwissenschaft, in: Roth, L. (Hrsg.), Handlexikon zur Erziehungswissenschaft. München 1976.

Kolb, G.: Geschichte der Volkswirtschaftslehre. Dogmenhistorische Positionen des ökonomischen Denkens. München [2]2004.

Kosiol, E.: Erkenntnisgegenstand und methodologischer Standort der Betriebswirtschaftslehre, in: Zeitschrift für Betriebswirtschaftslehre 31, (1961), S. 129-136.

Krüsselberg, H. G.: Art. Institutionalismus. In: Vahlens Großes Wirtschaftslexikon, Bd. 1. München 1987, S. 891 f.

Krugman, P.: Geography and Trade. London 1991.

Külp, B.: Wohlfahrtsökonomik I/Die Wohlfahrtskriterien. Tübingen/Düsseldorf 1975.

Kuhn, Th. S.: Die Struktur wissenschaftlicher Revolutionen. Frankfurt a.M. 1973.

Lampert, H.: Die Wirtschaftsordnung – Begriff, Funktionen und typologische Merkmale. Wirtschaftswissenschaftliches Studium (WiSt) 2 (1973), S. 393–399.

Lampert, H.: Art. Sozialpolitik, I: staatliche. In: HdWW, Bd.7 (1977), S.60–76.

Lampert, H.: Die Wirtschafts- und Sozialordnung der Bundesrepublik Deutschland. München [8]1985.

Leipold, H.: Art. Wirtschaftssystem. In: Vahlens Großes Wirtschaftslexikon, Bd. 2. München 1987, S.969f.

Leipold, H.: Wirtschafts- und Gesellschaftssysteme im Vergleich. Stuttgart [5]1988.

Leipold, H.: Planversagen versus Marktversagen. In: *Hamel, H.* (Hrsg.): Soziale Marktwirtschaft – Sozialistische Planwirtschaft. München [5]1989a, S. 111–152.

Leipold, H.: Das Ordnungsproblem in der ökonomischen Institutionentheorie. In: ORDO. Jahrbuch für die Ordnung von Wirtschaft und Gesellschaft, Bd. 40. Stuttgart/New York 1989b, S. 129–146.

Lösch, A.: Die räumliche Ordnung der Wirtschaft. Eine Untersuchung über Standort, Wirtschaftsgebiete und internationalen Handel. Jena 1940.

List, F.: Das nationale System der politischen Oekonomie. Erster Band: Der internationale Handel, die Handelspolitik und der deutsche Zollverein. Stuttgart/Tübingen 1841.

Locke, J.: Two Treatises of Government. London 1690.

Lösch, D.: Zur Ideologiekritik des traditionellen bipolaren Ordnungsdenkens. In: Hamburger Jahrbuch für Wirtschafts- und Gesellschaftspolitik, Bd. 20 (1975), S. 87–108.

Luhmann, N.: Zweckbegriff und Systemrationalität. Über die Funktion von Zwecken in sozialen Systemen. Tübingen 1968.

Luhmann, N.: Moderne Systemtheorien als Form gesamtgesellschaftlicher Analyse. In: *Habermas, J./Luhmann, N.:* Theorie der Gesellschaft oder Sozialtechnologie – Was leistet die Systemforschung? Frankfurt a. M. 1971, S. 7–24.

Lutz, V C.: Zentrale Planung für die Marktwirtschaft. Eine Untersuchung der französischen Theorie und Erfahrung. Tübingen 1973.

Machlup, F.: Idealtypus, Wirklichkeit und Konstruktion. In: ORDO. Jahrbuch für die Ordnung von Wirtschaft und Gesellschaft, Bd. 12. Düsseldorf/München 1961, S. 21–57.

Mag, W.: Planung. In: Vahlens Kompendium der Betriebswirtschaftslehre, Bd.2. München [2]1990, S. 1–56.

Malthus, Th. R.: An Essay on the Principle of Population as it Affects the Future Improvement of Society, with Remarks on the Speculations of Mr. Godwin, M. Concorcet, and Other Writers. London 1798. (2.Aufl. unter dem Titel: An Essay on the Principle of Population; or, a View of its Past and Present Effects on Human Happiness … London 1803.)

Marx, K.: Das Kapital. Kritik der politischen Ökonomie. Erster Band (1867). MEW 23, Berlin (Ost) 1973.

Marx, K.: Kritik des Gothaer Programms (1875). MEW 19, Berlin (Ost) 1973, S. 11—32.

Marx, K.: Zur Kritik der Politischen Oekonomie (1859). MEW 13, Berlin (Ost) 1974, S. 3–160.

Meade, J. E.: Extemal Economies and Diseconomies in a Competitive Situation. The Economic Journal. Vol. 62 (1952), S. 54–67.

Menger, C.: Grundsätze der Volkswirtschaftslehre. Wien 1871.

Menger, C.: Untersuchungen über die Methode der Socialwissenschaften, und der Politischen Oekonomie insbesondere. Leipzig 1883.

Meyer, Ch.: Unterabschnitt: Instrumente der Planung und der Informationsgewinnung (aus Kapitel: Die Planung und Lenkung der Wirtschaftsprozesse in der DDR). In: Bundesministerium für innerdeutsche Beziehungen (Hrsg.): Materialien zur Lage der Nation im geteilten Deutschland 1987. Bonn 1987, S. 127–135.

Meyer, W.: Geschichte und Nationalökonomie: Historische Einbettung und allgemeine Theorien. In: ORDO. Jahrbuch für die Ordnung von Wirtschaft und Gesellschaft, Bd. 40. Stuttgart/New York 1989, S. 31–54.

Mill, J. St.: System der deductiven und inductiven Logik. II.Teil. Braunschweig 1863.

Molitor, B.: Art. Eigentum: (I) Soziologie des Eigentums. In: HdSW, Bd. 3 (1961), S.33–39.

Montaner, A.: Art. Institutionalismus. In: HdSW, Bd. 5 (1956), S.294–297.

Müller, U./Pöhlmann, H.: Allgemeine Volkswirtschaftslehre. Einführung und Mikroökonomik. Wiesbaden 1977.

Müller-Armack, A.: Genealogie der Wirtschaftsstile. Die geistesgeschichtlichen Ursprünge der Staats- und Wirtschaftsformen bis zum Ausgang des 18. Jahrhunderts (1940). In: *Schachtschabel, H. G.* (Hrsg.): Wirtschaftsstufen und Wirtschaftsordnungen. Darmstadt 1971, S. 156–207.

Müssener, J.: Das Abgabensystem der DDR. Internationale Wirtschafts-Briefe/Zeitschrift für internationales Steuer-und Wirtschaftsrecht. Nr. 2 vom 25.1.1990, S. 47–58.

Neuhauser, G.: Zur Klärung einiger Grundbegriffe der theoretischen Wirtschaftspolitik. Zeitschrift für Nationalökonomie, Bd. XVII (1957), S. 244–261.

Neuhauser, G.: Modell und Typus in der Nationalökonomie. In: Jahrbuch für Sozialwissenschaft, Bd. 15 (1964), S. 160–179.

Neuhauser, G.: Grundfragen wirtschaftswissenschaftlicher Methodik. In: Enzyklopädie der geisteswissenschaftlichen Arbeitsmethoden. 8. Lieferung: Methoden der Sozialwissenschaften. München/Wien 1967, S. 95–130.

Neumann, L. F./Schaper, K.: Die Sozialordnung der Bundesrepublik Deutschland. Bonn [3]1990.

Ott, A. E.: Grundzüge der Preistheorie. Göttingen [3]1986.

Peters, H.-R.: Einführung in die Theorie der Wirtschaftssysteme. München/Wien 1987.

Petty, W.: A Treatise of Taxes and Contributions. London 1662.

Pigou, A. C.: Wealth and Welfare. London 1912; dann als: The Economics of Welfare. London 1920.

Popper, K.R.: Logik der Forschung. Tübingen [3]1969.

Preiser, E.: Wesen und Methoden der Wirtschaftslenkung (1941). In: ders.: Bildung und Verteilung des Volkseinkommens. Gesammelte Aufsätze zur Wirtschaftstheorie und Wirtschaftspolitik. Göttingen [4]1970a, S. 321–365.

Preiser, E.: Besitz und Macht in der Distributionstheorie (1948). In: ders.: Bildung und Verteilung des Volkseinkommens, a. a. O., S. 227–246.

Pütz, Th.: Theorie der Allgemeinen Wirtschaftspolitik und Wirtschaftslenkung. Wien 1948.

Pütz, Th.: Zur Typologie wirtschaftspolitischer Systeme. In: Jahrbuch für Sozialwissenschaft, Bd. 15 (1964), S. 131–159.

Quesnay, F.: Tableau economique, avec son explication, ou extrait des economies royales de M. de Sully. Versailles 1758.

Radnitzky, G.: Art. Wissenschaftstheorie, Methodologie. In: *Seiffert, H./Radnitzky, G.* (Hrsg.): Handlexikon zur Wissenschaftstheorie. München 1989, S. 463–472.

Raffée, H.: Grundprobleme der Betriebswirtschaftslehre. Göttingen 1974.

Raiser, L.: Art. Eigentum: (II) Eigentumsrecht. In: HdSW, Bd. 3 (1961), S. 39–44.

Reckling, F.: Das Grollen und Donnern der Volkswirtschaftslehre. Ein Kommentar zur Bruno S. Freys „*Was bewirkt Volkswirtschaftslehre?*", in *Perspektiven der Wirtschaftspolitik* 1, (2000), S. 251-255.

Recktenwald, H. C.: Art. Theorie der Eigentumsrechte. In: *ders.:* Lexikon der Staats- und Geldwirtschaft. München 1983, S. 118 f.

Recktenwald, H. C.: Über die Würdigung bedeutender Gelehrter in der Geschichte der ökonomischen Wissenschaft, in: *ders.* (Hrsg.), *Geschichte der politischen Ökonomie. Eine Einführung in Lebensbildern.* Stuttgart 1971.

Ricardo, D.: On the Principles of Political Economy and Taxation. London 1817. [Grundsätze der politischen Ökonomie und der Besteuerung, hg. v. *F. Neumark.* Frankfurt a. M. 1972.]

Rickert, H.: Die Grenzen der naturwissenschaftlichen Begriffsbildung. Tübingen [2]1913.

Ritschl, H.: Art. Wirtschaftsordnung. In: HdSW, Bd. 12 (1965), S. 189–203.

Robbins, L. C.: An Essay on the Nature and Significance of Economic Science. London 1932.

Röpke, W.: Die Lehre von der Wirtschaft. Erlenbach-Zürich/Stuttgart [10]1965.

Rombach, H.: Wissenschaft, Forschung, Theorie. In: *ders.* (Hrsg.): Wissenschaftstheorie 2: Struktur und Methode der Wissenschaften. Freiburg i. Brsg. 1974, S. 7–29.

Ronge, V.: Die Umwelt im kapitalistischen System. In: *Glagow, M.* (Hrsg.): Umweltgefährdung und Gesellschaftssystem. München 1972, S. 97–123.

Ropohl, G.: Einführung in die allgemeine Systemtheorie. In: *Lenk, H./Ropohl, G.* (Hrsg.): Systemtheorie als Wissenschaftsprogramm. Königstein/Ts. 1978, S. 9–49.

Rostow, W. W.: The Stages of Economic Growth. Cambridge 1960. [Stadien wirtschaftlichen Wachstums. Eine Alternative zur marxistischen Entwicklungstheorie. Göttingen I960.]

Rytlewski, R.: Art. Planung. In: Bundesministerium für innerdeutsche Beziehungen (Hrsg.): DDR-Handbuch, Bd. 2. Köln [3]1985, S. 986–1004.

Salin, E.: Politische Ökonomie. Geschichte der wirtschaftlichen Ideen von Platon bis zur Gegenwart. 5. erw. Aufl. der Geschichte der Volkswirtschaftslehre. Tübingen 1967.

Samuelson, P. A./Nordhaus, W. D.: Volkswirtschaftslehre. Grundlagen der Makro- und Mikro-Ökonomie, Bd. 1. Köln [8]1987.

Schachtschabel, H. G.: Geschichte der volkswirtschaftlichen Lehrmeinungen. Stuttgart/Düsseldorf 1971a.

Schachtschabel, H. G. (Hrsg.): Wirtschaftsstufen und Wirtschaftsordnungen. Darmstadt 1971b.

Schachtschabel, H. G.: Die sozialgeordnete Wirtschaft als Grundgestalt der Gegenwart (1964). In: *ders.* (Hrsg.): Wirtschaftsstufen und Wirtschaftsordnungen. Darmstadt 1971c, S. 314–339.

Schlieper, U.: Art. Externe Effekte. In: Wirtschaftslexikon (hg. v. *A. Woll),* München/Wien 1987, S.140–142.

Schmoller, G.: Grundriß der Allgemeinen Volkswirtschaftslehre. I. Teil. Leipzig 1900.

Schönwitz, D./Weber, H.-J.: Wirtschaftsordnung. Eine Einführung in Theorie und Politik. München/Wien 1983.

Schüller, A.: Art. Planification. In: Vahlens Großes Wirtschaftslexikon, Bd. 2. München 1987, S. 326 f.

Schumpeter, J.: Epochen der Dogmen- und Methodengeschichte. In: Grundriß der Sozialökonomik. I. Abt.: Historische und theoretische Grundlagen. I. Teil: Wirtschaft und Wirtschaftswissenschaft. Tübingen [2]1924, S. 19–124.

Schumpeter, J.A.: Kapitalismus, Sozialismus und Demokratie. München [2]1950.

Schumpeter, J.A.: Gustav v. Schmoller und die Probleme von heute (1926). In: *Jochimsen, R., Knobel, H.* (Hrsg.): Gegenstand und Methoden der Nationalökonomie. Köln 1971, S. 118–132.

Schumpeter, J.A.: Geschichte der ökonomischen Analyse. Göttingen 1965.

Scitovsky, T.: Two Concepts of External Economies. The Journal of Political Economy. Vol. 62 (1954). S. 143–151.

Seiffert, H.: Einführung in die Wissenschaftstheorie, Bd. 3. München 1985.

Seraphim, H.-J.: Genossenschaftswesen und wirtschaftliche Grundgestalt. In: ders.: Vom Wesen der Genossenschaften und ihre steuerliche Behandlung. Neuwied a. Rh. 1951, S. 9–44 (= Quellen und Studien des Instituts für Genossenschaftswesen an der Universität Münster,

Seraphim, H.-J.: Theorie der Allgemeinen Volkswirtschaftspolitik. Göttingen [2]1963.

Siebert, H.: Marktwirtschaftliche Ansätze in der Umweltpolitik. Volkswirtschaftliche Korrespondenz der Adolf-Weber-Stiftung, 22. Jg., Nr. 8/1983.

Siebke, J.: Art. Verteilung. In: Vahlens Großes Wirtschaftslexikon, Bd. 2. München 1987, S. 848.

Smith, A.: The Theory of Moral Sentiments. London/Edinburgh 1759.

Smith, A.: An Inquiry into the Nature and Causes of the Wealth of Nations (1776). Zit. nach der auf der 5. Auflage (1789) basierenden Edition von *E. Cannan,* Vol. 1 u. 2. London 1961.

Sombart, W.: Der moderne Kapitalismus (2 Bde.). Leipzig 1902.

Sombart, W.: Die Ordnung des Wirtschaftslebens. Berlin 1925.

Sombart, W.: Die drei Nationalökonomien. Geschichte und System der Lehre von der Wirtschaft. München/Leipzig 1930.

Spiethoff, A.: Die Allgemeine Volkswirtschaftslehre als geschichtliche Theorie. Die Wirtschaftsstile. In: Schmollers Jahrbuch für Gesetzgebung, Verwaltung und Volkswirtschaft im Deutschen Reiche. 56. Jg., Leipzig 1932, S. 891–924.

Stackelberg, H. v.: Grundlagen der theoretischen Volkswirtschaftslehre. ^{2}1951.

Statistisches Bundesamt (Hrsg.): Statistisches Jahrbuch für die Bundesrepublik Deutschland. Stuttgart 1956, 1961, 1971.

Statistisches Bundesamt (Hrsg.): Bildung und Kultur, Fachserie 11, Reihe 4.1: Studierende an Hochschulen, WS 1979/1980. Stuttgart/Mainz 1981.

Statistisches Bundesamt (Hrsg.): Bildung und Kultur, Fachserie 11, Reihe 4.1: Studierende an Hochschulen, WS 1989/1990. WS 1999/2000. Stuttgart 1991, 2000.

Suntum, U. v.: Die soziale Komponente in der Marktwirtschaft. Aus Politik und Zeitgeschichte, B 3–4/91, S.16–27.

Suranyi-Unger, Th.: Probleme einer Koordination der Wirtschaftsformen. Weltwirtschaftliches Archiv, Bd. 71 (1953), S. 47–72.

Thalheim, K. C.: Systemtypische Merkmale von Wirtschaftsordnungen. In: *Arndt, H.* (Hrsg.): Sozialwissenschaftliche Untersuchungen. Gerhard Albrecht zum 80. Geburtstag. Berlin 1969, S. 329–341.

Thalheim, K. C.: Abschnitt: Das Leitbild der „sozialistischen Planwirtschaft" (aus Kapitel: Die Planung und Lenkung der Wirtschaftsprozesse in der DDR). In: Bundesministerium für innerdeutsche Beziehungen (Hrsg.): Materialien zur Lage der Nation im geteilten Deutschland 1987. Bonn 1987. S. 99–110.

Tuchtfeldt, E.: Art. Wirtschaftssysteme. In: HdWW, Bd. 9 (1982), S. 326–353.

Turgot, A.R.J.: Observations sur un mémoire de M. de Saint-Péravy. Paris 1768.

Ulrich, H.: Die Unternehmung als produktives soziales System. Grundlagen der allgemeinen Unternehmungslehre. Bern/Stuttgart ^{2}1970.

Ulrich, H.: Systemorientierte Betriebswirtschaftslehre. In: *Neugebauer, W* (Hrsg.): Fachdidaktisches Studium in der Lehrerbildung. Wirtschaft 3. München 1979, S. 137–149.

Verfassung der Deutschen Demokratischen Republik vom 6. April 1968 (in der Fassung vom Oktober 1974). Gesetzblatt der DDR, Teil I, Nr. 47 vom 27.9. 74, S. 432–456.

Verhandlungen des Vereins für Socialpolitik in Wien, 1909 (Schriften des Vereins für Socialpolitik, Bd. 132). Leipzig 1910.

Vershofen, W.: Handbuch der Verbrauchsforschung. Bd. 1: Grundlegung. Berlin 1940.

Watrin, Ch.: Art. Planung I: volkswirtschaftliche. In: HdWW, Bd. 6 (1981), S. 109–121.

Weber, M.: Die „Objektivität" sozialwissenschaftlicher und sozialpolitischer Erkenntnis (1904). In: *ders.:* Gesammelte Aufsätze zur Wissenschaftslehre. Hg. v. J. *Winckelmann.* Tübingen ^{4}1973, S.146–214.

Weddigen, W.: Theoretische Volkswirtschaftslehre als System der Wirtschaftstheorie. Meisenheim a. Glan 1948.

Weippert, G.: Walter Euckens Grundlagen der Nationalökonomie. Zeitschrift für die gesamte Staatswissenschaft. Bd. 102 (1942), S. 1–58 und 271–337.

Weippert, G.: Werner Sombarts Gestaltidee des Wirtschaftssystems. Göttingen 1953.

Weippert, G.: Vom Werturteilsstreit zur politischen Theorie (1939). In: Aufsätze zur Wissenschaftslehre. Bd. I: Sozialwissenschaft und Wirklichkeit. Göttingen 1966a, S. 71–163.

Weippert, G.: Sombarts Verstehenslehre (1962). In: *ders.:* Aufsätze zur Wissenschaftslehre. Bd. I, a.a.O., 1966 b, S. 206–222.

Weippert, G.: Vom Werturteilsstreit zur politischen Theorie, in: ders., *Aufsätze zur Wissenschaftslehre, Bd. I: Sozialwissenschaft und Wirklichkeit.* Göttingen 1966, S. 71-163.

Weippert, G.: „Vereinbarung" als drittes Ordnungsprinzip (1963). In: *ders.:* Aufsätze zur Wissenschaftslehre. Bd. II: Wirtschaftslehre als Kulturtheorie. Göttingen 1967, S. 360–372.

Weisser, G.: Art. Wirtschaftstypen. In: HdSW, Bd. 12 (1965), S. 269–280.

Wicke, L.: Umweltökonomie. Eine praxisorientierte Einführung. München [2]1989.

Willgerodt, H.: Art. Eigentumsordnung (einschl. Bodenordnung). In: HdWW, Bd. 2 (1980), S. 175–189.

Wittgenstein, L.: Tractatus logico-philosophicus. London 1922.

Wöhe, G.: Einführung in die Allgemeine Betriebswirtschaftslehre. München [13]1978.

Wohlgenannt, R.: Was ist Wissenschaft? Braunschweig 1969.

Woll, A.: Allgemeine Volkswirtschaftslehre. München [13]2000.

Zinn, K. G.: Allgemeine Wirtschaftspolitik als Grundlegung einer kritischen Ökonomie. Stuttgart [2]1974.

Personenverzeichnis

Sachverzeichnis

www.ingramcontent.com/pod-product-compliance
Lightning Source LLC
Chambersburg PA
CBHW081534220326
41598CB00036B/6433